Christian Hardinghaus

Drei Tage im Feuer

Christian Hardinghaus

DREI TAGE IM FEUER

Roman

PIPER

Mehr über unsere Autorinnen, Autoren und Bücher:
www.piper.de

Wenn Ihnen dieser Roman gefallen hat, schreiben Sie uns unter Nennung des Titels »Drei Tage im Feuer« an *empfehlungen@piper.de*, und wir empfehlen Ihnen gerne vergleichbare Bücher.

Von Christian Hardinghaus liegen im Piper Verlag vor:
Tunnel der Mutigen
Drei Tage im Feuer
Die verdammte Generation. Gespräche mit den letzten Soldaten des Zweiten Weltkriegs

Unser Versprechen für mehr Nachhaltigkeit
Klimaneutrales Produkt
FSC®-zertifiziertes Papier
Hergestellt in Europa

FSC
www.fsc.org
MIX
Papier | Fördert gute Waldnutzung
FSC® C083411

ISBN 978-3-492-06536-8

Redaktion: Michelle Stöger
Satz: psb, Berlin
Gesetzt aus der Dante
Druck und Bindung: CPI Books GmbH, Leck
Printed in the EU

PROLOG

Dresden, 11. Februar 1945

Das leise Ticken erfüllte die staubig kalte Luft in der kleinen Uhrmacherwerkstatt *Ignis*, die im Schatten der Frauenkirche in der Münzgasse lag. Den hypnotischen Takt der Pendel seiner Wanduhren, die den Raum so zahlreich umsäumten, dass sie kaum eine Sicht auf die Tapete zuließen, nahm der Uhrmachermeister seit vielen Jahren nicht mehr bewusst wahr. Doch wie eh und je ließen ihn die metallenen Herzschläge seine Arbeit mit größter Präzision erledigen. Deswegen betrieb Meister Ignis den Ofen, der nur nachts zum Aufheizen brannte, bei Arbeitsbeginn nicht. Es war das Knistern des Feuers, das seine Konzentration störte, ihm Angst einflößte inmitten der vertrauten Synchronizität seiner Zeitmesser. Er liebte die Zeit, doch hasste das Feuer. Zur Folge hatte diese in den letzten Tagen immer stärker gewordene Aversion, dass er in diesem kalten Februar nur wenige Stunden am Vormittag werkeln konnte. Doch er hatte ohnehin nicht mehr viele Kunden. Die Menschen schienen die Zeit zu vergessen, nur noch auf das Ende zu warten. Der rundliche Handwerker hatte eine dicke Wollweste über sein langärmliges blaues Flanellhemd gezogen, Strickmütze und Schal anbehalten. Heute galt seine volle Aufmerksamkeit den feinen Zahnrädern von Marta Rielkes goldener Armbanduhr, die er sacht in seinen vom Alter gezeichneten Händen hielt. Durch die Lupe, die er mit der Kraft seines Gesichtsmuskels in der linken Augenhöhle fixierte, betrachtete er das filigrane Innenleben der Uhr.

Als er den ersten Schlag der zur Mittagsstunde einsetzenden Kirchturmuhr vernahm, fiel Meister Ignis vor Schreck beinahe der Schraubenkürzer aus der Hand. »Verflixtes Geschepper!« Der Ausruf des Unmutes entfuhr dem weißbärtigen Mann mindestens einmal täglich, wenn ihn die Glocke kalt erwischte und nicht nur seine Fensterscheiben zum Erzittern brachte. Meistens passierte ihm das Ungeschick um die Mittagszeit, wenn seine Konzentration merklich nachließ. Er räusperte sich und wollte sich gerade wieder den kleinen Zeigern widmen, als er am Rande seines Sichtfeldes einen menschlichen Schatten über der mit Räderwerken, Armbändern und Gläsern vollgestellten Werkbank erkannte.

»Nanu. Ausgerechnet die Kirchturmuhr ein Feind des Uhrmachers?«

Meister Ignis entspannte seine Augenmuskeln, sodass die Lupe, die er an einem Gummiband an seiner obersten Kitteltasche befestigt hatte, herunterfiel. Als er aufblickte, erkannte er die rothaarige Frau in grünem Wollmantel als die Kundin wieder, deren Uhr er in den Händen hielt. »Frau Rielke«, sagte er und hüstelte. »Ich habe Sie gar nicht gehört. Warum haben Sie denn nichts gesagt?«

»Wollte ich gerade«, antwortete die Auftraggeberin mit lieblicher Stimme. »Da habe ich gemerkt, wie sehr Sie in meinen kleinen Schatz vertieft sind.«

Tatsächlich hatte Marta alles darangesetzt, den Uhrmacher nicht zu stören, nachdem sie unbemerkt durch das angrenzende Ladengeschäft gegangen war und ihn in der Werkstatt vorgefunden hatte. »Ich fand das so faszinierend, was Sie da machen, dass ich es mir einfach angucken musste. Sie scheint ja nichts aus der Ruhe zu bringen, außer …«

»Ja, außer die verflixten Glocken«, sagte Ignis und legte Uhr und Schraubenzieher auf seiner Arbeitsplatte ab. Sein Blick fiel durch das seitlich dahinterliegende Fenster empor zum Turm der Frauenkirche, deren barocke Schönheit ihn jedes Mal sofort für allen Ärger entschädigte. Er seufzte. »Als Maria noch da war, ist mir das nie passiert. Kein einziges Mal.«

»Oh«, antwortete Marta. »Ich wusste nicht … Das tut mir sehr leid mit Ihrer Frau.«

»Meine Frau?« Meister Ignis zog die dünnen grauen Brauen zusammen. »Was ist mit der denn jetzt?«

»Habe ich das falsch verstanden?« Marta zupfte nervös an den Ohrklappen ihrer Strickmütze. »Ich dachte, Maria wäre …«

Der Uhrmacher lächelte. »Ach so, nein, nein, Fräulein Rielke. Die Maria, das ist kein Mensch. Das können Sie aber auch gar nicht wissen, sind Sie doch gerade erst aus … Was sagten Sie noch, mit welchem Flüchtlingstreck sind Sie gekommen?«

»Ich komme aus Danzig«, antwortete Marta mit einer merkwürdigen Mischung aus Stolz und Schwermut in ihrer Brust. »Daher stammt auch die Uhr meiner lieben, mir schmerzlich vermissten Mutter, die ich Ihnen gegeben habe. Sie ist mir heilig, aber ich möchte sie jemandem geben, der sie dringender brauchen wird.« Martas Blick wanderte auf ihre schöne Uhr mit den eingravierten Initialen, so als müsse sie sich jetzt von beiden verabschieden. Schnell lenkte sie ihre Aufmerksamkeit wieder auf Meister Ignis. »Aber sagen Sie doch: Wenn Maria kein Mensch ist, was könnte sie dann sein?«

»Maria, so hieß die letzte unserer schönen alten Glocken. Können Sie sich das vorstellen? Gegossen 1518 von Martin Hilliger.« Ignis schaute Marta empört an, doch die zuckte nur mit den Schultern.

»Sagt mir auch nichts.«

»Hilliger aus der unübertroffenen sächsischen Glocken- und Kannengießerdynastie«, stieß er aus und machte eine Pause, als erwarte er einen Ausdruck der Erkenntnis im Gesicht seiner attraktiven Kundin. Als dieser ausblieb, fuhr er mit seinem Vortrag fort: »Nun, es ist nicht so wichtig. Maria musste vor zwanzig Jahren – ich war gerade in der Blüte meiner Meisterzeit – gehen. Und wissen Sie, warum?« Dieses Mal wartete er keine Reaktion ab. »Weil 1925 die drei Originalglocken, die für die Front hatten eingeschmolzen werden müssen, durch drei billige Bronzebimmeln ersetzt worden sind. Eine davon haben Sie gerade gehört.« Erneut schaute der Uhrmacher aus dem Fenster, um sich beim Anblick der Kirche zu beruhigen.

»Und Maria?«

»Wie? Ach so, ja.« Er drehte sich wieder zu Marta, die, der Schusseligkeit des betagten sympathischen Handwerkers in Wollmütze geschuldet, schon seit Minuten ein Kichern unterdrücken musste.

»Es gab Beschwerden unter den Dresdnern, dass Marias wundervoller Klang nicht mehr harmoniere mit den neuen Glocken«, sprach Ignis weiter. »Und da hat sich unser leichtfertiger Pfarrer unter Druck setzen lassen. Und weg war sie, über Nacht. Das hat unsere Frauenkirche nicht verdient. Damals ist mir das erste Mal meine Lupe runtergefallen. Mittlerweile habe ich sie mit einem Band gesichert. Ich bin recht schreckhaft geworden.«

»Das ist ja wirklich jammerschade.« Jetzt konnte Marta nicht mehr an sich halten und lachte laut. Meister Ignis aber ignorierte ihren Gefühlsausbruch, klemmte sich die Lupe wieder ans Auge und zog konzentriert eine Schraube im Uhrgehäuse fest.

»Es tut mir leid«, sagte Marta, als sie erkannte, dass sie den Mann verletzt haben könnte. »Ich kann mich einfach kaum hineinversetzen in so ein Glockendilemma. Aber ich bin mir sicher, eines besseren Tages findet Ihre Maria zurück zu diesem wunderschönen Ort.«

»Na, das glaube ich nicht«, sagte der Uhrmacher, ohne von dem hauchzarten ovalen Ziffernblatt aufzuschauen, das er gerade einsetzte. »Eher kann ich mir vorstellen, dass unser wahnsinnig gewordener Führer sie als Panzer an die Front geschickt hat.«

Dann spielt sie den Russen … Nein, Marta bremste sich. Sie wollte und durfte jetzt nicht darüber fabulieren, dass Maria den Feinden sicher ein schönes Ständchen darbietet, wenn sie ihre Granaten auf sie abfeuern. Was war nur in sie gefahren? Albern wie ein liebestolles Backfischchen benahm sie sich. Aber verliebt, das war sie ja auch, bis über beide Ohren sogar. Und das kehrte die missliche Lage, in die sie der Krieg manövriert hatte, in fast schon absurder Weise um.

Meister Ignis schnaufte. »Ich hoffe, das alles ist kein böses Omen gewesen. Mein Vater, der damals auf seine alten Tage noch hin und wieder in sein Geschäft gekommen ist, hat mir damals schon prophezeit, dass der Glockentausch Unglück über die Stadt bringen wird.«

»Sie meinen, dass wir den Krieg verlieren?« Marta dachte nach. »Wenn ich so überlege, dann ist das wohl nicht mehr abzuwenden. Ob ich je mein schönes Danzig wiedersehe?« Sie schaute nach dem weisen Rat des Uhrmachers, der das Glas ihrer Uhr polierte. »Oder glauben *Sie* noch an den Endsieg?«

Jetzt lachte Meister Ignis laut und linste von der Uhr auf. »Wo denken Sie hin? Deutschlands Zeit ist abgelaufen. Ich hoffe lediglich noch, dass es jetzt ganz schnell geht, bevor sie Dresden auch erwischen.«

»So etwas glauben Sie?«

»Wieso denn nicht? Wenn ich an eines glaube, dann ist das die Vergänglichkeit der kostbaren Zeit. Und mit jeder Sekunde, die wir hier stehen, vergeht auch Deutschland unaufhörlich.«

»Man sagt, man sei ganz sicher, dass die Alliierten Dresden verschonen.«

»Das glaube ich erst, wenn die Russen in Berlin sind. Oder die Amerikaner. Dieser Churchill, dem traue ich nicht. Das ist genauso ein Verbrecher wie unser sogenannter Führer. Sehen Sie doch, was er mit Hamburg gemacht hat, mit Köln, mit den Hunderten von Städten, in denen es schließlich auch Kultur gibt, die man verschonen und bewahren hätte können. Die Menschen sind elendig im Feuer verbrannt.«

Marta geriet ins Grübeln. »Da haben Sie recht, Herr Ignis. Trotzdem, die Engländer wissen, dass hier in Dresden keine Gefahr lauert. Die Straßen sind doch voller Frauen und Kinder.« Sie dachte an ihren Geliebten. »Und von den Soldaten sind nur die Verletzten hier. Es verteidigt doch keiner was.«

»Ihr Wort in Churchills Ohr«, sagte der Uhrmacher und reichte Marta die Uhr. »Passen Sie gut auf die Zeit auf, Fräulein Rielke. Und meiden Sie das Feuer.«

»Feuer? Ich verstehe nicht, was meinen Sie?«

Ignis gab keine Antwort, schielte nur mit einem plötzlich veränderten, ängstlich wirkenden Blick auf ihre Haare. Schnell streifte Marta einen ihrer Handschuhe ab, nahm die Uhr entgegen und ließ sie in ihrer Manteltasche verschwinden. »Was bin ich Ihnen schuldig?«

»Lassen Sie mal!« Er winkte ab und wirkte wieder klar. »Ich weiß, dass Sie nichts haben.«

»Aber …« Nun bereute Marta ihr albernes Gekicher mehr als zuvor. »Sie brauchen doch auch …«

»Ich brauche gar nichts«, raunte Meister Ignis. »Auch meine Tage sind gezählt. Das spüre ich.« Er reichte ihr seine Hand über die Werkbank. Als Marta sie nahm und dabei in die wehmütig dreinblickenden Augen des Uhrmachers sah, durchzuckte sie ein seltsames Gefühl. Ihr wurde von einem Moment auf den anderen unglaublich heiß, und es war ihr, als wüsste sie für einen Augenblick nicht, wo sie sich befand, als hätte sie das Gespür für Raum und Zeit verloren. Es gelang ihr nicht, seinem durchdringenden Blick auszuweichen. Seine Augen schienen wie Flammen zu glühen. Gleichzeitig begannen die Zeiger all seiner Uhren an den Wänden lauter zu ticken. Dann immer schneller. Martas Herzschlag passte sich der heißen Raserei an. Im ersten panischen Moment schaffte sie es nicht, ihre Hand aus seinem Griff zu lösen. Ein stimmloser Schrei entfuhr ihrer Kehle, als der Uhrmacher schließlich losließ. In genau diesem Moment schlugen die Zeiger und Pendel um sie herum wieder gleichmäßig und ruhig, und Marta spürte auch die Kälte zurück in ihren Körper kriechen. Ihr Blick blieb auf Meister Ignis kleben, als der sich umdrehte, ohne ein weiteres Wort von der Werkbank trat und hinter einem aschgrauen Vorhang in einen Nebenraum verschwand.

KAPITEL 1

Die Bomber Harris und Klaus

Dresden, 12. Februar 2000

Am Takt der Schuhsohlen erkannte Bianca, dass Klaus die stillgelegte Schwermaschinenfirma betreten hatte. Die anderen lungerten bereits auf den ausrangierten Sofas im ehemaligen Aufseherbüro herum, aber sie war noch eine Weile alleine in der verlassenen Halle 2 sitzen geblieben. Mit nur einem Stück Pappe als Unterlage hockte sie auf dem staubigen Boden, den Rücken an die kahle Betonwand neben dem Büro gelehnt. Während ihre Arme auf den zerschlissenen Maschen ihrer schwarzen Netzstrumpfhose ruhten, drehte Bianca sich aus den letzten Krümeln, die sie in ihrer zerknitterten Tabakpackung fand, eine Zigarette.

Die sonst so lebendige Stille der Fabrik wurde nur mehr durchbrochen vom leisen Geflüster ihrer Kumpels und Müslis Rotzgeräuschen. Niemand lachte heute oder erzählte dumme Witze. Selbst der Kassettenrekorder, der sonst die Halle mit rebellischem Punkrock erfüllte und damit den scheppernden Geist der einst hier ratternden Maschinen zu wecken schien, schwieg an diesem historischen Tag. So empfand es Bianca, als sie mit ihrem

Sturmfeuerzeug die Zigarette entzündete und den Rauch tief einatmete. Dabei war ihr die Tragweite des Augenblicks deutlich bewusst. Den gesamten Abend über hatte sie gegrübelt, ebenso wie die anderen Angehörigen ihres Widerstandsnetzwerks *Bomber Harris*. Drei Monate zuvor hatte ihr Ex-Freund Müsli Klaus als neues Mitglied aufgenommen. *Bomber Harris* verstand sich als eine von zahlreichen miteinander verbundenen Gruppen, deren Ziel es war, die Verharmlosung der Luftangriffe auf Dresden ins öffentliche Bewusstsein zu rücken. Als gebürtige Dresdner kam den fünf Kernmitgliedern, zu denen auch Bianca zählte, eine besondere Rolle zu. Sie kannten nämlich viele der in der rechtsextremen Szene aktiven Neonazis persönlich aus Schulzeiten oder der Nachbarschaft und waren bestrebt, deren Namen und Adressen öffentlich zu machen. Ihre bisherigen Bemühungen – Demonstrationen, Flugblattaktionen, Hausbesetzungen – hatten jedoch kaum Erfolge erzielt. Angesichts der nahenden Gedenkfeiern der Bombardements auf Dresden hatten Müsli und sein Bruder Flakes entschieden, drastischere Maßnahmen zu ergreifen, etwas Großes zu zerstören, auch wenn es Nazi-Opfer fordern sollte, denn Menschenopfer waren das ja dann nicht – da waren sich alle weitestgehend einig. Und so waren sie schließlich auf Klaus gestoßen, obwohl die genauen Umstände seiner Herkunft zumindest Bianca verborgen blieben. Als sie einmal nachfragte, hatte ihr Müsli erklärt, dass selbst er nichts Genaues wisse, denn Klaus leite eine eigene Gruppe von Intellektuellen mit einflussreichen Kontakten und finanziellen Mitteln, die Aktionen wie die ihre fördern wollten. Über diesen Kreis müsse allerdings Stillschweigen bewahrt werden.

Für Bianca – mit ihren siebzehn Jahren die Jüngste der Gruppe und die Einzige ohne Vorstrafen – erschien das als ausreichende Begründung. Klaus war steinalt, Anfang bis Mitte vierzig, glaubte sie. Er hätte ihr Vater sein können, trug seine schütteren grauen Haare zu einem Pferdeschwanz gebunden, rauchte Pfeife, hörte Bob Dylan und zierte seinen schwarzen Mantel mit Buttons von Protestmärschen, von denen Bianca noch nie gehört hatte. Doch dies war für sie nebensächlich, denn Klaus, von den anderen auch »der Alte« genannt, vertrat mit Leidenschaft antifaschistische Werte, er war ein starker Anführer und hatte durch seine Kontakte zur Roten Armee Fraktion Zugang zu Sprengstoff. Den hatte er auch wie versprochen besorgt. Reichlich davon. Und darum ging es schließlich.

Entschlossenheit trieb Bianca an, ihren Teil zum Gelingen der Aktion beizutragen. Sie kannte die Gefahren eines erstarkenden Neonazismus aus eigener Erfahrung. Nervös spielte sie mit ihrem Nasenring, ein Tick, der einsetzte, wenn sie in tiefes Nachdenken über ihre Ziele versank, besonders aber, wenn sie an die Nacht im Sommer 1998 dachte, in der Ronny nach dem Sommerfest ihrer Gruppierung Neustadt Antinational verschwunden war. Sie war fünfzehn Jahre alt gewesen, als sie ihren großen Bruder am Bahndamm entdeckt hatte und er kurz darauf in ihren Armen verblutet war. Die Wut auf die Täter, die Skinheads, die ihn aus Hass auf die Gleise gestoßen hatten, nur weil er gegen Faschismus kämpfte, loderte seither in ihr. Sie hatte sich geschworen, seinen Kampf noch energischer fortzusetzen, koste es, was es wolle. Der Staat hatte die Mörder ihres Bruders geschützt, da war Bianca sich sicher. Ihre angeblichen Alibis waren getürkt. Daher war ihr Hass auf den

Staat noch größer als auf die Täter selbst. Nach Ronnys Tod war Bianca politischer geworden, vor allem aber radikaler. Sie wusste, nach Ende des Zweiten Weltkriegs war es den Demokraten nicht gelungen, den Nationalsozialismus aus Deutschland zu verbannen. Sie war überzeugt, dass dafür drastische Maßnahmen notwendig gewesen wären. Ihrer Meinung nach hätte man die Nazis einfach in ebenjenen Konzentrationslagern vergasen müssen, wo sie das Gleiche mit den Juden gemacht hatten. Doch sie wusste inzwischen auch, dass solche Thesen auf wenig Akzeptanz bei den gemäßigten linken Gruppen stießen, zu denen *Bomber Harris* auch Anschluss suchte. Müsli hatte ihr deswegen geraten, moderatere Parolen zu verwenden. In ihrem Inneren dachte Bianca natürlich weiterhin ganz anders. Aber nun sollte der morgige Tag ja endlich den Beginn einer neuen Ära einleiten. Und außerdem auch für sie einen Wendepunkt in ihrem eigenen bisherigen Dasein auf dieser, wie sie fand, beschissenen kapitalistischen Welt, in einem abgrundtief kranken Deutschland, markieren. Die von ihnen zu erwartende, herbeigerufene Explosion der sich im Aufbau befindlichen Frauenkirche sollte endgültig das Bewusstsein der Welt für die Gefahren durch den wieder aufkeimenden Faschismus verändern. Besonders wenn das am Jahrestag der Erinnerung an die Luftangriffe von 1945 geschah, mit der ganzen symbolischen Strahlkraft Dresdens. Bei dem Gedanken, dass ihre Taten bald weltweit Schlagzeilen machen und später Einzug in die Geschichtsbücher halten würden, strich sich Bianca etwas verlegen ihren grünen Scheitel auf die linke Seite. Ja, sie war sich der historischen Dimension ihres Vorhabens voll bewusst. Und sie stand dazu und ganz dahinter, auch wenn ihre Mutter, die elendige Säuferin, die sie nie unterstützt hatte, nicht stolz auf sie sein würde. Dafür wäre es Ronny umso mehr gewesen, und das globale antifaschistische Kollektiv würde ihnen allen großen Respekt zollen.

Tief in sich spürte Bianca allerdings seit einigen Tagen Unbehagen bei dem Gedanken, dass aus irgendeinem blöden Zufall heraus Kinder in Mitleidenschaft gezogen werden könnten. Doch dies durfte sie niemandem offenbaren, am wenigsten Klaus. Sie hatte sich nun mal zu *Koste es, was es wolle* bekannt. Ihre Sorgen waren wahrscheinlich sowieso albern. Denn warum sollten sich Kinder unter die Glatzen mischen, wenn sie ihren Fackelzug da beendeten, wo sie zuschlagen wollten?

Und wenn doch? Biancas Unterlippe begann zu zittern. Sie zupfte an ihrem Piercing, zog an ihrer Zigarette, bevor ihr Blick auf Klaus fiel, der mit einem breiten Grinsen im Gesicht durch die Halle auf sie zulief. Überall klafften noch Kabel und Rohre wie abgeschnittene, blutlose Adern aus dem Mauerwerk. Jede zweite Fensterscheibe lag in Scherben, und dass hier mal Maschinen gestanden hatten, davon zeugten nur noch die tiefen Abdrücke im brüchigen Fundament. Alles war bis auf die letzte Schraube abmontiert worden. »Wie immer haben die Deutschen nur Staub und Asche hinterlassen«, zischte sie bei diesem trostlosen Anblick.

»Na, Grünschnabel«, begrüßte Klaus sie. »Mit wem plapperst du denn da? Wieder mit dir selbst?«

»'türlich, nur laut gedacht.« Bianca fuhr sich durch die Haare und schaute den Anführer mit ihren blauen Augen, deren Lider sie wie jeden Morgen mit dickem Kajalstift umrandet hatte, erwartungsvoll an.

»Dann mal rein da«, sagte Klaus und hielt ihr die Hand hin, an der sie sich hochziehen ließ. »Gibt noch einiges zu bequatschen, bevor wir die Bombe platzen lassen.« Er lachte.

Bianca folgte dem Anführer in das stickige Wärterbüro. Klaus stieß die halb angelehnte schwere Eisentür mit dem Fuß auf und wedelte, wie jedes Mal, wenn er das Hauptquartier von *Bomber Harris* betrat, erst mal die Qualmschwaden beiseite. An der hinteren, mit Graffiti vollgesprühten Wand lehnten drei abgewetzte Matratzen mit fleckigen Bettlaken, auf denen sie alle schon mindestens zwanzig Räusche ausgeschlafen hatten. Rechts standen hinter den mit Flaschen und überfüllten Aschenbechern vollgestellten Beistelltischen ihre beiden zerbeulten Sofas. Auf einem saßen Müsli und Flakes zugedeckt mit einem Schlafsack, der das Brüderpaar wie ein Kokon umschloss. Darüber reichten sie sich einen in dem düsteren Raum orange funkelnden Joint hin und her. Das zahnlose Grinsen ihres Ex-Freundes, das ihr immer entgegenschlug, wenn sie das Hauptquartier betrat, kannte sie inzwischen besser als ihr eigenes Spiegelbild. Es ließ sie kalt, doch erkannte sie jedes Mal, dass dies ein eindeutiges Zeichen dafür war, dass er immer noch auf sie stand. Müslis Bruder war mit siebenundzwanzig Jahren nicht nur der Älteste der Gruppe, sondern auch der Intelligenteste. Soweit Bianca wusste, studierte Flakes im 21. Semester Maschinenbau, obwohl sie nie mitbekommen hatte, dass er sich mal zu einer Vorlesung aufgemacht hätte. Mit seinem hochstehenden blauen Irokesenschnitt konnte sie sich Flakes auch gar nicht so recht in einem Hörsaal vorstellen, obwohl sie selbst nie einen von innen gesehen hatte und auch nie sehen wollen würde.

Auf der anderen Couch lag breitbeinig Frettchen in ihrer weiten Cordhose und lackierte sich passend zu ihrer Haarfarbe die Nägel in Knallpink. Neben ihr hockte auf der Sofalehne Stinker, ein glatzköpfiger, oftmals aggressiver Skinhead-Punk. Von seinen buschigen Augenbrauen bis hinunter zu seinem Kinn zog sich eine lange, wulstige Narbe über seine linke Gesichtshälfte hinab, die von einer Auseinandersetzung mit entweder Nazis oder Polizisten herrührte. Keiner wusste das so genau, denn Stinker, der stets ein kariertes Kragenhemd und Hosenträger trug, erzählte die Geschichte, je nach Alkoholpegel, immer wieder anders. Seine Springerstiefel mit roten Schnürsenkeln standen auf dem Polster, er trank einen Schluck aus seiner Sternburg-Pils-Flasche, rülpste und grüßte: »Na, sieh mal einer an, der Alte ist wieder da!«

»Mach mal lieber Platz da, Penner«, fauchte ihn Bianca an, drückte seine Stiefel zur Seite und quetschte sich zwischen ihn und Frettchen. Sie mochte beide sehr gerne, denn sie waren herzensgut und hatten ihr Herz am linken Fleck. Stinker befand sich gerade wegen Körperverletzung im offenen Vollzug und konnte normalerweise nur die Nachmittage mit ihnen verbringen. Da er aber nach dem Anschlag ohnehin nicht plante, wieder zurück in den Knast zu wandern, war er schon seit zwei Tagen in der Fabrik untergetaucht. Frettchen war lesbisch und mit einer ganz normalen Frau liiert, einer Friseurin aus Leipzig, zu der sie immer am Wochenende fuhr. Die meisten Männer nahmen ihr ihre Rolle nicht ab, weil Frettchen unglaublich sexy aussehen konnte, wenn sie sich für eine Party zurechtmachte.

»So, Genossen«, sagte Klaus, der sich auf den wackeligen Holzstuhl hinter den ramponierten Holztisch gesetzt hatte, auf dem zwischen Bierdosen und Chipstüten auch zwei große Kerzen brannten, weil das schummrige Licht der einzigen an der Decke an einem Kabel baumelnden Glühlampe nicht ausreichte. »Es ist zum Kotzen. Heute Abend sind bereits ein paar Dutzend Glatzen durch die Altstadt gezogen und haben für einen Trauermarsch, den sie wie jedes Jahr für morgen Abend planen, geübt. Man darf gespannt sein, ob die Bullen ihn platzen lassen oder sich mit den Faschisten gemeinmachen werden.«

»Auf die Fresse, auf die Fresse«, rief Stinker, der an diesem Abend alleine eine halbe Kiste Pils geleert hatte.

»Aber es ist auch gut so«, fuhr Klaus fort, während er sich eine Pfeife stopfte. »Denn es wird ja dann gleichzeitig ihr letzter Marsch sein.«

»Weil dann keiner mehr von denen lebt, wa?«, warf Flakes ein. Bianca schaute rüber zum anderen Sofa und bemerkte, dass Müslis Bruder zitterte und ganz blass im Gesicht geworden war. Sie hatte schon geahnt, dass irgendwas nicht stimmte mit ihm, denn so ruhig wie an diesem Abend hatte sie Flakes wirklich nie erlebt. Ob er Gewissensbisse bekommen hatte, einen Rückzieher machen würde? Und wenn ja, was würde das für sie alle bedeuten?

»Was willst du damit sagen?«, giftete Klaus in seine Richtung.

»Das eben, Alter«, sagte Flakes mit brüchiger Stimme. Er wagte nicht, aufzuschauen, starrte auf den Tisch und kaute auf seinen Fingernägeln herum.

»Was eben? Ich habe euch Gammlern doch schon etliche Male verklickert, dass wir genau wissen, wo die Bastarde aufmarschieren. Sie sollen nicht alle draufgehen, meine Güte, aber sie sollen mit eigenen Augen erleben, wie ihr Heiligtum in die Luft fliegt. Verdammt noch mal.«

»Und, wenn schon«, warf Stinker trocken ein. »Was ist so schlimm daran, wenn ein paar von den Wichsern von den Trümmern ihres eigenen Hasses plattgemacht werden?«

»Korrekt«, sagte Frettchen leise.

»Meine Fresse, das meine ich nicht«, polterte Flakes. »Von mir aus könnten die ganzen verfluchten Hunde abnippeln, wa. Aber was passiert, wenn die Kinder dabeihaben? Das wär ja wohl übelst krass, wa?«

Bianca erschrak. Flakes stellte sich also die gleiche Frage wie sie. Hoffentlich war das kein schlechtes Omen.

»Kinder?«, rief Klaus. »So ein Käse. Was sollen Kinder auf einem Nazi-Fackelmarsch?«

»Alter, die indoktrinieren doch ihre Blagen von klein auf!« Flakes wagte es nun tatsächlich, Klaus anzuschauen und ihn offen zu konfrontieren.

»Da sagst du es doch selbst.« Der Alte schlug mit der Handkante auf den Tisch. »Kinder, Kinder. Was soll das? Selbst wenn, für den unwahrscheinlichen Fall. Dann sind das Kartoffel-Blagen, die genauso zu dem werden würden, was ihre Eltern sind, wenn sie nicht in die Luft geflogen wären.«

»Korrekt«, zischte Frettchen.

»Wenn du Schiss hast, dann verpiss dich jetzt.« Klaus wies mit strammem rechtem Arm auf die Tür. Wenn er dabei nicht den Zeigefinger ausstrecken würde, dachte Bianca in diesem Moment, könnte man ihn für einen Vorzeige-Faschisten halten.

»Fick dich echt, Alter!«, raunte Flakes.

»Fick dich selber, ja. Du Flöckchen, du!« Für einen Moment vergrub Klaus sein Gesicht in seinen Händen. Nur seine Pfeife schaute zwischen ihnen hindurch und ließ nervöse Dampfwolken in die Luft ab. »Wochenlang habe ich euch … haben wir darüber geredet, wie wichtig dieser Tag ist. Es kann doch um Himmels willen nicht sein, dass das jahrzehntelange Rumgeopfere und Geheule der Nazis jetzt gesellschaftliche Akzeptanz findet. Wir leben im Jahr 2000, verdammte Axt.« Noch einmal schlug er mit der Hand auf die Tischplatte, sodass dieses Mal sogar eine der Kerzen umfiel, vom Tisch kullerte, dabei erlosch und auf dem Boden liegen blieb. »Was glaubt ihr eigentlich?«, schnauzte er weiter. »Was passiert, wenn so eine Hitler-Kuppel wieder in vollem Glanz erstrahlt? Was kommt dann als Nächstes? Ja, richtig, dann macht als Nächstes auch Auschwitz wieder die Tore auf. Wollt ihr das?«

»Hehe, Alter«, raunte Stinker, der sich eine neue Flasche aufgemacht hatte, dazwischen. »Du bist ja richtig wild. Aber warum eigentlich *wir*? Hab ich etwa rumgenölt?«

»Ja, sorry. Ich meine das Arschloch da.«

»Komm, Klaus, lass ma stecken jetzt!« Müsli schaltete sich ein. Bianca wusste, dass es ihm schwerfiel, dem Alten, den er als Idol begriff, zu widersprechen oder auch nur ins Wort zu fallen. Doch ihr war auch bewusst, dass er seinen Bruder über alles liebte und ab einem gewissen Punkt nicht anders konnte, als den Mund aufzumachen.

»Er hat es nicht so gemeint. Ich bin sein Bruder, Mann. Ich weiß, dass er voll hinter uns und der Sache steht. Flakes ist nur übelst nervös!« Er boxte seinen Bruder leicht mit der Faust auf die Schulter, rüttelte ihn. »Ist doch korrekt so, Timo. Oder nicht?«

»Jo«, sagte Flakes. »Tut mir leid, Klaus, wa. Ich kiffe mir gleich noch einen, und dann ist alles easy peasy.«

»Na also«, sagte der Alte, wartete noch einen Augenblick und warf dann seine Aktentasche auf den Schreibtisch. »Ich weiß, dass ihr Gammler nicht gerne lest, aber ich habe euch trotzdem noch mal alle relevanten Infos ausgedruckt. Für den Schnellcheck. Ihr bekommt jetzt von mir alle eine Mappe.« Er zog einen Ordner aus der Tasche und blätterte die Seiten durch. »Alles, was ihr wissen müsst. Minutiöse Zeitpläne, Zünderaufbau, Zündsequenzen, Fluchtwege. Gammler verständlich zusammengefasst.«

»Wozu?«, fragte Stinker. »Wir haben doch übelst genau abgecheckt, wer wann, was machen soll. Hast du uns doch alles x-fach auf deinem Taschencomputer vorgeführt.«

»Laptop«, säuselte Frettchen.

»Bla, bla.«

»Das ist mir klar«, rief Klaus. »Trotzdem. Ich will, dass ihr euch das alles noch mal in Ruhe durchlest und dass ihr die Mappen auch in euren Rucksäcken mit drin habt.«

»Ergibt das Sinn?«, fragte Bianca. »Bringt uns wohl alle mit der Tat in Verbindung, oder nicht?«

»O Mann, Grünschnabel. Ihr seid doch die Täter.« Er sah sie fragend an: »Mal ehrlich, was soll das alles jetzt auf die letzte Minute?«

»Chill mal, hab's kapiert!«, antwortete Bianca, die sich allerdings innerlich bereits schwer über Klaus' Gereiztheit wunderte. Er schien noch nervöser als sie alle zusammen zu sein. Womöglich bekam er Druck von seinen Hintermännern, dachte sie und legte sich somit selbst eine Erklärung zurecht.

»Ich muss mich auf jeden Einzelnen von euch verlassen können«, fuhr der Alte fort. »Absolut. Es ist ja nicht so, dass ich euch diesen Anschlag aufgedrängt habe. Ihr habt doch nach jemandem gesucht, der euch so was Geiles ermöglicht, Müsli hat mich förmlich angebettelt, euch zu unterstützen. Jetzt habt ihr diese einmalige Gelegenheit! Nutzt sie dann auch!«

»Jawohl.« Stinker sprang auf, legte sich zwei Finger über die Oberlippe und formte mit der anderen Hand einen Hitlergruß. »Heil *Bomber Harris!*«

Danach lachten alle.

»Denkt an eure Tarnklamotten«, mahnte Klaus und nahm die restlichen Mappen aus der Tasche, die er anschließend sofort wieder schloss und sich um die Schulter legte. »Kein Wort zu irgendjemandem, auch nicht am Telefon. Ist das klar?«

»Verstanden, mein Alter«, rief Stinker und rülpste. »Dann lass uns jetzt mal die letzten Stunden der Naziherrschaft relaxen. Wer trinkt noch einen mit mir?«

»Ich muss los.« Klaus war aufgestanden. »Ihr wisst, wo ihr alles findet. Falls nicht, guckt hier rein!« Er legte die Mappen auf den Tisch. »Wir sehen uns heute Nacht an Ort und Stelle«, sprach er zum Abschluss. »Alles wird gut! Ihr werdet Helden sein, auf der ganzen Welt. Ihr ahnt noch nicht mal, wie sehr man euch für diese mutige Tat verehren wird. Ich verehre euch jetzt schon.« Nachdem er zu Ende gesprochen hatte, verließ Klaus das Büro. Erst als seine Schritte in der Mitte der Halle verstummten, brachen alle in Gelächter aus. Auch Bianca stieg ein. Sie merkte, wie befreiend dieses Gefühl war.

»Ich verehre euch jetzt schon«, äffte Stinker den Anführer nach.

»Übelst krass«, pflichtete Müsli bei. »Ich brauch jetzt ein Bier. Volle Kanne!«

»Prost!«

»Prost.«

Die Flaschen klirrten, und nun spielte der Kassettenrekorder auch endlich wieder Punkrock. Ein selbst aufgenommenes Tape von Müsli und seiner Band, das alle mitsingen konnten.

Im Schatten der Stadt, wo die Lügen beginnen,
Kein Platz für uns, sie wollen uns verdrängen.
Ihre gierigen Augen sehen nicht den Schmerz,
Doch wir brennen, wir brennen, wir haben noch Herz.

Feuer in der Nacht, es lodert und schreit,
Zorn in uns aufgestaut, bereit für den Fight.
Die Flammen tanzen hoch, sie erleuchten hell die Nacht,
Ein Schrei nach Freiheit, unsere letzte Macht.

Es gab kein Zurück mehr. Um 3:50 Uhr morgens zogen alle Mitglieder der Gruppe *Bomber Harris,* nachdem sie bereits in die vom Alten bereitgestellten schwarzen Ganzkörper-Overalls geschlüpft waren, ihre Sturmhauben über. Schweigend saßen sie in Klaus' grauem Van, der sie wie verabredet vor dem Hauptquartier eingesammelt hatte. Draußen zeichnete sich der dunkle Schattenriss der Frauenkirche vor dem Nachthimmel ab. Bianca starrte auf das Baugerüst, das gespenstisch im Mondlicht schimmerte.

»Es läuft alles nach Plan«, sagte Klaus vom Fahrersitz aus. Er hatte sich umgedreht und schaute zu Frettchen und Stinker, die reglos neben Bianca auf der Rückbank kauerten. »Ihr beide schleicht euch vor und nehmt eure Positionen ein. Klar?«

Stinker und Frettchen nickten stumm.

»Schnell wie ein Feuersturm, lautlos wie der Tod selbst«, trieb Klaus sie an. »Zwei Minuten nach euch sind die Brüder dran.« Er wandte sich Müsli und Flakes zu, die mit den Rucksäcken auf dem Schoß auf dem Doppelbeifahrersitz kauerten. »Wie lange braucht ihr also?«

»Drei Minuten zum Platzieren«, erwiderte Müsli, »zwei zum Scharfmachen, zweieinhalb, um abzuhauen.«

»Exakt wie trainiert«, lobte Klaus. »Ich warte hier, der Motor läuft. Bianca, du hältst draußen Wache und machst die Türen wieder auf, wenn sie zurückkommen.«

»Gecheckt«, murmelte Bianca, während sich gleichzeitig ihr Magen zusammenkrampfte. Gleich würde der Plan in die Tat umgesetzt. Die Stunde der Wahrheit stand bevor. Noch einmal zogen die grausamen Bilder verstümmelter und schreiender Kinder vor ihrem inneren Auge vorbei, die sie in den vergangenen Nächten immer wieder eingeholt hatten. Wenn sie daraufhin erwacht war, hatte sie sich immer wieder selbst versichern müssen, dass sie an Hirngespinsten leide.

»Denkt immer daran, wofür wir das tun«, sagte Klaus und riss Bianca aus ihren sorgenvollen Gedanken. »Heute Abend schauen wir gemeinsam zu, wie das Ding hochgeht. Versteckt alles gut, dann können wir entspannt den Tag abwarten. Jetzt beginnt der Tanz.« Er blickte auf die Uhr. »Gleich geht's los.«

Totenstille senkte sich über den Van. Gebannt starrten alle zum dunklen Schatten der Kirche. Kurz schaltete Klaus die Scheinwerfer an. Sie blendeten Bianca, dann erkannte sie die Silhouette des auf zwanzig Meter angewachsenen hohen Kirchturmes, der mit Gerüsten umstellt war. Daran befestigt war das allen echten Linken verhasste Banner mit der Aufschrift *Brücken bauen, Versöhnung leben*. Nach zehn Sekunden erlosch das Licht des Fahrzeugs wieder, und bunte Flecken zeichneten sich auf ihrer Netzhaut ab. Sie fragte sich, warum Klaus die Scheinwerfer überhaupt angemacht hatte. Das stand nicht auf dem Plan, auch nicht in der Mappe, die sie stellvertretend für die ganze Gruppe noch einmal akribisch durchgegangen war. Und sie alle wussten doch genau, wie die Baustelle aussah. Das hatte sich über Wochen in ihren Köpfen regelrecht eingebrannt. Außerdem missfielen ihr die Worte des Anführers, die keinerlei antifaschistische Gesinnung mehr erkennen ließen: *Lautlos wie der Tod, gleich beginnt der Tanz*. Was für ein Spinner!

»Los jetzt!«, rief Klaus.

Stinker und Frettchen schlüpften hinaus in die Dunkelheit. Bianca schloss leise die Tür, zwei Minuten später schwärmten Müsli und Flakes aus. Klaus verriegelte die Tür wieder, und im gleichen Moment sah Bianca winzige rote Lichter in der Dunkelheit aufblitzen – vor den Gerüsten, etwa dort, wo der große Baucontainer stand. »Was war das?«, zischte sie. Er antwortete nicht.

»Klaus?« Bianca hörte das Klicken der automatischen Türverriegelung. Nein, das war nun sicher kein Hirngespinst, das sie eingeholt hatte.

»Ich checke das nicht«, rief sie. »Was ist los?«

Statt eine Antwort zu geben, schaltete Klaus die Scheinwerfer erneut ein. Damit war Bianca klar, dass etwas im Busch war. Etwas lief völlig aus der Kontrolle. Fassungslos starrte sie durch das Panoramafenster und sah, wie Müsli und Flakes, irritiert von der plötzlich einfallenden Helligkeit, nur noch ein paar Meter von der Kirche entfernt, alarmiert in Richtung des Vans blickten und ihre Arme schützend vor die Augen warfen.

»Erklär es mir!« Bianca konnte ihre Angst nicht mehr bändigen, und ihre Stimme überschlug sich. »Sofort!«

Klaus blieb stumm.

»Mann, Alter! Was geht hier ab? Was soll das Theater?« Von draußen vernahm Bianca Motorengeräusche und quietschende Reifen. »Nein!«, rief sie laut aus, als sie im grellen Blaulicht die schwer bewaffneten Beamten einer Sondereinheit erkannte, die den Platz vor der Kirche von allen Seiten aus stürmten. Sie musste hilflos mitansehen, wie vermummte Polizisten mit Maschinenpistolen aus dem Baucontainer stürzten und ihre Freunde in Sekundenbruchteilen überwältigten und zu Boden rissen. Tränen der Verzweiflung und Wut brannten in ihren Augen. Reflexartig versuchte sie, vergeblich, die Autotür zu öffnen, dann schlug sie mit beiden Fäusten von hinten auf Klaus ein. »Du Dreckschwein«, schrie sie. »Hast uns verraten, du Nazi-Bastard. Wer bist du? Was bist du?« Sie hörte das Klicken der Türverriegelung abermals, doch als sie sich umwandte, um erneut zu versuchen, aus dem Van zu entkommen, erschrak sie erneut. Direkt vor der Scheibe stand ein vermummter, behelmter Beamter. Eine Sekunde später wurde die Tür aufgerissen, und zwei Pistolen waren auf sie gerichtet.

»Hände hoch, keine Bewegung!«, befahl eine raue Stimme.

Als sie die Hände über dem Kopf hatte, riss sie jemand aus dem Wagen und verdrehte brutal ihre Arme hinter ihrem Rücken. Ein Stoß drückte sie seitlich gegen die

Scheibe des Vans, an dem sie mit der Wange kleben blieb. Sie spürte, wie ihre Beine auseinandergerissen wurden und grobe Hände sie abtasteten, während sie den kalten Stahl der Handschellen an ihren Handgelenken fühlte. Das Letzte, was sie sah, bevor man sie rücklings in ein Einsatzfahrzeug drängte, war Klaus, der in aller Seelenruhe aus dem Van stieg und sich seine Pfeife anzündete. *Dieses verdammte Bullenschwein!*

KAPITEL 2

Bei den Alten

Dresden, 28. März 2000

Bianca starrte an die Zimmerdecke. Sie trug ihre Trainingshose und obenherum ein ärmelloses, zerschlissenes Shirt der Band *Slime*. Die letzten rötlichen Sonnenstrahlen fielen durch das kleine gitterlose Fenster auf ihre blassen Arme, die mit bunten Tattoos antifaschistischer Symbole übersät waren. Draußen zwitscherten die Spatzen in den Bäumen, als wäre nichts geschehen. Hans Meiser in ihrem kleinen Fernsehgerät jedoch widersprach den Vögeln und berichtete von Notrufen aus der gesamten Republik. Biancas Schicksal verschwiegen beide Seiten. Dabei war für sie wirklich schiefgelaufen, was schiefgehen konnte. Statt einen Naziaufmarsch zu verhindern und die Sprengung der Frauenkirche als Zeichen in die Welt zu entsenden, den Faschismus nicht länger zu tolerieren, lag sie jetzt in einer Dachgeschosszelle der offenen Besserungsanstalt ihrer Heimatstadt. *Was für eine verdammte Scheiße!*

Statt als gefeierte Aktivistin Vorträge vor autonomen Gruppen in der ganzen Welt zu halten, durfte sie nur auf Bewährung raus. Morgen sollte ihr erster Tag des Sozialdienstes sein, zu dem sie gerichtlich für die volle Zeit ihres Vollzuges verdonnert worden war. Acht Stunden am Tag! Ein Elendsjob, auf den sie nicht im Geringsten Lust hatte – wie auf Arbeit generell nicht. Bianca schüttelte den Kopf, so absurd war das alles. Sie tastete nach der Zigarettenpackung auf ihrem Nachtschränkchen, zog eine heraus und zündete sie an. Während sie tief inhalierte und den Rauch in Kringeln an die Decke blies, ließ sie ihre Gedanken weiterschweifen. Es würde schon alles nicht so schlimm werden. Immerhin hatte ihre Anwältin Ellen, die ihr das linke Netzwerk *Rote Hilfe* spendiert hatte, ihrem Bewährungshelfer völlig klargemacht, dass sie auf gar keinen Fall etwas in der Pflege machen würde. Windeln wechseln, den Tattergreisen Suppe ins zahnlose Maul schieben, womöglich noch den Hintern abwischen? Nein, das wollte Bianca nicht, auch nicht ansatzweise. Kinder wären in Ordnung gewesen, kleine Kinder, aber die durften Knastis nicht betreuen, und mit Tieren gab es nichts. Nun sollte sie als eine Art gute Fee alleinstehenden Damen beim Einkaufen und im Haushalt helfen. *Immerhin besser, als den ganzen Tag in der Zelle zu hocken!*

Die sechs Wochen Untersuchungshaft hatten ihre Spuren bei Bianca hinterlassen, hatten sie innerlich zermürbt. Die erste Hälfte hatte sie in einem Strudel aus Selbstmitleid durchlebt, unfähig, zu begreifen, wie alle von dem eingeschleusten V-Mann »Klaus« hatten getäuscht werden können. Der zweite Teil ihres Eingesperrtseins war auf das Schmieden von Racheplänen gegen den Verräter in den eigenen Reihen gekennzeichnet gewesen. Zu Beginn der Verhöre hatte Bianca noch jegliche Schuld von sich gewiesen und erklärt, dass Klaus sie zu allem angestiftet habe. Doch das fruchtete natürlich nicht. Ellen hatte ihr die Augen geöffnet, ihr reinen Wein eingeschenkt über das miese Spiel der Verfassungsschützer, über Neonazis in der Justiz, über die fehlende Empathie einer Gesellschaft, die ihre politischen Überzeugungen nicht verstehen wollte. Eindringlich hatte sie Bianca geraten, nicht weiter über ihre wahren Ideale und Ziele zu sprechen. Sie könne froh sein, dass sie noch keine Vorstrafen habe und jung sei. Ihre Lage sei aber sehr ernst.

Ein lautes Klopfen riss Bianca aus ihren Gedanken.

»Ja, Mann«, rief sie. Die Tür ging auf, und die unangenehme Justizangestellte steckte ihren Kopf herein. »Sie müssen Ihre Essenskarten noch ausfüllen und unten abgeben«, sagte sie mit rauer Stimme.

»Geht klar«, antwortete Bianca, während sie sich durch die zerzausten grünen Haare strich. »Bringe ich gleich runter.«

»Ich verlasse mich darauf.« Die Schließerin schlug die Tür mit einem lauten Knall zu.

Diese Kackbratze, dachte Bianca, ärgerte sich aber nur kurz, denn sie konnte schließlich nicht erwarten, dass alle so cool zu ihr waren wie Ellen. Für ihre Anwältin war sie wirklich dankbar. Natürlich hatte Bianca nichts darauf gegeben, dass ihre Verurteilung sich negativ auf ihre berufliche Zukunft auswirken könnte, denn Arbeiten würde niemals ihr Ding sein. Doch für mehrere Jahre wegen Beteiligung an einem Terroranschlag hinter Gittern zu verschwinden, hätte sie nicht mit ihrem Drang nach Freiheit vereinbaren können. Sie wollte ihre Jugend in vollen Zügen genießen, feiern, saufen, vögeln und sich baldmöglichst wieder ins politische Getümmel stürzen. So hatte sie ihren Stolz runtergeschluckt und dem Richter Reue vorgegaukelt. Dank ihrer schauspielerischen Einlage kam sie nun mit sechs Monaten offenem Jugendstrafvollzug davon.

»Das wuppe ich schon«, murmelte sie zu sich selbst, während sie den letzten Zug ihrer Zigarette nahm, sich aufsetzte und die Kippe im Aschenbecher ausdrückte. »Halt dein Maul«, rief sie in Hans Meisers Richtung, der mit einem Feuerwehrhelm auf dem Kopf von einem Großbrand in Hinterkattenvenne erzählte.

»Alles, was brennen sollte und dringend wieder müsste, ist Dresden«, schnauzte Bianca und drückte auf den Ausschaltknopf der Fernbedienung, um die nervige Rentnerunterhaltung zu beenden.

Sie nahm ihren Discman, Notizblock und Bleistift vom Tisch und legte sich wieder auf den Rücken. Sie schaltete das Gerät ein, platzierte es neben sich und steckte die daran baumelnden Kopfhörer in ihre Ohren. Etwas Punkrock am Abend war jetzt genau das Richtige. Bianca drehte die Lautstärke bis auf Anschlag. Instrumental. Intensive E-Gitarren- und Bässe. Das war perfekt, um ihre Gedanken zu sortieren und ein bisschen was zu schreiben. Sie winkelte ihre Beine an, nahm den Stift zur Hand und fügte dem Liedtext, an dem sie gerade arbeitete, eine weitere Strophe hinzu:

Ihr haltet uns in Ketten, doch wir wollen frei sein!
Eure Systeme sind korrupt, doch das Feuer wird brennen!
Wir zerstören eure Fassaden, reißen alles nieder!
Eure Nazi-Welt ist eine Lüge, wir schlagen zurück!
Das Feuer wird brennen! Lichterloh! Nieder mit euch!

Bianca war nicht musikalisch, doch sie hatte ein Faible für Sprache und Lyrik. Schon früher, als sie noch ein Paar gewesen waren, hatte sie einige Liedtexte für Müslis Band beigesteuert. Jetzt machte sie das einfach so, als eine Art Tagebuch. Sie schloss die Augen. Wie mochte es ihrem Ex jetzt ergehen? Die Verfahren gegen die anderen, die nach Erwachsenenstrafrecht verurteilt werden würden, liefen noch. Ellen hatte Bianca deutlich gemacht, dass kaum einer mit weniger als fünf Jahren Haft davonkommen würde. Müsli und Flakes, die vermeintlichen Haupttäter, welche Klaus um Unterstützung beim Töten von Menschen ersucht haben sollten, könnte vielleicht bis zu zehn Jahre Gefängnis erwarten. Und was war mit Stinker? Bianca sann nach. Er war schon vor der Tat aus der Haft geflohen und hatte sich unmittelbar danach an einem weiteren schweren Verbrechen beteiligt – wie die Mehrheitsgesellschaft das wohl sah. Möglicherweise würde er nie freikommen. Er hatte Bianca einmal bei einem gemeinsamen Besäufnis anvertraut, dass er im Falle einer erneuten Haft versuchen würde, den Wärtern eine Geisteskrankheit vorzutäuschen – er würde, um in eine psychiatrische Anstalt verlegt zu werden, notfalls auch seinen eigenen Kot futtern. In der Klapse könne er sich immerhin den ganzen Tag mit Gratisdrogen zudröhnen. Bei dem Gedanken musste Bianca laut lachen. Doch ihr war klar – und das tat ihr besonders leid –, dass es wahrscheinlich sehr lange dauern würde, bis sie wieder mit den anderen würde feiern können.

Bianca bemaß ihre Strafe momentan nicht an der Zeit, sondern litt darunter, ihre Ratte Churchill – die eigentlich ein Weibchen war – nicht sehen zu können. Sie liebte ihren kleinen pelzigen Racker. Nur ihre feuerrote Farbratte war in der Lage, sie zu trösten, wenn sie traurig oder wütend war – und das war in letzter Zeit oft der Fall. Sie machte sich Sorgen, dass ihre Mutter vergessen könnte, ihn zu füttern, und dass Churchill depressiv werden würde, da er von dieser genauso wenig Liebe zu erwarten hatte wie sie selbst. Die Wut darauf, dass sie sich dazu gezwungen gefühlt hatte, ihrer Mutter die Verantwortung für das geliebte Tier drei Mal brieflich einzuschärfen, und ihr in mehreren Telefonaten androhen musste, niemals wieder ein Wort mit ihr zu wechseln, sollte Churchill auch nur ein einziges Haar gekrümmt werden, nervte sie. Bianca hatte ihrer Mutter sogar mitgeteilt, dass sie keinen Besuch von ihr wünsche. Sie ertrug das Selbstmitleid ihrer Alten und deren süßlich-scharfe Alkoholausdünstungen einfach nicht mehr und wollte dann wenigstens im Knast ihre Ruhe haben. Da sie selbst Ronny gefunden hatte, sollte ihr eigener Schmerz ja wohl viel mehr Gewichtung haben – und sie hatte ihr Leben doch auch im Griff. Und dass ihrer Mutter alle anderen Männer – einschließlich ihres Vaters, von dem sie nicht mal wusste, wo er war – davonrannten, war wohl kaum ihre Schuld. Der Gedanke daran, wie sich ihre Erzeugerin volltrunken in Diskotheken an fremde Männer hängte und später die Beine für sie breitmachte, widerte Bianca an. Dann doch lieber mit Senioren Kaffee schlürfen und Kekse futtern, dachte sie, während sie immer müder wurde. Wenn sie sich dazu durchringen könnte, nett zu sein, könnte sie durch Plaudern mit den Alten sicher ein wenig Zeit schinden, um sich vor dem Staubsaugen oder Geschirrabtrocknen zu drücken. Vielleicht käme sie ja auch an eine betagte Millionärin, der sie etwas abzwacken könnte. Zwar durfte sie offiziell kein Trinkgeld annehmen –

das hatte sie unterschrieben –, aber es gab sicher Wege, die Kohle beiseitezuschaffen. Mit einem sanften Lächeln auf den Lippen döste Bianca hinweg und glitt gerade in den Schlaf über, als es erneut lautstark an ihrer Tür hämmerte. Bianca schreckte auf.

»Frau Ackerhans?«

»Ja, Mann«, rief Bianca ärgerlich. »Sie kriegen Ihre verdammte Fresskarte gleich. Und sprechen Sie mich auf keinsten mit diesem widerlichen Kartoffelnamen an. Ich heiße Bianca oder Grünschnabel – oder irgendetwas anderes. Aber nicht Ackerhans!«

Genervt warf Bianca Instantkaffee, Kondensmilch und Frischeiwaffeln auf das Kassenband. Das Piepen des Scanners trieb sie an diesem warmen Maitag fast in den Wahnsinn. »Alter!«, rief sie so laut, dass sich der spießige Anzugträger, der vor ihr in der Schlange stand, umdrehte. »Dich meine ich nicht, Mann«, raunte sie ihm hastig zu. Gedacht hatte sie an die Zeit, die nicht verstreichen wollte. Die breiten Ziffern ihrer Retro-Digitaluhr zeigten noch nicht mal Mittag an.

Zwei Stunden hatte sie heute Morgen damit verbracht, Frau Hansen bei ihrem Fünftausend-Teile-Puzzle des Hamburger Hafens zu helfen. Nicht ein Wort hatten sie während der Session gewechselt. Und dann war auch noch ein Teil der Landungsbrücken spurlos verschwunden. Überall hatte sie nachgeschaut, war zum Suchen unter den Tisch gekrochen wie ein Hund, hatte die Sofaritzen durchwühlt und in aller Verzweiflung sogar die Taschen der alten Dame inspiziert – vergeblich, dabei immerhin einen Fünfeuroschein mitgehen lassen. Nun schmerzte ihr Rücken vom vielen Bücken. Und jetzt arbeitete sie die Einkaufsliste der Herren Rothermund und Schüssler ab, bevor sie ihnen die Lebensmitteltüten auch noch vorbeibringen musste. Später wartete Frau Sauerbier auf sie, eine Lehrerin im Ruhestand, mit Putzfimmel. Auch wenn alles blitzblank war, würde Bianca erneut Fliesen schrubben und Staub wischen müssen. Sie kam sich vor wie eine dumme Magd. Heute schien genau der richtige Tag, um endlich ihre Fantasie Tat werden zu lassen und mindestens eines der von Frau Sauerbier so geliebten Porzellanschweinchen auf den hässlich gefliesten Wohnzimmerboden zu befördern. Ups.

»Ihrs?«, erkundigte sich die Verkäuferin mit rosa geschminkten, spröden Lippen.

»Nö, sehe ich etwa so aus, als ob ich Waffeln in Kondensmilch schlabber?«

»Also, nicht Ihrs?«

»Mann, ich muss das eben kaufen. Es würde da sonst nicht liegen.«

Die haben doch alle einen an der Frischeiwaffel, dachte Bianca, während sie kurz darauf missmutig die Einkäufe in Tüten verstaute. An solch deprimierenden Tagen ertappte sie sich oft bei dem Gedanken, sich die Ruhe der U-Haft zurückzuwünschen. Die ersten beiden Monate ihres Sozialdienstes hatten sich als pure Sklavenarbeit entpuppt, ganz ohne die ausgedehnten Kaffeepausen mit Keksen, die sie sich ausgemalt hatte. Doch dieser Mittwoch nahm für Bianca noch eine unverhoffte Wendung, denn vor dem Supermarkt wurde sie von ihrem Bewährungshelfer Stephan abgefangen, der zwar ein hässlicher Biedermann war, aber immerhin der umgänglichste Mensch, mit dem sie aktuell zu tun hatte. Er teilte ihr mit, dass Frau Sauerbier in eine

Klinik eingeliefert worden sei. Zuerst dachte sie an einen coolen, unvorhergesehen freien Nachmittag, doch dann zeigte ihr Stephan einen Zettel mit einer neuen Adresse.

»Marta erwartet dich um fünfzehn Uhr«, sagte er. »Sie bittet schon lange um Unterstützung wegen Krankheit, weil sie niemanden hat. Sie ist auch erst zweiundsiebzig und noch recht rüstig, soweit ich weiß. Und es ist nur für ein paar Wochen maximal.«

»Übelst«, stöhnte Bianca, »recht rüstig – und was genau bedeutet das? Vielen Dank auch.«

»Es kann doch eigentlich nur besser werden, oder?«, versuchte Stephan sie aufzumuntern und überreichte ihr den Zettel mit den Angaben über die Rentnerin.

»Da haste wohl recht. Und eine Wahl habe ich ja sowieso nicht.«

Die neue Kundin, gekleidet in ein farbenfrohes Batikkleid, öffnete Bianca die Tür. Zwischen ihren knallrot geschminkten Lippen klemmte eine angesengte Zigarette. »Ah, endlich«, brummte sie, lächelte verschmitzt und blies sich, Rauch ausstoßend, eine silberne Haarsträhne aus dem Gesicht. »Ich hatte schon befürchtet, der Staat lässt mich im Stich. Wo ich doch diesen Halsabschneidern jahrzehntelang Steuergelder in den Rachen geworfen habe!«

Bianca war verblüfft. Sie hätte die zierliche schlanke Frau vor sich auf höchstens sechzig Jahre geschätzt. Sie hatte schulterlanges, volles Haar und nur erstaunlich wenige Falten im Gesicht. Und sie schien keineswegs geschockt zu sein, ein grünhaariges Mädchen mit Piercing, Nietengürtel und Springerstiefeln zu sehen. Bisher hatte sie jeder Klient kritisch gemustert oder gar abschätzig die Nase gerümpft. Und dazu glaubte sie, jemanden gefunden zu haben, bei dem sie ab und zu eine Zigarette schnorren konnte. Das war keine Kleinigkeit, denn auch im offenen Vollzug war jede Fluppe noch Gold wert.

»Dann komm mal rein, Schätzchen«, sagte die Seniorin, trat beiseite und lächelte. »Wie heißt du denn?«

»Bianca.«

»Das ist aber ein hübscher Name.«

»Finde ich mal gar nicht, Marta.« Bianca überlegte und wollte den gefalteten Zettel noch mal aus ihrer Hosentasche ziehen. »Entschuldigung, der Nachname war so kompliziert.«

»Marta ist völlig in Ordnung«, sagte Marta. »Mir ist das viel lieber, und ich möchte dich auch beim Vornamen nennen. Lass uns also gerne gegenseitig duzen, wenn du einverstanden bist.«

»Klar, ist mir natürlich auch lieber, Marta.« Leicht irritiert betrat Bianca das Wohnzimmer. Auf dem schweren, mit Schnitzereien verzierten Couchtisch dampfte eine Kaffeekanne, und auf einem vergoldeten Tablett warteten: Kekse! Marta deutete auf einen Ledersessel, auf dem eine handgestrickte Decke lag. »Setz dich, Schätzchen, und erzähl mir ein bisschen was von dir.«

»Da gibt es nicht viel zu erzählen. Jedenfalls nichts, das Sie interessieren könnte, ähm, dich, Marta.«

Die Seniorin setzte sich auf die cremefarbene Couch, die unter einem Ölgemälde mit Engelmotiv an der Wand stand. Sie drückte ihre Zigarette im sauberen kristallenen Aschenbecher aus. »Mich interessiert alles. Deswegen bist du ja hier.« Sie lächelte Bianca an. »Kaffee? Ich habe auch Mohnkuchen mit Marzipan im Kühlschrank. Möchtest du kosten?«

»Nö, alles korrekt. Ich liebe Kekse. Übelst lecker.«

»Dann greif zu!« Marta nahm die Kaffeekanne und goss Biancas Tasse voll, während sie sie weiter mit ihren von Lachfältchen umsäumten grünen Augen ansah.

Bianca nickte zustimmend und nahm sich zwei Schokoladen- und einen Nusskeks. Sie hatte seit dem Frühstück nichts mehr gegessen. »Weswegen bin ich hier?«, fragte sie und biss zuerst von einem Schokokeks ab. »Ich helfe normalerweise alten Leuten im Alltag. Einkäufe machen und so. Aber du wirkst noch sehr fit auf mich.«

»Oh, du bereicherst meinen Alltag schon genug, wenn du von dir erzählst«, antwortete Marta und schenkte sich selbst eine Tasse ein. »Einkaufen kann ich ganz gut alleine. Alles andere auch. Will ich doch wohl gemeint haben.«

»Du brauchst also gar keine Hilfe?«, fragte Bianca, während sie kaute. »So gar nicht?« Sie schluckte runter. »Ich muss halt Sozialstunden abreißen.«

»Na, was ist denn wohl sozialer als Quatschen?« Marta lachte. »Du musst verstehen, ich langweile mich zu Tode. Leider habe ich keine Enkel, die mich besuchen, und die wenigen Freunde, die ich habe, stecken mich nur mit ihrer eigenen Langeweile an.«

»Kann ich eine rauchen?«, fragte Bianca, nachdem sie ihre Kaffeetasse abgestellt und alle drei Kekse gegessen hatte.

»Natürlich«, sagte Marta und schob ihr mit ihren langen, knochigen Fingern den Aschenbecher und ein silbernes Zigarettenetui über den Tisch.

»Fett«, sagte Bianca, nahm sich einen Glimmstängel und zündete ihn erwartungsfroh an.

»Da dachte ich, ich könnte ruhig mal auf das neue Angebot des Gefängnisses zurückgreifen«, fuhr Marta mit ihrer Erklärung fort.

»Verstehe, das ist natürlich geschickt.«

»Aber jetzt erzähl du mal, Schätzchen, was hast du ausgefressen?«

Bianca begann zaghaft zu erzählen – von ihrer tristen Zelle, der unfreundlichen Schließerin, dem nervigen Hans Meiser und dem unappetitlichen Knastfraß. Marta nickte ihr zustimmend zu, nicht auf eine gespielte Weise. Ihr fürsorglicher Blick und ihr freundliches Lächeln waren echt. Sie schien sich zu interessieren und stellte Nachfragen:

»Gibt es denn keine Mitbewohnerin, mit der du dich austauschen kannst? Dürft ihr selbst für euch einkaufen und Essen zubereiten? Lässt sich nicht irgendwo ein Videorekorder für dich besorgen, über den du dir spannendere Sachen ansehen kannst als den langweiligen Meiser?«

Marta brachte Bianca auf Ideen und imponierte ihr. Dazu die ganze Atmosphäre – Kaffee, Kekse und sogar Gratiskippen. So hatte sich Bianca das vorgestellt. Schließlich fühlte sie sich in Martas Gegenwart so wohl, dass sie in einen wahren Redeschwall geriet und Dinge von sich erzählte, die sie normalerweise einer Fremden niemals anvertraut hätte. Später sollte sie sich selbst darüber wundern.

Bianca berichtete von bösen Nazis, von ihren guten Absichten, sogar von Klaus' Verrat und dem Verarbeiten ihrer intimsten Erlebnisse und Gedanken durch das Komponieren von Punkrock-Songs. Sie war in ihrer Erzählung gerade bei der Sehnsucht nach ihrer Ratte angekommen, als sie merkte, dass keine Kekse mehr auf dem Tablett lagen und die Kippen, die sie zusammen, vor allem aber sie selbst, geraucht hatten, sich bis an den Rand des Aschenbechers stapelten.

»So so, Churchill heißt das Tier«, sagte Marta. »Da hast du dir wohl was bei gedacht.« Sie ließ den Blick über ihre Kakteen schweifen, die auf der Fensterbank zwischen den geöffneten bodenlangen, goldfarbenen Vorhängen standen. »Zu dem habe ich auch so ein Verhältnis.«

»Wie das?« Bianca schaute auf ihre Armbanduhr. »Meine Fresse. Achtzehn Uhr gleich. Ich habe ja längst Feierabend.«

»Das nehme ich mal als Kompliment.«

»Du checkst das nicht, Marta. Das läuft da nicht so im Knast. Die sind da anders. Um achtzehn Uhr dreißig muss ich zurück sein, sonst gibt das fett Ärger.«

»Ach, richtig, jetzt habe ich glatt vergessen, dass du im Gefängnis einsitzt, du bist so nett. Soll ich dir ein Taxi rufen?«

»Nö, ich fahre nicht in diesen Kapitalistenkutschen. Ich schaffe das noch, wenn ich jetzt abhaue. Die S-Bahn ruckelt ja direkt durch und kommt alle paar Minuten.«

»Na, dann. Wir sehen uns ja am Freitag direkt wieder.«

»Ach so?« Bianca war aufgestanden und richtete ihre dreiviertellange, mit Patches überzogene Jeanshose, die sie über dicken schwarzen Wollsocken und Springerstiefeln trug.

»Na, zumindest war das fest vereinbart mit Stephan Stange, dass erst mal alle zwei Tage jemand am Nachmittag vorbeikommt. Ich habe angegeben, dass ich sonst nichts mehr geregelt bekomme und niemanden habe.« Sie zwinkerte verschmitzt.

»Lässig!« Bianca lachte und war beeindruckt von der Kaltschnäuzigkeit einer so alten Frau. »Dann hoffe ich mal, dass mich Stephan dafür auch vorgesehen hat.«

»Dann war es also für dich auch nicht zu langweilig mit mir?«

»Auf keinsten«, sagte Bianca. »Danke, Marta! Wirklich korrekt von dir das alles hier mit deinen drei Ks.«

»Drei Ks?«

»Keksen, Kaffee, Kippen.«

Beide lachten.

KAPITEL 3

Zuckerguss mit Hakenkreuz

Dresden, 4. Juni 2000

Bianca war richtig gut drauf, wie schon seit Ewigkeiten nicht mehr. An diesem Dienstagmorgen hatte sie sich erneut mit Frau Hansen auf die Suche nach dem verlorenen Puzzleteil begeben. Eine Woche lang hatte die sechsundachtzigjährige Dame verzweifelt und niedergeschlagen vor ihren 4999 farbigen Einzelteilen verbracht. Bianca jedoch hatte das fehlende Stück endlich im Staubsaugerbeutel gefunden, von Schmutz befreit und es der gebürtigen Hamburgerin – wie diese ihr heute verraten, weil Bianca sich erkundigt hatte – präsentiert. Vor Glück war Frau Hansen ihr um den Hals gefallen und hatte darauf bestanden, dass sie ihre geliebten Landungsbrücken gemeinsam vollenden müssten. Mit einer Mischung aus Stolz und Zufriedenheit war Bianca nach Fertigstellung des Kunstwerks zum Einkaufen gegangen. Sie hatte das Piepen überhört, die Alte mit den rosa Lippen nicht angemacht und den Herren Rothermund und Schüssler jeweils einen kleinen Schokoriegel mit in die Tüte gelegt, überzeugt davon, dass die in ihrer Ernährungsroutine gefangenen Senioren bereit für eine neue Geschmackserfahrung seien. Süßes mochten sie ja, dachte Bianca, und war gespannt, ob ihre betagten Klienten in der kommenden Woche etwas dazu sagen würden.

Nun schlenderte sie zufrieden im Schein der strahlenden Nachmittagssonne zu Martas Haus in Loschwitz. Es war ihr vierter Besuch – Arbeit konnte man das wirklich nicht nennen. Marta kümmerte sich wie eine echte Großmutter und hatte sie offensichtlich ins Herz geschlossen. Das war ihr bewusst geworden, als Stephan, der natürlich nichts von Martas tatsächlichen Beweggründen wusste, ihr grünes Licht gegeben hatte, sich einen Monat lang zwei Tage in der Woche um Marta zu kümmern. Sie habe ihn extra angerufen, hochlobend von Bianca gesprochen und ausdrücklich den Wunsch geäußert, dieselbe Sozialdienstlerin möge wiederkommen. Da Frau Sauerbier noch länger im Krankenhaus verweilen musste, ergaben sich keine Schwierigkeiten beim Personalwechsel. Und was sollte sie sagen? Marta hatte beim letzten Besuch nicht nur ihren selbst gemachten, berühmten Mohnkuchen aufgetischt, den sie zwei Tage vorher aus Höflichkeit abgelehnt hatte – obwohl sie ja gar nicht höflich war –, sondern am Abend auch noch Pizza für sie beide bestellt. Zuvor hatten sie Martas Schallplatten angehört, die gar nicht mal so schlecht waren, wie sie erwartet hatte. Von ihrer Musik hatte Bianca Marta hingegen nicht überzeugen können, obwohl sie ihr über ihren Discman eine Kostprobe mit extrasoftem Punkrock vorgespielt hatte. Dafür mochte ihre neue Klientin Biancas Texte und war ganz und gar nicht entsetzt über die explizite Wortwahl. Sie könne ihre Wut sehr gut nachvollziehen, hatte Marta gesagt, ohne dies näher zu begründen. Bianca ahnte, dass Marta selbst einiges in ihrem Leben durchgemacht haben musste. Aber sie wollte nicht nachbohren, hatte ja selbst so viel zu erzählen. Doch den einfachen Small Talk mit Marta wusste sie sehr zu schätzen. Sie hatten Spaß miteinander. Bianca konnte sich kaum erinnern, wann sie das letzte Mal mit jemandem nicht über Probleme oder Politik gesprochen hatte. Vielleicht lag es daran, dass Marta ihre politische Einstellung gleichgültig war. Sie unterhielten sich über kulinarische Genüsse, Musik und die Entwicklung von Frisuren. Sie waren bei fünf Ks, angekommen, als Marta von ihren Kakteen geschwärmt und Bianca von ihrer wilden Kifferzeit erzählt hatte. Unverhofft hatte Marta ihr sogar gesteckt, dass sie selbst eine Zeit lang Joints geraucht hatte. *Wie abgefahren!* Aber das könne sie jetzt alles leider nicht mehr machen, und sie müsse auch ihren Zigarettenkonsum einschränken. Sie habe eine Lungenkrankheit, wie sie Bianca erklärte, und trüge deshalb immer einen Notknopf am Handgelenk, den sie im Notfall betätigen konnte, wenn sie keine Luft mehr bekommen sollte. Zwar war das bisher noch nie vorgekommen, aber die Vorstellung beängstige sie. Beklemmungen hätte sie immer, wenn sie etwas Angebranntes rieche, weshalb sie nicht mehr selbst koche. Nach der Aufklärung über ihren Gesundheitszustand hatte Marta noch etwas für Bianca ziemlich Ungewöhnliches getan: ihr einen Zweitschlüssel für das Haus gegeben. Immerhin sei Bianca nun, während sich niemand anders um sie kümmern konnte, ihre Lebensversicherung und könne nachsehen, falls sie nicht die Tür öffnete. Bianca hatte den Schlüssel schließlich etwas verlegen entgegengenommen. Nicht, dass sie es merkwürdig fand, dass Marta in eine Notlage geraten könnte, sondern weil sie sich erst drei Mal gesehen hatten und Bianca der

Meinung war, dass man großes Vertrauen haben müsse, um jemandem den uneingeschränkten Zugang zum eigenen Haus zu überlassen. Sie war so erstaunt über diese Entscheidung gewesen, dass sie beschloss, Marta nichts zu stehlen, selbst wenn sie Geld finden würde. Das war wirklich äußerst korrekt von ihrer neuen Klientin. Wer würde schon sonst einem Häftling seinen Schlüssel aushändigen? Marta überraschte sie einfach mit allem. Das alles hatte den positiven Nebeneffekt, dass Biancas Vormittage, an denen sie sich um die anderen Alten kümmern musste, plötzlich wie im Fluge vergingen. So wie auch an diesem Tag, und nun war sie schon wieder unterwegs zu ihrer neuen Bekannten. Fasziniert betrachtete Bianca die imposante Silhouette des *Blauen Wunders*, während sie über die Elbbrücke spazierte. Ein älteres Pärchen kam ihr mit einem kleinen Dackel an der Leine entgegen. Zu Biancas Überraschung grüßten die beiden sie freundlich. »Oh, guten Tag«, erwiderte sie, doch das Ehepaar war bereits einige Meter an ihr vorbeigegangen.

Bianca hörte noch, wie sie im Hintergrund lachten – nicht abwertend, sondern fröhlich und unbeschwert. Was ging denn hier ab? Lag es an ihr? Hatte sie nicht zuerst gelächelt? Vielleicht, so überlegte sie, war sie selbst es, die sich in diesem friedlichen Umfeld bisher immer fehl am Platz gefühlt hatte. Normalerweise mied Bianca bewusst den Blickkontakt mit Menschen, die nicht eindeutig als Gleichgesinnte zu erkennen waren. Und sie grüßte auch niemand Fremden, der nicht offensichtlich ihre linksradikale Gesinnung teilte. Doch hier, umgeben von der malerischen Kulisse am Rande der Innenstadt, schienen andere Regeln zu gelten. Sie nickte zustimmend und setzte ihren Weg über die Elbbrücke fort, hinauf zum begrünten Elbhang. Jetzt hatte sie Lust auf einen Kaffee – und Schokokekse.

Schon von Weitem bemerkte sie den Zettel, der an Martas Haustür klebte, dachte jedoch nicht daran, dass er an sie gerichtet sein könnte. Als sie die Stufen zum Haus hinaufstieg, konnte sie entziffern, was darauf stand:

Entschuldige, Schätzchen, ich musste dringend zum Arzt und ein Rezept holen. Es kann etwas dauern! Bitte geh einfach rein und warte auf mich.
PS: Könntest du meine Blumen auf der Terrasse gießen? Das habe ich nicht mehr geschafft.

Bianca zögerte. Sollte sie wirklich allein ins Haus gehen? *Nein, das mache ich nicht. Ich warte hier.* Sie setzte sich auf die oberste Treppenstufe und wollte sich eine Zigarette anzünden, als ihr auffiel, dass sie ihre Packung vergessen hatte. »Fuck!« Sie verabscheute dieses Gefühl. In aller Regel wartete sie, bis der Drang so groß war, dass sie nicht anders konnte. Und das war jetzt genau in diesem Moment. Vielleicht hatte sie darauf gebaut, dass Marta wie sonst ihre Zigaretten teilen würde. Wie dumm von ihr. *Also gut, dann eben doch. Dann muss ich halt reingehen.*

Außerdem muss ich mich um die Blumen kümmern. Einem Wunsch sollte man nachkommen. Oder? Bianca stand auf und zog den Hausschlüssel aus ihrem Rucksack. Drinnen stieg ihr sofort der schon fast vertraute Geruch von Martas Wohnung in die Nase: frischer Kaffee, kalter Zigarettenrauch, ein Hauch Lavendel. Wie erwartet fand sie auf dem Wohnzimmertisch das goldene Etui, sauber aufgefüllt mit Martas geliebten Lord Extra. Bianca nahm sich sofort eine Zigarette heraus und steckte sie sich an. Auf dem Tisch stand außerdem eine Schale mit frischen Zuckerguss-Berlinern. Einen durfte sie sich wohl schon nehmen, überlegte sie. Genüsslich biss sie hinein, und süße Marmelade kleckerte ihr Kinn hinab. Schmatzend lief sie zur Balkontür, schloss sie mit dem von innen steckenden Schlüsselchen auf und trat auf die Terrasse. Die warme Junisonne schien grell auf die Terrakottafliesen und beschien die in Töpfen und Vasen präsentierte Blütenpracht der Rentnerin. Da hat sich Marta eine wunderhübsche kleine Wohlfühloase gebaut, dachte Bianca, als sie die rosafarbenen Hortensien und feuerroten Geranien bestaunte, zwischen denen weiße Zitronenfalter hin- und herhüpften. Beim Anblick der blühenden Lavendelbüsche in verschiedenen Violett- und Lilatönen konnte sie sich nun auch den Duft in der Wohnung erklären. Sie legte das Gebäck auf dem Holztisch ab, auf dem ein Haufen Rätselmagazine lag. Dann drehte sie sich suchend einmal im Kreis und fand am Rand des Geländers, das herab in den Hinterhof führte, Gießkanne und Wasseranschluss. Sie machte das Gefäß randvoll und verteilte die nötige Erfrischung gerecht unter den Blumen, bevor sie sich selbst in die geblümten Kissen des geschwungenen Korbstuhls setzte.

Als sie die Zigarette aufgeraucht hatte, streckte sich Bianca zufrieden seufzend ganz aus, schloss die Augen und lauschte dem Gesang der Vögel. Entspannung ohne Punkrock – wie lange hatte sie das nicht mehr erlebt? Sie wäre wohl eingenickt, doch das verhinderte ein stetig lauter werdendes dumpfes Dröhnen, das leise eine Gefahr ankündigte. Es klang wie das Näherkommen von Flugzeugmotoren. Als sie die Augen öffnete, erkannte sie den Schwarm Wespen, die sich wild in der Luft bewegten. »Shit«, rief sie, sprang auf, fuchtelte, um die goldschwarzen Biester von der roten Marmelade wegzuscheuchen. Sie nahm den Berliner und lief damit zurück zur geöffneten Terrassentür. Bevor sie die Tür von innen schloss, musste sie noch einige Insekten abwehren, doch sie schaffte es, dass kein Feind ins Haus eindringen konnte.

Zunächst bedauerte Bianca die verpatzte Mittagsruhe. Doch dann überkam sie der ungewohnte Drang, statt zu faulenzen, etwas Sinnvolles zu tun. Sie wollte Marta unbedingt eine Freude bereiten und entschied sich daher, das zu tun, wofür sie eigentlich gerichtlich verdonnert worden war. Viel aufzuräumen gab es allerdings bei der ordentlichen alten Dame nicht. Bianca rückte die Sofakissen zurecht, wischte in der makellosen Küche den Tisch ab, räumte die Spülmaschine aus. Doch die Langeweile blieb. Auf dem Weg zurück ins Wohnzimmer, wo sie sich zum Zeitvertreib eine weitere Kippe genehmigen wollte, fiel ihr Blick den Flur hinunter auf eine Tür – vielleicht Martas Schlafzimmer? Nach kurzem Zögern siegte die Neugier, auch wenn sie nach wie vor nichts klauen wollte.

»Hätte ich mir ja denken können«, sagte Bianca, als sie eintrat. Marta hatte ihr Bett akkurat gemacht. Auch auf dem Schminktisch, über dem ein ausladender ovaler Spiegel angebracht war, standen ordentlich aufgereiht Lippenstifte, Parfümflakons und Make-up-Döschen.

Bianca lächelte, drehte sich um, um das Zimmer schnell wieder zu verlassen, als ihr Blick auf einem eingerahmten Bild an der Wand hängen blieb. Sie war sofort irritiert und trat näher. Es zeigte das Schwarz-Weiß-Porträt eines jungen Mannes in Uniform. »Ach, du Scheiße«, rief sie laut aus. »Soldat! Wehrmacht!« Sie sah noch mal genau hin. Stolz und aufrecht blickte der Nazi in die Kamera, eiskalt, ohne Gefühlsregung. Als sie das Abzeichen mit Hakenkreuz auf seiner Brust sah, musste sie sich fast übergeben. Von einem Moment auf den anderen war sie zurück, diese unfassbare Wut in ihr. Biancas Puls raste, sie konnte nicht fassen, dass die Frau, die ihr so ans Herz gewachsen war, ein solches Bild an der Wand hängen hatte: ein Massenmörder in ihrem Schlafzimmer. Was wollte sie damit? Wer war das? Goebbels? Irgendein KZ-Wachmann? Sie kannte sich nicht aus mit diesen Unmenschen, ein Gesicht sah aus wie das andere. Stattdessen schossen ihr Bilder von Baracken, rauchenden Schloten, marschierenden Stiefeln durch den Kopf. Die Welt um sie schien zu schwanken. Doch sie wusste nun, wo sie stand, und dieser Platz brannte unter ihr wie Feuer. Bianca verspürte den Drang, den Teufel an der Wand sofort abzureißen und ihn aus dem Fenster zu schleudern, bevor er alles ansteckte. Aber ihr Blick blieb wie gebannt auf ihm haften, und dann plötzlich vernahm sie die vertraute Stimme.

»Schätzchen? Bist du hier hinten?« Marta steckte ihren Kopf ins Zimmer. »Bianca. Was machst du hier?« Als sie erkannt hatte, wen Bianca ansah, fuhr sie fort: »Oh. Lass mich dir erklären. Es ist nicht so, wie du …«

Bianca konnte keine weitere Sekunde an sich halten. Sie brüllte Marta mit weit aufgerissenen Augen so lautstark an, wie sie noch nie einen Menschen angeschrien hatte: »Du Nazi.« Spucke spritzte ihr aus dem Mund, und ihre Adern traten sichtbar über dem Lederband mit Nietenbeschlag hervor, das sie um den Hals trug. »Wie kann man nur? Fuck off! Wie kann man nur? Bist du komplett irre?« Sie erhob den Zeigefinger, wies dann damit auf das Bild: »Wie viele Juden hat der Typ an deiner Wand eigentlich gekillt?«

Marta fehlten die Worte, was Bianca noch rasender werden ließ. Sie wühlte in ihrer Hosentasche nach dem Hausschlüssel, zog ihn raus und warf ihn in Richtung des Bildes, das sie damit treffen wollte, aber verfehlte. Der Schlüssel sprang stattdessen von der Wand ab und traf sie selbst im Gesicht. »Fuck! Fuck! Das halte ich nicht aus, Alte!« Sie hielt sich beide Hände vor die Augen und senkte den Kopf.

»Jetzt hör mir doch mal zu, verdammt noch mal.« Martas Lautstärke erreichte nicht den Bruchteil von Biancas Gekreische. »Hast du dir arg wehgetan?«

»Ich?« Bianca schaute sie an, Blut rann ihr von der Stirn ins Auge. »Ich mir? Du hast mir wehgetan. Du!«

»Ich habe doch gesagt …«

»Halt die Schnauze! Ich könnte die ganzen Heil-Hitler-Kekse, die ich hier fressen musste, direkt auf dein Bett kotzen, weißt du das? Was wolltest du von mir? Wer hat dich bezahlt? Solltest du eine gute, aufrechte Deutsche aus mir machen? Eine echte Berlinerin mit Hakenkreuz-Zuckerguss obendrauf? Mohn-Nazipan, ja?« Sie starrte Marta mit Glut in den Augen an. »Das war's, oder? Diese ganzen Zufälle: Brauchst nicht arbeiten. Bla, bla. Wir quatschen nur. Bla. Hast du auch 'ne Wanze unterm Kleid? Haste mich bespitzelt, Alte?«

»Bianca, jetzt hör aber mal auf!«

»Haste schön dafür gesorgt, dass Müsli und die anderen jetzt Höchststrafen kriegen, wa? Kann man meine Aussagen gerichtlich verwenden? So eine verfickte Scheiße noch mal.« Biancas Blut mischte sich mit Kajal, und Tränen und rann an ihren Wangen herunter. »Und ich habe dir vertraut. Du bist doch nichts anderes als Klaus. Ihr könnt mich alle mal, ihr scheiß Kartoffeln!« Sie stieß Marta zur Seite. »Geh mir aus dem Weg!« Sie stürmte in den Flur, drehte sich aber noch einmal wie im Wirbelwind zu der zitternden Seniorin um: »Du wirst mich nie wiedersehen. Ich kündige. Da hänge ich lieber fünf Jahre im Knast ab, als dass ich hier braune Faschisten-Kaffeekränzchen abhalte und Patrioten-Platten höre.« Sie spuckte auf den Boden: »Heil Klaus, heil Marta!« Biancas Stimme überschlug sich. Unter lautem Schluchzen rannte sie aus dem Haus.

Mit klopfendem Herzen folgte Marta Stephan durch die Tür, die in den Garten des Frauengefängnisses führte. Es waren vier Tage vergangen, seit Bianca aus ihrem Haus gestürmt war und sie drei Stunden danach Besuch von der Polizei bekommen hatte. Auch Stephan war dabei gewesen. Fast achtundvierzig Stunden hatten die Beamten dann die Entflohene gesucht und schließlich in einem Versteck der stillgelegten Fabrikhalle gefunden. Stephan hatte sich später an die besorgte Marta gewandt, ihr erklärt, dass sie keine Schuld treffe, Biancas Zeit im offenen Vollzug und somit auch ihre Tätigkeit bei ihr aber unwiderruflich beendet seien. Marta hatte darauf den Bewährungshelfer förmlich gebeten, Bianca noch einmal besuchen zu können, bevor sie in den geschlossenen Vollzug verbracht würde, wo sie den Rest ihrer Strafe abzusitzen hätte. Ihr war ein Stein vom Herzen gefallen, als sie die Zusage bekommen hatte. Den Ausschlag hatte gegeben, dass sie Stephan, ohne auf ihre persönlichen Gespräche mit Bianca einzugehen, verraten hatte, was Bianca so aus der Ruhe gebracht hatte. Die Justizvollzugsanstalt hatte dem Besuch deshalb zugestimmt, weil die Klärung des Missverständnisses sich auf die positive Rehabilitation der Insassin auswirken könnte. Dass Bianca aber zunächst gar nicht mit Marta hatte sprechen wollen, hatte die Situation erschwert, doch Stephan hatte nun alles geregelt.

»Es war, wie gesagt, alles andere als einfach, Frau Ackerhans zu diesem Gespräch zu bewegen«, sagte Stephan zu Marta. »Wir haben ihr allerdings deutlich gemacht, dass die Justiz das von ihr erwartet und sie andernfalls möglicherweise mit weiteren Sanktionen zu rechnen habe. Schließlich soll es hier auch um eine Entschuldigung ihrerseits gehen.«

»Sie braucht sich bei mir nicht entschuldigen«, sagte Marta.

»Das wäre ihr aber zu wünschen.«

»Ich verstehe«, sagte sie und rückte die Krempe ihres Strohhutes nach dem Sonnenstand aus. »Ich gebe mein Bestes. Und ich habe die vollen drei Stunden?«

»Falls das so lange dauern sollte, was ich mir kaum vorstellen kann. Aber ja, drei Stunden sind freigeräumt. Alle Bewohner befinden sich an ihren vermittelten Arbeitsstellen, es wird keiner stören, und wir haben Bianca genau im Blick. Sie sitzt schon eine ganze Weile hinten unter den Apfelbäumen und schmollt.« Stephan wies mit dem Finger geradeaus entlang eines Weges, der umrandet war von geschmackvollen Blumenbeeten, die die Gefangenen selbst angelegt hatten und mit Sorgfalt pflegten. »Viel Glück!«

»Danke.«

Bianca saß an einem der robusten Gartentische, die Arme verschränkt vor ihrer Brust. Das Grün ihrer Haare war einem dunklen Blau gewichen. Die verfilzten Strähnen fielen ihr auf der linken Seite kinnlang herunter. Der rechte Teil ihres Kopfes war fast kahl geschoren. Bianca zupfte an ihrem im Sonnenlicht funkelnden Nasenring und stierte auf die Colaflasche, die vor ihr auf dem Tisch stand, als Marta mit ihren schwarzen Halbschuhen über den kurz geschnittenen Rasen auf sie zuschritt. Erst als sie sich ihr gegenüber auf der Holzbank niederließ, blickte Bianca düster auf.

»Danke, dass du meinem Besuch zugestimmt hast«, begann Marta mit ruhiger Stimme. »Es tut mir leid, dass ich dich dazu gebracht habe und du jetzt deine Zeit nicht mehr hier absitzen kannst.«

»Aha.« Biancas Augen glänzten. »Es war aber meine Entscheidung. Ich habe keinen Bock mehr auf diesen Laden hier, keinen Bock auf dich, auf andere alte Leute, und erst recht nicht auf Kartoffel-Nazi-Scheiße. Ich will endlich meine Ruhe.«

»So«, sagte Marta und legte ihre braune Lederhandtasche mit goldener Schnalle auf dem Tisch ab. »Na gut. Aber mir tut außerdem leid, dass ich dich so erschreckt habe mit dem Foto.«

»Spar dir die Mühe. Ich mache das hier nur, weil sie mir gesagt haben, dass sie mir sonst die Kippen wegnehmen.«

»Ich verstehe. Aber da ich ja nun hier bin und du offensichtlich keine Wahl hast, können wir die Zeit ja auch sinnvoll nutzen.«

»Mir voll egal.« Bianca schaute auf die Ziffern ihrer Retro-Uhr. »Wir können auch *Ich sehe was, was du nicht siehst* spielen.«

»In Ordnung, dann fange ich mal an. Also, das, was du gesehen hast auf dem Foto, das war mein Hermann.« Marta, die wusste, dass sie Zeit brauchen würde, wollte gleich zur Sache kommen. »Jemand, den ich über alles geliebt habe und es tief in meinem Herzen immer noch tue.« Sie sammelte sich kurz. »Und er war kein Nazi, hörst du?«

»Pff!« Bianca knabberte an ihren kurz geschnittenen, schwarz lackierten Nägeln.

»Du hast mich doch kennengelernt. Würde ich mich in einen Nazi verlieben? Bestimmt nicht!« Marta tippte sich mit ihrem knochigen Zeigefinger gegen die Stirn. »Und natürlich bin ich kein Spitzel. Ich habe dir nichts als die Wahrheit gesagt. Ich finde es unerträglich, was dieser Klaus mit dir gemacht hat. Damit möchte ich nicht in Verbindung gebracht werden.«

»Spar dir den Bullshit. Welcher Nicht-Nazi trägt denn ein Hakenkreuz auf der Brust?«

»Na ja, das ist etwas komplizierter. Soll ich es dir erklären?«

»Versuchst du doch eh schon!« Bianca hob die Augenbrauen. »Labern so nicht alle von damals? Kommt jetzt die große Leier von dem *Ich-habe-doch-von-allem-nichts gewusst-Märchen*?«

»Ich glaube nicht, dass viele Menschen von dem gewusst haben können, auf was du da anspielst. Und außerdem, ein überzeugter Nazi zeichnet sich auch heute noch gerade dadurch aus, dass er überzeugt bleibt und auch nicht verschleiert, ein Nazi zu sein.«

»Du musst es ja wissen.«

»Ja, muss ich wohl«, antwortete Martha und schaute sie eindringlich mit ihren smaragdgrünen Augen an. »Du weißt doch, wann ich geboren bin. Ich habe unter den Nazis gelebt, also unter den echten Nazis von der NSDAP.«

»Und haste was dagegen gemacht?«

»Ich denke schon.«

»Ach?«

»Jedenfalls mehr, als die meisten damals gewagt haben.«

»Ah, so ist das, die andere Leier also. Plötzlich eine große Widerstandskämpferin, wa?«

»Nein, keine große, aber ja, im Widerstand war ich wohl, das kann ich von mir sagen. Zumindest kurz für einen wichtigen Auftrag.« Marta faltete ihre Hände über dem Tisch und ließ den Blick nicht von ihrem Gegenüber weichen.

Bianca setzte sich auch am Tisch auf. »Okay, okay, ich höre dir zu. Aber nur, weil mir langweilig ist.«

»Das wird eine lange Geschichte, und ich will sie dir sehr gerne erzählen. Es gibt nicht viele, musst du wissen, denen ich das erzählt habe. Und es wird nicht einfach werden für mich.« Sie machte eine Pause und schaute kurz zu den Zweigen des Apfelbaumes auf.

Bianca sah, dass ihr eine Träne aus den Augen rann. »Alles gut, Marta?«, fragte sie.

Marta öffnete die Handtasche und nahm daraus eine Packung Taschentücher. Sie wischte sich beide Augenwinkel ab, räusperte sich und sprach weiter. »Schon gut. Es sind wirklich entsetzliche, schlimme Dinge passiert. Manchmal übermannen mich die Bilder. Deswegen spreche ich ja auch nicht drüber.«

»Du musst das ja auch nicht, wenn du nicht kannst«, sagte Bianca, die von einer Minute auf die andere in eine völlig veränderte Gefühlslage geraten war und nun einen Kloß im Hals verspürte.

»Doch, ich muss«, antwortete Marta. »In dem Moment, als ich dich gesehen habe. Da wusste ich, dass ich nicht anders kann. Ich muss sprechen.«

»Ich verstehe das nicht ganz.«

»Noch nicht«, sagte Marta und schaute sie jetzt wieder mit sicherem Blick an. »Für dich wird es auch nicht einfach, das alles zu hören. Weißt du? In meiner Geschichte kommen auch einige Dinge vor, die du bisher anders gesehen hast, weil du nichts von diesen Dingen weißt. Du wirst sicherlich eine Weile darüber nachdenken wollen.«

»Das glaube ich zwar noch nicht, aber wenn, dann habe ich vier Monate in aller Ruhe Zeit dazu. Ich habe nämlich nicht vor, im Knast in der Wäscherei oder sonst wo zu schuften. Ich will gar nicht mehr arbeiten. Nie mehr, für keinen.«

»Na gut.« Marta suchte den Einstieg, der ihr schwerfiel.

Bianca sah das und versuchte, weil ihr eine solche Situation wie diese völlig fremd war, etwas aufzulockern. »Schlimmer als bei Hans Meiser kann es auch nicht werden.«

Marta lachte und Bianca fiel innerlich ein großer Stein vom Herzen. Sie hätte es niemals zugegeben, aber sie schämte sich bereits für ihren Wutausbruch, über den sie die letzten Tage ununterbrochen nachgedacht hatte.

Diesen Moment der Entspannung hatte Marta gebraucht. Sie schloss kurz die Augen, und längst verschwommene Bilder tauchten plötzlich wieder klar und deutlich vor ihrem geistigen Auge auf. Sie räusperte sich und begann, Bianca ihre Geschichte zu erzählen.

KAPITEL 3

Danzig

1. November 1944

Marta fröstelte. Sie saß regungslos auf einem der abgenutzten Holzstühle in Inge Kaminskys Dachzimmerwohnung, zog die Schultern unter ihrem grauen Strickpullover zusammen und beobachtete, wie sich die Regentropfen ihren Weg über die schräge Fensterscheibe bahnten. Sie hatte ihre rotblonden Haare mit Nadeln nach hinten gesteckt, aber einige Strähnen fielen ihr ins ernst dreinschauende Gesicht. Neben ihr saß ihre Freundin, die ihre halblangen, braun gelockten Haare offen trug und mit beiden Händen ihre dampfende Teetasse umklammerte. Sie teilte Martas Blick in den trüben Abendhimmel, der ihre gemeinsamen Gedanken widerzuspiegeln schien. In der Ferne überlagerte ein dumpfes Donnergrollen das Prasseln des Regens. Marta fragte sich, ob sich die herannahende Front so anhören würde wie das Wetterphänomen und ob sie es, wenn es so weit war, dann überhaupt davon unterscheiden können würde. Noch lagen die Kämpfe fern genug von der Reichsgrenze entfernt, doch kaum jemand zweifelte Ende 1944 daran, dass die Rote Armee irgendwann tief ins Deutsche Reich eindringen würde.

Die beiden ehemaligen Klassenkameradinnen, die schon in Kindertagen beste Freundinnen gewesen waren, erlebten selten Momente der Stille, wenn sie zusammen waren. Doch seit Inge ihren Kriegshilfsdienst im Konzentrationslager Stutthof angetreten hatte, das sechsunddreißig Kilometer östlich von Danzig entfernt lag, waren diese ruhigen Augenblicke häufiger geworden. Das Lager, das schon seit Beginn des Krieges zunächst für Schutzhäftlinge und Kriminelle existiert hatte, lag wie ein Schatten in der Niederung vor den Toren der Stadt, den niemand sehen wollte. Marta und Inge hatten gemeinsam im Bund Deutscher Mädel eine Krankenpflegeausbildung absolviert. Inge war bereits vor einem Monat mit anderen Mädeln nach Stutthof abgeordnet worden, um im Rahmen des verpflichtenden sechsmonatigen Kriegshilfsdienstes auf der Krankenstation zu arbeiten. Marta, die noch ihren Reichsarbeitsdienst in der Pflege eines zivilen Krankenhauses verrichtete, hatte ebenfalls ihre Einberufung erhalten, sollte ihren Dienst jedoch erst im Januar in einer Großkampfbatterie in Ostpreußen antreten. Ein Umstand, der Martas Vater mehr bedrückte als sie selbst. Eigentlich war Marta heute zu Besuch gekommen, um Inge zur Rede zu stellen. Sie wollte erfahren, was ihre Freundin vor ihr verbarg, denn sie spürte schon länger, dass etwas auf ihr lastete, über das sie nicht sprechen mochte oder konnte. Und das war etwas Neues in ihrer Freundschaft, was sie störte. Sie suchte nach dem richtigen Moment, um zu fragen, als das stetige Donnern draußen einem näher kommenden, gleichmäßigen Brummen wich. Beide Freundinnen schauten auf, als sie kurz darauf das Quietschen von Reifen vor dem Haus und anschließend das Zuschlagen einer Autotür hörten.

»So ein Mist«, rief Inge und lief in Socken zum Fenster, das sie auf kipp stellte und hinauslugte.

»Wer ist das?«

»Mein Onkel. Das bedeutet Ärger.«

»Der Nazi?«

»Ja, Heinrich.« Sie biss sich nachdenklich auf den Zeigefinger. Nur Sekunden später läutete die Klingel stürmisch. »Es wird Ärger geben«, setzte Inge nach.

»Was will er denn wohl?« Marta folgte ihrer Freundin zur geschlossenen Zimmertür.

»Psst«, machte Inge und legte den Finger auf ihre Lippen, dann pressten beide ihre Ohren an die Holztür. Frau Kaminsky, Inges Mutter, hatte bereits die Tür geöffnet, und sie hörten die schweren Stiefelschritte des NSDAP-Ortsgruppenleiters von Langfuhr-West auf dem Holzboden des Flurs stampfen.

»Du hast wohl den Arsch offen«, donnerte seine laute, autoritäre Stimme durch das Haus.

»Heinrich.«

»Meine Frau hat mir alles erzählt. Sag mir, dass das nicht wahr ist!«

»Dann weißt du ja Bescheid. Doch, es ist wahr.«

»Und wo sind sie?«

»Nicht da.«

»Ich habe gefragt, wo sie sich aufhalten!«

»Inge ist auf dem Markt. Hermann besucht unsere Mutter im Krankenhaus.«

»Dann warte ich hier, bis sie wiederkommen, und verhöre sie.«

»Du willst deinen eigenen Neffen verhören? Deine Nichte auch?«

»Quatsch. Ich will mit ihnen reden und sie zur Vernunft bringen. Was ihr vorhabt, darauf steht die Todesstrafe.«

»Sie werden es sowieso tun. Es ist unausweichlich und beschlossene Sache.«

»Dann muss ich sie verhaften. Für das Wohl unserer Familie und des Reichs.«

»Dann wirst du auch mich verhaften müssen«, sagte Frau Kaminsky. »Und eines verspreche ich dir. Ich werde großen Wert darauf legen, dass du bei meiner Hinrichtung persönlich anwesend bist.«

Für einen Moment herrschte Stille unten im Haus. Marta hörte nur das leise Schluchzen von Inges Mutter, bevor sie leiser weitersprach: »Du solltest dich schämen, Heinrich! Was soll unsere Mutter denken? Soll sie nach unserem geliebten Bruder Hans nun auch ihre einzige Tochter verlieren?«

»Ruhig!«, schnitt er ihr das Wort ab, fuhr aber deutlich leiser fort. »Hilde, wenn das herauskommt, dann … dann weißt du, was das für uns alle bedeutet?«

»Es wird nicht rauskommen. Geh einfach! Du hast nichts davon erfahren, das verspreche ich dir.«

»Ich kann es nicht fassen«, polterte Ortsgruppenleiter Kaminsky und knallte die Haustür hinter sich zu.

Inge wartete, bis draußen der Motor aufheulte und Onkel Heinrichs Wagen sich entfernte. Dann öffnete sie die Tür und lief hinunter zu ihrer Mutter. Marta blieb allein und ratlos im Zimmer zurück. Sie sank auf Inges Bett, und während sie an einer losen Feder an der Bettdecke rupfte, hoffte sie, dass ihre Freundin ihr gleich endlich reinen Wein einschenken würde. Das war ja so nicht mehr zu ertragen.

Es dauerte zwanzig Minuten, bis Inge zurück ins Zimmer kam, sich zu Marta aufs Bett setzte.

»Was wollte er denn von euch?«, fragte Marta nun offenheraus. »Was haben Hermann und du getan, dass der so aus dem Häuschen ist? Jetzt rede endlich mit mir.«

»Ja, ich schätze, ich kann es dir jetzt nicht länger verheimlichen«, antwortete Inge. »Ich werde aber ein wenig ausholen müssen.«

»Da bitte ich drum, spannst mich ja lange genug auf die Folter. Oder glaubst du, dass deine Veränderungen mir nicht aufgefallen sind.«

»Hast ja recht. Es tut mir leid.«

Und Inge begann zu erzählen von den unerträglichen Bedingungen der Menschen, die in Stutthof eingepfercht waren. Obwohl niemand anders sie hier oben unter dem Dach hören konnte, flüsterte Inge, der man eindrücklich klargemacht hatte, welch horrende Strafen gegen die Geheimhaltungserklärung stehen würden, die sie in Stutthof hatte unterschreiben müssen. Marta erfuhr, dass es im Lager kaum noch politische Häftlinge gab, sondern, dass seit diesem Sommer Dutzende Konzentrationslager im Baltikum geräumt und daher massenweise Juden nach Stutthof deportiert worden waren. Das Lager vor den Toren Danzigs platze inzwischen aus allen Nähten. Zwar bekam Inge, die im Truppenrevier der Abteilung 5 des Lagerarztes arbeitete, selbst kaum etwas von dem Elend zu sehen, doch das wenige, das sie erspähen konnte, reichte für den Eindruck. Vor allem aber spitzte Inge die Ohren, wenn sie etwa in der Kantine mitanhörte, wie sich Bedienstete des Häftlingsreviers unterhielten. Sie schnappte in Unterhaltungen zwischen medizinischem Personal regelmäßig auf, wie viele Menschen an Typhus, Skorbut oder Lungenentzündung elendig verstarben. SS-Leute, die sie auf ihrer Krankenstation versorgte, gaben außerdem unverhohlen zu, dass sie sich an Häftlingen vergingen. Manche waren sogar stolz auf ihre Taten. »Und einmal habe ich auch gesehen, wozu diese kaltblütigen Männer in der Lage sind«, erzählte Inge mit zitternder Stimme, während Marta schockiert vor ihr saß und nicht glauben konnte, was sie da hörte.

»Den einzigen Kontakt zu den Insassen habe ich, wenn ich einen Wagen mit Verbänden und Medikamenten aus der Apotheke zum Barackentrakt schiebe.« Inge machte eine kurze Pause, als würde sie die Erinnerung noch einmal durchleben. »Auf der anderen Seite nimmt ein junges Mädchen das Fuhrwerk entgegen. Sie heißt Ruth.« Inges Augen füllten sich mit Tränen. »Marta, du kannst dir nicht vorstellen, wie sie aussieht. Ich kann immer nur ein paar Sätze mit ihr wechseln, bevor sie wieder verschwindet. Sie ist vierundzwanzig Jahre alt, nur drei Jahre älter als wir, sieht aber aus wie mindestens vierzig.« Inge schluckte schwer. »Sie ist Krankenschwester und Deutsche.«

»Was machte sie dann, um Himmels willen, an diesem Ort?«, fragte Marta mit banger Stimme.

»Sie ist da, weil sie Halbjüdin ist. Eigentlich ist sie Katholikin, aber nach der Rassenlehre zählt das wohl alles nicht mehr.« Inge schüttelte fassungslos den Kopf.

»Das darf doch nicht wahr sein«, entfuhr es Marta. Sie konnte kaum begreifen, was ihre Freundin da erzählte. Die Vorstellung, dass eine junge Frau unter solchen Bedingungen leben musste, erfüllte sie mit Entsetzen. »Das ist doch verrückt.«

»Und wie! Wenn sie von dem Wachmann abgeholt wird, kriegt sie jedes Mal einen Schlag ins Gesicht.«

»Diese Schweine!« Marta konnte nicht an sich halten. »Vergreifen sich also wirklich an wehrlosen Frauen, diese Helden? Dann ist es also wahr, was man sich erzählt.«

Inge nickte. »Vor etwa zwei Wochen hat sie einer der brutalsten Kapos mit der Faust ins Gesicht geschlagen, weil ihr ein Verband vom Wagen gefallen ist. Dann ist sie umgefallen, und dieses Arschloch hat sie in den Bauch getreten. Am nächsten Tag habe ich ihr blaues Auge gesehen, und ich habe sie leise gefragt, ob sie irgendwas braucht.«

»Unglaublich«, sagte Marta baff, die sich nicht vorstellen wollte, dass unschuldigen Menschen so etwas angetan wurde. »Da bin ich fast froh, dass ich in Richtung Front geschickt werde und mir so was wenigstens nicht angucken muss.«

Inge sah sie eindringlich an. »Wenn sie vor dem 9. November nicht rauskommt, wird sie sterben, hat Ruth mir anvertraut.«

»Was ist am neunten November?«

»Da soll sie mit anderen Frauen umgesiedelt werden ins Judenlager.«

»Und da ist es sicherlich noch grausamer?«

»Da kommt man gar nicht mehr raus. Nur durch den Schornstein, hat Ruth gesagt.« Inge schluckte abermals. »Und dann hat sie mich angeschaut mit ihrem tränenverschmierten Gesicht und gefragt, ob ich ihr helfen kann. Natürlich wollte ich das. Am nächsten Tag gab sie mir einen Zettel.« Inge stand auf, ging zu ihrer Kommode und nahm ein Notizbuch heraus. Als sie sich wieder hinsetzte, zog sie ein gefaltetes, vergilbtes Blatt Papier heraus, öffnete es und gab es Marta.

»*Biesinger Hof*«, las Marta davon ab, als sie auf die kleine gezeichnete Karte schaute. »Ich weiß, wo das ist.«

»Hier.« Inge beugte sich über den auf dem Tisch ausgebreiteten Zettel und wies mit ihrem Zeigefinger auf eine markierte Stelle. »Da, in dieser Scheune, sind eine provisorische Krankenstation und eine Küche aufgebaut. Die drei Strichmännchen hier, das sind Ruth und ihre zwei Kameradinnen.« Sie fuhr mit dem Finger ein Stück weit nach oben. »Und hier hinten ist die Arbeitskolonne, rund einen Kilometer entfernt. Das ist ein Außenkommando. Etwa dreißig Häftlinge bestellen diese Felder hier und hier.«

»Ich verstehe. Aber, soll das etwas heißen, dass ihr …?«

»Wir holen Ruth raus, die anderen beiden auch.«

Martas Herz raste. Sie hatte Inge immer für ihren Mut bewundert, aber dass sie so etwas planen konnte, damit hatte sie nicht gerechnet. »Das ist doch …« Sie stammelte.

»Lebensgefährlich«, vollendete Inge den begonnenen Ausruf ihrer besten Freundin. »Sollte es nicht gelingen …« Nun brach sie den Satz ab, ließ ihren Blick für einen Moment über das Blumendekor der Tapete entlang der Dachschräge ihres Zimmers schweifen. »Ach, ich will es mir nicht ausmalen.«

»Dann endet ihr womöglich selbst im Lager«, formulierte Marta jetzt den unausgesprochenen Gedanken ihrer Freundin zu Ende.

»Oder der Tod kommt noch schneller durch eine Kugel.« Inge trank den letzten Schluck kalten Tee aus ihrer Tasse und stellte sie dann auf dem Tisch ab. »Doch es bleibt unsere Pflicht. Ruth im Stich zu lassen, ist keine Option mehr für mich.«

Die beiden jungen Frauen schauten sich tief in die Augen. »Es ist beschlossene Sache«, setzte Inge entschieden nach. »Wir haben auf die Schnelle alles vorbereitet. Ich wusste ja schon, dass Hermann Kontakt zu dem Kirchenkreis hat, der sich im Widerstand organisiert. Wir haben mit Pfarrer Schmeling gesprochen, haben Karten angefertigt, einen Plan geschmiedet. Wir haben auch Pässe und Kleidung für die Frauen besorgt.«

»Erzähl mir bitte, wie das funktionieren soll«, forderte Marta sie mit Nachdruck auf.

Inge legte ihren Finger wieder auf das Papierstück. »Hier, dieses Waldstück, das ist unser Glück, da müssen wir durch, auf der anderen Seite steht ein Fluchtwagen.«

»Aber wie wollt ihr die Frauen da reinkriegen, in den Wald? Da wimmelt es doch sicher von Wachen auf dem Feld davor?«

»Die sind nach unseren Erkundigungen weit weg und von einem Hügel verborgen, das ist ja das Gute. Auf die Frauen passen nur zwei Männer auf. Einer fährt jeden Tag um Punkt zwölf Uhr mittags mit dem Transporter weg, wohin, weiß ich nicht. Aber Hermann hat alles mehrere Tage beobachtet. Der eine ist genau eine halbe Stunde weg. In der Zeit müssen wir zuschlagen. Das ist sehr knapp.«

»Und wie?«

»Da, der Feldweg«, sagte Inge und fuhr mit dem Finger eine eingezeichnete Route entlang. »Wir haben einen Karren mit Kartoffeln, darin versteckt sich Hermann. Ich muss ihn nur ein paar Hundert Meter ziehen und dann auf mich aufmerksam machen. Wenn der Wachsoldat kommt, lenke ich ihn ab, und mein Bruder muss ihn überwältigen. Dann fliehen wir. Die Frauen sind über das Wichtigste im Bilde.«

»Das ist so gefährlich«, sagte Marta laut und hielt sich danach umgehend den Mund zu. Danach flüsterte sie:

»Und ihr macht das alleine?«

»Kein anderer ist dabei. Erst wenn wir sie abgeliefert haben, kommen der Pfarrer und seine Leute ins Spiel. Nur Mutter wusste sonst noch davon.«

»Und Heinrich.«

»Ich verstehe das auch nicht, warum Mutti geplaudert hat.« Inge überlegte. »Aber das ist jetzt auch egal. Heinrich wird nichts machen. Er hat selbst viel zu viel Angst, und er wird nicht zulassen, dass seiner Schwester etwas passiert.«

»Bist du dir da sicher?«

»Ganz sicher«, antwortete Inge. »Mutti hat es gerade noch mal bestätigt, sie kennt ihn am besten. Es ist alles schon gefährlich genug, auch für Heinrich. Außerdem sagt Mutti, sie wisse von ihrer Schwägerin, dass Heinrich selbst schon lange nicht mehr an das glaubt, was der Führer befiehlt. Er kann es nur nicht äußern.«

»Verstehe«, sagte Marta. »Insofern machen es deine Mutter und deine Tante vielleicht richtig, dass sie sich das Wichtigste gegenseitig anvertrauen.«

»So gesehen, ja.« Inge überlegte. »Aber dann …«

»Dann helfe ich dir, den Wagen zu ziehen«, unterbrach Marta.

»Auf keinen Fall, das ist viel zu gefährlich für dich.«

»Ich bestehe darauf«, sagte sie entschieden. »Ich bin jetzt eingeweiht, also kann ich auch helfen.«

Inge schaute wieder an die Decke, so als suche sie dort nach einer Antwort.

»Wir verlieren den Krieg, Inge«, legte Marta nach. »Es werden doch bald alle diese Gräueltaten der Nazis ans Licht kommen. Ich habe schon so viel gehört und es immer als Übertreibung abgetan. Ich lag falsch, jedes Mal. Das habe ich oft gespürt, und es quält mich. Ich will etwas tun, muss etwas tun. Andernfalls könnte ich mich nicht mehr im Spiegel ansehen. Nun habe ich einfach zu viel gehört, weiß mehr, als für mich gut ist. Was du aus Stutthof berichtest, bringt das Fass zum Überlaufen. Alle sollten sich dagegenstemmen.«

»Marta, es geht wirklich nicht«, sagte Inge, und ihre Stimme bebte leicht dabei. »Versteh doch – was wir vorhaben, ist unglaublich gefährlich. Es reicht, wenn Hermann und ich unsere eigenen Leben riskieren. Ich könnte es nicht ertragen, wenn dir etwas zustoßen würde.«

Inges Hände umklammerten nervös die Tischkante zwischen ihnen. »Du bist meine beste Freundin. Ich will dich nicht in Gefahr bringen. Bitte, lass uns das alleine machen.«

Marta erwiderte Inges Blick mit unveränderter Entschlossenheit in den Augen. »Inge, ich weiß, dass es gefährlich ist. Aber ich kann nicht tatenlos zusehen, während ihr euch in eine solche Gefahr begebt. Lass mich euch helfen – zusammen haben wir eine größere Chance, die Jüdinnen zu retten. Und wenn euch etwas passieren sollte und ich nicht dabei war, würde ich damit erst recht nicht klarkommen.« Sie griff nach Inges Händen und drückte sie fest. »Ich will Teil des Widerstands sein. Ich bin alt genug, das selbst zu entscheiden. Lass mich das tun – für uns alle und für Ruth.«

Inge überlegte eine Weile, seufzte und gab schließlich nach: »Die Befreiungsaktion findet schon in vier Tagen, am 5. November, statt. Es ist die letzte Gelegenheit.«

»Das reicht mir, um mich vorzubereiten«, antwortete Marta, und ihre Augen glänzten.

Inge nickte und drückte Martas Hände. »Dein Angebot ehrt dich. Ich werde heute Abend mit Hermann sprechen. Wir müssen alles sorgfältig planen.«

»Ich verstehe. Ich werde natürlich niemandem ein Sterbenswörtchen verraten.«

»Überleg es dir genau, und dann komm morgen nach dem Frühstück vorbei. Mein Bruder wird da sein. Wenn du dich dann für unsere Sache entscheidest, gibt es kein Zurück mehr. Das ist dir hoffentlich klar?«

»Ja, das ist mir bewusst.«

»Und wenn du mitmachst, musst du mir hoch und heilig versprechen, dass du gut auf dich aufpasst und dich keinem zusätzlichen Risiko aussetzt. Verstanden?«

»Ich verspreche es dir hoch und heilig!«

Am nächsten Morgen, als Marta erneut in Inges Zimmer saß, sah sie Hermann wieder. Sie spürte, wie sich ein Lächeln auf ihr Gesicht stahl; trotz der ernsten Umstände freute sie sich, den älteren Bruder ihrer Freundin wiederzusehen. Schon als junges Mädchen hatte Marta für ihn geschwärmt, sich dies aber nie anmerken lassen. Hermann begrüßte sie mit einem festen Händedruck. Seine tiefen blauen Augen sorgten umgehend für ein Kribbeln in Martas Bauch. Sie musterte ihn eingehend und erkannte die Spuren des Krieges, die an dem Fünfundzwanzigjährigen nicht spurlos vorübergegangen waren. Seine dunklen, kurz geschnittenen Haare, die großen, starken Hände und der athletische Körperbau waren Marta wohlvertraut. Doch in seinem Blick lag ein Schatten, der von Entbehrungen und Verlust zeugte. Sie wusste, dass er als Unteroffizier in einer Infanterie-Einheit an der Ostfront diente und Schlimmes durchgemacht hatte. Unwillkürlich musste Marta an jene Tage Anfang 1942 denken, als Hermann zuletzt auf Genesungsurlaub in Danzig gewesen war. Damals hatte er von den Schrecken an der Ostfront berichtet – von gefallenen Kameraden und eigenen Verletzungen. Was Marta bis jetzt jedoch nicht gewusst hatte, war, dass er in dieser Zeit schon Kontakt zum Widerstand geknüpft hatte. An diesem Morgen erzählte er auch davon, dass er selbst in Russland schon an Sabotageakten beteiligt gewesen war. Als Hermann bemerkte, dass Marta ihm fasziniert, jedoch nicht mit Schrecken zuhörte, sah er sie eindringlich an und sagte: »Marta, du hast keine Ahnung, was wir an der Ostfront durchmachen mussten. Jeden Tag leben wir mit dem Wissen, dass jeder Einsatz unser letzter sein könnte. Ich überlebe in dieser Hölle nur mit sehr viel Glück. Meinem besten Kameraden Hans ist vor meinen Augen der Kopf weggeschossen worden.« Er ballte kurz die Fäuste. »Manchmal wünsche ich mir, es wäre meiner gewesen.«

»Meine Güte, so was darfst du doch nicht denken«, antwortete Marta, und nun erschrak sie.

»Was ich damit sagen will, Marta«, Hermann sprach und senkte den Kopf, »ich habe nichts mehr zu verlieren. Ob ich nun bei dieser Widerstandsaktion sterbe oder in Russland – es macht für mich keinen Unterschied mehr.«

Dann hob er den Kopf wieder und sah Marta eindringlich an. »Aber du … du hast dein ganzes Leben noch vor dir. Ich habe versucht, Inge davon abzubringen, sich in Gefahr zu begeben. Aber du weißt ja, wie stur sie ist.«

»So wie ich auch«, sagte Marta mit ernster Miene.

»Ich weiß, deswegen werde ich dir deinen Entschluss, den ich dir ansehe, auch nicht ausreden.« Er machte eine kurze Pause. »Wenn man im Widerstand ist, dann weiß man, dass das eigene Leben und das seiner Mitverschwörer keinen Vorrang haben darf. Es ist zu wichtig. Wenn wir diese drei armen Frauen vor dem Tod retten können, dann müssen wir diese Chance wahrnehmen.« Hermann nickte Marta zu. »Wenn es also dein unbedingter Wunsch ist, uns zu unterstützen: Wir können deine Hilfe gut gebrauchen.«

Marta fühlte sich durch Hermanns Worte erst recht bestätigt und ließ sich in den kommenden Tagen von ihren Freunden in alle Pläne einweihen. Und dann kam der Tag schneller als erwartet.

»Es ist Viertel vor zwölf«, las Hermann von seiner Armbanduhr ab, nachdem die drei durch Unterholz geschlichen waren und am Ende der Waldlichtung stehen blieben. Die schneidende Kälte des Novemberwaldes kroch durch Martas Kleid und ließ sie frösteln. Sie konnte den feuchten Modergeruch des Laubes unter ihren Füßen riechen, während sie angespannt hinter dem Gestrüpp kauerte. Ihr Atem kondensierte in der Luft zu kleinen Wölkchen. Sie alle hatten sich in ihre Verkleidung gehüllt. Marta und Inge trugen abgenutzte graue Röcke und Kopftücher, Hermann eine dunkle Arbeitshose, Hemd und Schiebermütze. Von ihrem Versteck aus warfen sie einen ersten Blick in Richtung der Scheune, die sich von hier aus in etwa sechshundertfünfzig Meter Luftlinie Entfernung befand. Außer dem flirrenden Horizont über den Feldern konnte Marta von ihrer Position aus aber nichts erkennen, wagte es auch nicht, aus ihrer

Deckung hervorzutreten. Ihr Herz pochte ihr bis zum Hals, als Inge durch das Fernglas schaute, aber kein Wort folgen ließ.

»Und sind sie da?«, flüsterte Marta mit bebender Stimme.

»Ganz ruhig.« Hermann legte ihr besänftigend seine Hand auf den Rücken.

»Schau selbst«, sagte Inge und hielt ihrer Freundin den Feldstecher vor die Nase.

Martas Hände zitterten, während sie versuchte, das Bild zu stabilisieren. Schließlich fokussierte sich ihr Blick auf die verwitterten Ziegel des Scheunendachs. Die große Tür war verschlossen, die kleinen Fenster mit Brettern vernagelt. Marta senkte das Fernglas und entdeckte zwei Frauen, die, in Schürzen gehüllt, Kartoffeln schnitten und in eine Zinkwanne warfen. Rauch stieg von einem großen Topf auf, der über einem Feuer brodelte. Als sie das Vergrößerungsglas nach links schwenkte, sah Marta eine Frau in einem weißen Kittel, die emsig Verbände rollte – das musste Ruth sein. Aber die Wachen – wo waren sie? Ihre Gedanken rasten. Würde der riskante Plan aufgehen? Oder waren das jetzt hier oben im Wald die letzten Minuten ihres Lebens? Marta gab Inge das Fernglas zurück und ballte die Hände zu Fäusten, um ihr Zittern zu unterdrücken. So viel stand jetzt unmittelbar auf dem Spiel! Ein lautes Knacken ließ Marta zusammenzucken, sie suchte nach der Geräuschquelle und entdeckte ein rotes Eichhörnchen, das eine Eichel umklammerte, kurz daran schnupperte und dann im Dickicht verschwand.

»Es ist alles gut«, sagte Hermann, nahm Inge das Fernglas ab und spähte wieder selbst hindurch. »Beruhigt euch! Ich behalte das jetzt im Auge.« Er ging einen Schritt nach vorne. »Sie haben beide ihre Maschinenpistolen umhängen«, kommentierte er, was er sah. »Es ist alles wie immer.«

Marta hielt ihren Blick scharf auf Hermann gerichtet und suchte nach kleinsten Anzeichen von Nervosität in seinem Ausdruck. Ein kaum wahrnehmbares Zucken seiner Finger verriet ihr, dass auch er Angst hatte, obwohl er dies nie zugeben würde. Wohler wurde ihr dabei allerdings nicht.

»Die Frauen machen das gut«, sagte er, nachdem er das Okular schärfer gestellt hatte. »So, und jetzt holen die Wachen die Fässer aus der Scheune und beladen den Lkw. Alles wie immer.«

Marta beruhigte sich nur langsam. Sie erwartete immer noch, dass Hermann jeden Moment Beunruhigendes äußern würde, etwas wie »Warum fährt er nicht?«, »Was ist das?« oder »Schnell, sie haben uns entdeckt«. Doch die Fragen entstanden nur in ihrem Kopf. Die Soldaten schienen ihre Routinen präzise zu befolgen. Kaum hatte Inge die Zeit von ihrer Armbanduhr abgelesen, hörte Marta einen Motor aufbrummen und atmete erleichtert auf. Als das Fahrzeug kurz darauf nur noch aus der Ferne zu vernehmen war, trat Hermann einen Schritt zurück. »Es geht los. Jetzt oder nie.«

Wie geplant zogen sich die Freunde wieder ein Stück in den Wald zurück und marschierten auf den Waldrand zu, wo sie am Tag zuvor den versteckten Handkarren präpariert hatten. Sie befreiten den Wagen von Laub und Zweigen, und Hermann zog ihn auf den schmalen Trampelpfad, der sich am Rand des Waldes entlangschlängelte und in direkter Linie zur Scheune führte. Er kletterte über die gestapelten, mit Stroh gefüllten Säcke, die sie nur oben mit Kartoffeln und Äpfeln drapiert hatten, und legte sich dahinter in Deckung. Inge zog vorne an der Deichsel, und Marta schob von hinten an. Quietschend setzten sich die dick bereiften Räder in Bewegung. Obwohl der Pfad leicht abfiel, forderte die holprige Strecke ihnen alle Kraft ab. So unauffällig wie möglich schaute Marta immer wieder in Richtung des sich stetig näher vor ihr abzeichnenden Wachsoldaten, um seine erste Reaktion auf sie beobachten zu können. Nachdem auch sie in sein Sichtfeld geraten waren, hatte er sie schnell im Blick. Breitbeinig stand er in seinem feldgrauen Mantel vor der Scheune und schien sich in aller Ruhe anzuschauen, wie sie sich auf ihn zubewegten. Sie waren auf etwa fünfzig Meter an ihn herangekommen, als sich der Soldat rührte und mit seinen schweren Stiefeln über den Pfad auf sie zukam. Die SS-Rune auf seiner Schiffchenmütze und sein ernster, fast regloser Gesichtsausdruck ließen Marta erschaudern.

»Halt«, rief er, worauf die Frauen sofort in ihren Bewegungen innehielten, den Wagen losließen und warteten, bis er vor ihnen stand und sie eindringlich musterte. Martas Herz raste so schnell, dass sie kaum zu atmen wagte, damit er ihre Nervosität nicht durch den hastigen Ausstoß ihres dampfenden Atems in der kühlen Luft erkennen konnte.

»Wer seid ihr?«, rief er ihnen laut zu. »Was habt ihr hier zu suchen?«

Nun folgte Martas einstudierter Part. Unter seinen kritischen Blicken nahm sie einen großen roten Apfel aus einem der Säcke und hielt ihn vor sich. »Äpfel, Kartoffeln und Rüben, Herr Scharführer«, sagte sie.

»Das sehe ich. Das frage ich aber nicht.«

»Verpflegung für die Wehrmacht.«

»Wie bitte?« Er trat näher. »Keine Wehrmacht hier. SS. Außerdem bin ich Hauptscharführer.«

Marta gab sich naiv. »Oh, Verzeihung, wir sollten … Wir haben …«

»Was sie meint, Herr Hauptscharführer«, schaltete sich Inge ein. »Wir sollten das hier abliefern.«

»Ach ja?« Der Soldat fixierte Inge. »Wer hat das angeordnet?«

»Wir kommen vom Meierhof.« Marta spielte ihre unschuldige Rolle weiter und wies mit dem Zeigefinger in die Richtung, aus der sie gekommen waren. »Uns hat ein Sonderkraftfahrzeug angehalten. Der Herr Offizier hat uns zusammengefaltet, als er gesehen hat, was wir in den Säcken haben. Eigenbedarf stünde uns nicht zu.« Sie schlug die Hände vor ihr Gesicht. »Unsere schönen Äpfel sollten konfisziert werden. Dabei haben wir doch auch Hunger im Dorf.«

»Er hat uns den Weg hierher gewiesen«, ergänzte Inge, und der Soldat schaute irritiert zwischen beiden Frauen hin und her – was so eingeplant war. »Wir sind über eine Stunde gelaufen. Aber wenn Sie unsere Ernte nicht brauchen …«

»Mal ganz langsam«, raunte der Mann. »Wer immer der Herr Offizier gewesen ist, da hat er ganz recht gehabt, der Herr Offizier. Es ist Krieg, da braucht natürlich auch die SS frisches, vitaminreiches Obst.« Er überlegte. »Habt ihr einen Marschbefehl mitbekommen?«

»Marsch was?«, fragte Marta und lächelte verlegen.

»Lotte, die Notiz, die er ausgestellt hat. Zeig sie dem Herrn Hauptscharführer. Er tut nur seine Pflicht.«

»O ja, natürlich.« Marta kramte in ihrer Rocktasche und holte einen Umschlag daraus.

»Sie müssen entschuldigen«, sagte Inge. »Lotte ist etwas schüchtern.«

»Ach, so ist das. Schüchtern ist das kleine Ding.« Die Wache kam näher, stand jetzt genau da, wo ihn die Frauen haben wollten, direkt neben und mit dem Rücken zum Karren. Unverhohlen kniff er Marta in die Wange. »Die sind ja genauso schön rot wie dein Apfel.« Er lachte dreckig. »Hast sicher irgendwo noch andere rote Bäckchen versteckt.« Als er nach dem Umschlag griff, sah Marta im Augenwinkel, wie sich Hermann mit seinem Schlagstock in der Hand hinter dem Soldaten aus dem Wagen erhob. Im letzten Augenblick bemerkte der SS-Mann die drohende Attacke, doch noch während er sich umdrehte, traf ihn der Schlag mitten auf die Stirn. Er taumelte und sank dann wie ein gefällter Baum zu Boden. Marta sah angewidert an sich herunter, sein Blut war auf ihren Rock gespritzt.

»Schnauze, Herr Hauptscharführer«, rief Hermann, sprang vom Wagen und entwand dem Soldaten die Maschinenpistole. »Los jetzt!«, drängte er dann seine Begleiterinnen. »Schnell, holt die Frauen!«

Inge gab den Häftlingen ein Zeichen und mit zittrigen Schritten bewegten sie sich auf die Gruppe zu. Nach ein paar Metern stürzte eine von ihnen und fiel zu Boden. Sofort eilten Marta und Inge zu ihr, halfen ihr auf und hakten sie bei sich unter. So schnell sie konnten, liefen sie Ruth und der anderen Gefangenen hinterher. Mehrmals wandte Marta sich sorgenvoll um, um zu sehen, wo Hermann blieb. Sie sah, dass er den Soldaten grob an den Schultern packte und ihn mit aller Kraft zum Wagen zog. Martas Herz raste, als sie sah, wie Hermann sich abmühte, den schweren Körper in das Fahrzeug zu hieven. Immer wieder warf er dabei panische Blicke über die Schulter, als fürchtete er, in jedem Moment von weiteren Soldaten entdeckt zu werden. Marta spürte, wie ihre Kehle vor Anspannung eng wurde. Würde auf den letzten Metern doch noch alles schiefgehen? Als sie sich das nächste Mal umwandte, hatte Hermann es geschafft.

Die Wache lag im Wagen, und Hermann schmiss noch zwei Säcke über ihn. Nun drehte er sich um und rannte ihnen hinauf zur Waldlichtung hinterher, die Maschinenpistole, die er sich umgehängt hatte, wild hin- und herschwingend.

»Weiter, weiter«, trieb er die Frauen von hinten an, während er sich selbst immer wieder zu allen Seiten versicherte, dass sie nicht bereits verfolgt wurden. Im Wald griff Marta die eiskalte Hand einer der Befreiten.

»Lasst mich nicht zurück«, wimmerte die verängstigte Frau.

Marta riss sie einfach weiter mit sich, da sie keine Luft hatte, um ihr zu antworten. Äste peitschten ihr ins Gesicht. Sie hatte das Gefühl, nie zuvor so schnell gelaufen zu sein, und doch zog sich ihre Flucht endlos in die Länge. Mit letzter Kraft kämpften sie sich durch das Unterholz, das an ihren Kleidern zerrte.

Die Angst hatte Marta fest im Griff, doch das Gebell der Spürhunde, das sie zu hören glaubte, war nur in ihrem Kopf. Tatsächlich vernahm man nichts als das Knacken von Ästen und das schwere Keuchen der Flüchtenden vor sich.

Mit letzter Kraft erreichten sie den bereitstehenden Lkw am anderen Ende des Wäldchens.

»Schnell, aufsteigen«, rief Hermann und riss die Ladeklappe auf. Die geflüchteten Frauen kletterten mit viel Mühe hinauf, Inge und Marta folgten. Sie krabbelten auf die durch eine Plane verborgene Ladefläche und blieben erschöpft liegen. Nachdem Hermann gegen das Fahrerhäuschen geklopft hatte, setzte sich der Lkw ruckartig in Bewegung. Während der Fahrt sprach keiner von ihnen ein Wort, alle rangen nach Luft und hielten sich, so gut es ging, an der hölzernen Laderaumverkleidung fest. Marta blickte in die Runde und erkannte jetzt erst, wie ausgemergelt und mitgenommen die Frauen, denen sie gerade das Leben gerettet hatten, aussahen. Hermann saß angelehnt an die Kabine und hatte ein zufriedenes Grinsen auf den Lippen. Jetzt atmeten auch Marta und Inge auf. Sie hatten es tatsächlich geschafft!

Endlich, nach einer schier endlosen Fahrt, erreichten sie den abgelegenen Hof, der den Gefangenen als Zufluchtsort dienen sollte. Kaum war der Lkw in der Scheune abgestellt, eilten zwei mitfühlende Bäuerinnen herbei. Behutsam hüllten sie die erschöpften, zitternden Frauen in wärmende Decken.

Hermann zog Marta fest an sich, als wollte er sie vor der Welt beschützen. Marta spürte, wie die Anspannung langsam aus ihren Gliedern wich. Sie hatten es geschafft – sie hatten es tatsächlich geschafft!

Dann stürmte Ruth auf Inge zu und fiel ihr schluchzend um den Hals. Tränen der Erleichterung und Dankbarkeit rannen über ihr eingefallenes Gesicht.

»Ihr habt uns das Leben gerettet!«, flüsterte Ruth immer wieder, die Stimme brüchig vor Aufregung. »Ihr seid Helden! Gott schütze euch!«

Auch die beiden anderen Frauen kamen nun auf Marta zu, Dankbarkeit in ihren Augen. Sie ergriffen Martas Hände und drückten sie fest.

»Ihr habt uns unser Leben zurückgegeben«, sagte eine von ihnen mit bebender Stimme. »Ich danke euch aus tiefstem Herzen!«

Marta spürte, wie sich Rührung in ihr ausbreitete. All die Angst und Anspannung der letzten Stunden fielen plötzlich von ihr ab. Sie erwiderte die Umarmungen, überwältigt von der überschwänglichen Dankbarkeit der Geretteten.

In diesem Augenblick wusste Marta, dass all die Risiken und Entbehrungen sich gelohnt hatten. Sie hatten es geschafft, diese Menschen aus der Hölle zu holen – und dafür würde sie für immer dankbar sein.

Marta war noch Tage später voller Stolz auf das, was sie getan hatte, gleichzeitig aber auch bedrückt, weil sie so vielen Juden nicht hatten helfen können. Nachdem sie Ruth und die anderen befreit hatten, war Hermann umgehend wieder an die Front gereist. Anders, als Marta erwartet hatte, gab es nach der Befreiung keine Unruhe in Danzig, niemand hatte anscheinend etwas mitbekommen. Doch sie war sicher, dass die geflohenen Jüdinnen nicht unentdeckt geblieben sein konnten. Damit erst gar kein Verdacht auf die Gruppe fiel, stellte Inge sowohl den Kontakt zum Pfarrer als auch zu Marta größtenteils ein. Sie trafen sich nur ein einziges Mal im Dezember auf dem Danziger Weihnachtsmarkt. Auf dem Rückweg nach Hause, als sie sich unbeobachtet fühlten, erzählte Inge ihrer Freundin das Wichtigste. Onkel Heinrich hatte Wort gehalten, niemandem etwas gesteckt und würde das auch in Zukunft nicht tun. Dafür habe ihre Mutter versprechen müssen, die Familie nie wieder in eine solche Gefahr zu bringen. Auch in Stutthof selbst erfuhr Inge nichts von dem Ausbruch. »Wahrscheinlich wollen sie es totschweigen«, mutmaßte sie. »Ich bin aber jeden Tag auf der Hut.« Marta hielt natürlich ebenfalls Wort und verriet niemandem etwas über ihre Rettungsaktion, auch nicht ihren Eltern. Wie Inge hatte sie gehofft, bis Heiligabend Nachricht von Hermann zu haben, an dessen Berührung sie oft dachte. Doch ein Brief von ihm kam nicht durch – Inge hatte versprochen, Bescheid zu geben, sollte dies geschehen. So verbrachte Marta, ohne es zu wissen, im Dezember 1944 ihre letzten Weihnachten in Danzig. Es waren zugleich ihre traurigsten Weihnachtsfeiertage, die sie auch noch, nachdem Martas Großmutter im Sommer verstorben war, zum ersten Mal zu dritt verbringen mussten. Die Kriegsweihnachten 1944 standen zudem nicht nur unter dem Eindruck des nicht enden wollenden und sich zuspitzenden Krieges, der immer näher an sie heranrückte, sondern waren auch von Abschiedsstimmung geprägt, denn Marta blieb nur noch eine Woche in Danzig.

Nach der Messe, in der der Pfarrer eindringlich vom Frieden gepredigt und an die christliche Botschaft der Erlösung erinnert hatte, fand sich die Familie Rielke in ihrer Feiertagskleidung am liebevoll gedeckten heimischen Wohnzimmertisch wieder. Wie bereits in den vorherigen Kriegsjahren mussten sie auf einen Braten verzichten, und auch ein Weihnachtsbaum hatte in ihrem Heim wieder mal keinen Platz gefunden. Doch mit aller Hingabe hatte Martas Mutter Herta ein festliches Ambiente geschaffen. Die weiße Tischdecke, bestickt mit Engelsfiguren, lag ausgebreitet da, geschmückt mit frischem Tannengrün und dem Schein flackernder Kerzen. Auf edlem Porzellan präsentierte sich der Kartoffel-Sellerie-Salat, verfeinert mit Zwiebeln und Dill, dazu kräftiges angeröstetes Schwarzbrot mit Schmalz.

Marta, die ihrer Mutter am Nachmittag beim Schneiden des Gemüses zur Hand gegangen war, lobte das »Schlackerstroh« – ein herzhaftes Gericht aus Sauerkraut, Kartoffelbrei und gewürzten Schweinebauchstreifen. Während der Plattenspieler die schönsten Weihnachtslieder der letzten Jahrhunderte spielte, entflohen sie dem gegenwärtigen Kriegselend für eine Weile, indem sie den Fokus ihrer Gespräche auf glücklichere, vergangene Tage legten und den Krieg bewusst ausblendeten. Doch als zwei Flaschen des kostbaren Rotweins, den sie aus dem Keller geholt hatten, geleert waren, konnte sich Martas Vater, der am meisten davon getrunken hatte, nicht zurückhalten und sprach den Kriegshilfsdienst an, den seine Tochter am 2. Januar in Allenstein antreten sollte. Marta hatte bereits den ganzen Abend über seine Unruhe bemerkt und erwartet, dass er irgendwann seinen Ärger herauslassen würde. Obwohl er das Thema ihr gegenüber noch nicht direkt angesprochen hatte, wusste sie aus den abendlichen Gesprächen, die er hinter der verschlossenen Schlafzimmertür mit ihrer Mutter führte, wie sehr er sich sorgte. Zunächst sang er die letzten Zeilen des Liedes *O du Fröhliche* mit, bevor er sich punktgenau mit dem Wechsel der Nadel zu *Ihr Kinderlein kommet* räusperte und dann leicht lallend sagte: »Da denkt man, man hat im Krieg Glück im Unglück ohne Söhne, die fallen könnten, und dann kommt dieser Verbrecher Hitler und will einem die einzige Tochter nehmen.«

»Aber Walter, es ist nicht die Front«, versuchte Martas Mutter schnell zu beschwichtigen, doch der Damm war bereits gebrochen.

»Faktisch ist es das«, fuhr ihr Vater fort, als er die dritte und letzte Flasche öffnete. »Es ist eine Flakstellung, nur ein paar Hundert Kilometer – wenn überhaupt noch – von den Russen entfernt, die darauf wartet, angegriffen zu werden. Das nennt sich Front. Was denn sonst?« Er nahm einen tiefen Schluck und starrte anschließend in sein Glas, während er weitersprach: »Und was die Russen mit den Frauen anstellen, die sie erwischen – das Grauen von Nemmersdorf ist uns allen aus der Zeitung bekannt. Die Bilder der Kinder mit zertrümmerten Schädeln. Stalin ist furchtbar grausam und kennt kein Erbarmen. Wir hätten die Russen niemals angreifen dürfen.«

»Ach, Vati, die werden uns Frauen schon rechtzeitig in Sicherheit bringen und uns nicht den Russen zum Fraß vorwerfen. Du sprichst doch selbst von Nemmersdorf. Wie groß war denn die Empörung darüber? Das wird nicht noch mal passieren.«

»Sagen die Nazis.«

»Die Russen waren doch schon nach einem Tag wieder verjagt«, ergänzte Herta Rielke. »Es leuchtet ein, dass du den Braunhemden nicht traust, aber die Menschen, die nach dem Angriff geflüchtet sind, sind doch alle wieder zurückgekehrt. Das würden sie doch nicht machen, wenn es nicht sicher wäre.«

»Der Schein trügt«, brummte Walter Rielke. »Wahrscheinlich werden sich alle Heimkehrer noch in den Hintern beißen.«

»Vati, auch ich habe als deutsche Frau eine Pflicht. Es stehen gerade eine halbe Million Frauen im Kriegshilfsdienst fürs Vaterland.«

»Du solltest aber eigentlich deinen Reichsarbeitsdienst

machen«, antwortete ihr Vater. »Dafür war im Sinne des Erfinders Landwirtschaft vorgesehen, oder Hauswirtschaft, aber nicht Dienst am Kanonenrohr.«

»Aber nicht mehr in einer solchen Phase des Krieges«, sagte Marta. »Alle hundertzwanzigtausend Mädel des RAD sind jetzt in der Kriegswirtschaft oder sogar direkt für die Wehrmacht tätig.«

»Das ist einfach nicht richtig.«

»Aber auch nicht zu ändern«, warf Herta Rielke ein.

»Ich sehe es so«, fuhr Marta fort: »Ich habe eine gute Qualifikation als Hilfskrankenschwester, und die Soldaten brauchen kompetente Schwestern.«

»Hundertzwanzig Kilometer von hier entfernt? Sie haben dort doch sicher eigene Schwestern.«

Für einen Moment herrschte Schweigen am Tisch. Herta Rielke kratzte heruntergetropftes Wachs von der guten Tischdecke, Marta beobachtete ihren Vater, der sein Glas in einem Zug austrank. Er stellte es ab und sagte ihr dann ins Gesicht: »Ich weiß, dass du mir Vorwürfe machst, Marta. Wäre dein Großvater kein Sozi gewesen, dann könntest du jetzt wie deine Freundin Inge in Stutthof arbeiten.«

»Und du glaubst, das würde ich lieber wollen?« Marta wurde lauter, denn aufgrund dessen, was sie inzwischen über das Konzentrationslager wusste, machte sie die Bemerkung ihres Vaters wütend. »Glaubst du wirklich, dass das, was man dort sieht und erlebt, erträglicher ist?«

»Vielleicht nicht, aber du hast da ein sichereres Dach über dem Kopf. Und nur das zählt.«

»Im Krieg gibt es keine Sicherheit«, sagte Martas Mutter. »Schließlich können die Russen auch in Danzig einfallen, die Engländer bombardieren, die Amerikaner …«

»Ist gut jetzt, Herta«, polterte Walter und schlug mit der Faust auf den Tisch. Marta sah, dass danach seine Hand zitterte. Er tat ihr leid. Ihr Vater war ein gebrochener Mann, auch wenn er sich das nach außen hin nicht anmerken ließ. Sie erinnerte sich noch genau an 1933, als er wochenlang den gleichen Ausdruck im Gesicht gehabt hatte wie in diesem Moment. Damals als Zehnjährige hatte sie die Zusammenhänge noch nicht verstanden, doch heute wusste sie ganz genau, dass ihm eine glorreiche Zukunft verbaut worden war. Die Nazis hatten Martas Großvater, einst stolzer Bürgermeister von Langfuhr, nach ihrer Machtübernahme verhaftet und über Wochen verhört und gequält. Einzig aufgrund seiner Funktion in der SPD. Die Familie war seither unter Beobachtung gewesen, denn sowohl ihr Großvater als auch ihr Vater hatten sich nicht im Sinne des Nationalsozialismus verhalten, waren nie in die Partei eingetreten, und Walter Rielke hatte sich mehrfach für Bekanntschaften rechtfertigen müssen, die er mit in der Stadt lebenden Polen pflegte. Die florierende, schon über viele Jahrzehnte im Familienbesitz befindliche Baufirma, die ihr Vater 1931 übernommen hatte, erhielt nach dem Machtwechsel keine städtischen Aufträge mehr und ging zwei Jahre später insolvent. Statt selbst große Bauten zu planen und zu entwerfen, arbeitete ihr Vater seither als Angestellter des neuen Besitzers seiner in Wirklichkeit eigenen Firma und durfte dabei helfen, prunkvolle Nazibauten zu realisieren. Immerhin – sein einziger Trost – ohne später einmal die Verantwortung dafür übernehmen zu müssen. Nachdem der Krieg mit dem Angriff auf die Westerplatte am 1. September 1939 ausgerechnet in Danzig ausgebrochen war, hatte die Baufirma komplett auf Kriegswirtschaft umgestellt, und heute waren alle Fahrzeuge im Dienst der Organisation *Todt*. Nach außen passte sich Walter Rielke an, so gut es ging, doch im Wissen um die Parteitätigkeit seines Vaters und wahrscheinlich auch in Kenntnis über seine Kartenspielabende, die er mit ehemaligen Genossen verlebte, hatten ihm die Nazis immer wieder Steine in den Weg gelegt.

»Das stimmt nicht, Vati«, griff Marta den Einwand ihres Vaters auf, nachdem sie sich seine Situation noch einmal durch den Kopf hatte gehen lassen. »Ganz sicher mache ich dir keine Vorwürfe.«

»Ach, was weißt denn du?« Walter Rielke wandte sich mürrisch ab und begann seine Tabakpfeife zu stopfen.

»Liebling, jetzt bist du aber ungerecht«, entgegnete Mutter Rielke scharf, die sich vom Tisch erhoben hatte und Marta Wein nachschenkte.

»So?«, murmelte er, als er die Pfeife entzündete und am Stil saugte.

»Vati, ich bin kein dummes Kind mehr«, sagte Marta mit ernster Miene. Ihre Augen funkelten entschlossen, als sie ihren Vater ansah. »Auch wenn du nicht viel darüber sprichst, kriege ich eine Menge mit. Ich weiß, dass du glaubst, dass Kreisleiter Ahlmann alles dafür tut, dir das Leben schwer zu machen.« Sie zögerte kurz, bevor sie fortfuhr: »Er war doch damals der politische Widersacher und Konkurrent von Opa, oder nicht?« Marta wusste, dass ihr Großvater bis zum Schluss die Gefahr, die von den Nationalsozialisten ausging, unterschätzt und nicht daran geglaubt hatte, dass Danzig überhaupt ins Deutsche Reich eingegliedert werden würde.

»Das war er«, brummte Walter und blies den Rauch seiner Pfeife über den Tisch. Seine Stirn legte sich in tiefe Falten, als er weitersprach: »Und das ist er immer geblieben, auch nachdem mein Vater 1938 seinen Herzinfarkt erlitten hat, an dem der braune Bock nicht wenig Anteil hat.«

»Reg dich bitte nicht so auf, Walter«, sagte Martas Mutter beschwichtigend und streichelte ihrem Mann über die Hand, die er aber umgehend wegzog.

»Und seitdem büße ich für meinen Vater, und deswegen hat Ahlmann auch entschieden, dich nach Ostpreußen in Richtung der Russen zu schicken.« Walter schüttelte den Kopf. »Oder kennst du noch andere Mädchen, die dorthin abkommandiert worden sind?« Er schnaubte verächtlich. »Das, was wir erleben, ist Sippenhaft und Terror.«

»Zwei meiner ehemaligen Klassenkameradinnen machen sogar Telefondienst bei einer Großkampfbatterie in Königsberg«, erwiderte Marta leise.

»Wahrscheinlich haben die auch unangenehme, nicht NSDAP-konforme Eltern.«

Es gelang Marta, den Impuls zu unterdrücken, noch etwas auf den sarkastischen Kommentar ihres Vaters zu antworten. Nach einigen unangenehmen Momenten der Stille unterbrach schließlich Herta Rielke das Schweigen am Weihnachtstisch.

»Soll ich den Mohnpielen holen?«, fragte sie freudig. »Ich denke, es ist Zeit für etwas Süßes. Es ist doch Weihnachten.«

»O ja«, rief Marta mit einem Hauch von Erleichterung in der Stimme, das Thema wechseln zu können. »Da habe ich mich den ganzen Abend drauf gefreut.«

KAPITEL 4

Die Flucht

Der 2. Januar 1945 war ein grauer, kalter Wintertag. Am frühen Morgen begleiteten ihre Eltern Marta zum vertrauten Danziger Hauptbahnhof. In der Nacht hatte Marta ihren Vater zum ersten Mal bitterlich weinen gehört. Seine Augen waren geschwollen und gerötet. Auch ihrer Mutter waren die Sorgen deutlich anzusehen. Marta trug ihren besten Wintermantel, dessen Kragen sie eng um den Hals zugezogen hatte, um sich vor der beißenden Kälte zu schützen. Auf der Plattform stellte Marta ihre Tasche ab, in der sie ihr gesamtes Reisegepäck verstaut hatte – ein paar warme Kleidungsstücke, etwas Proviant, ihre Dokumente und ein Fotoalbum ihrer Liebsten. Ihr Vater Walter stellte Martas blank geputzte Arbeitsstiefel, die er für sie getragen hatte, ab und schritt dann unruhig auf und ab, die Hände tief in den Taschen seiner abgewetzten Hose vergraben. Marta hörte ihn vor sich hin nuscheln: »Zu den Russen? Das kann einfach nicht gut gehen! Diese verdammten Nazis.«

Marta ging auf ihn zu und legte ihm beschwichtigend die Hand auf den Arm. »Vati, bitte mach dir keine Sorgen. Ich werde auf mich achten, das verspreche ich. Das habe ich doch von dir gelernt.«

Herta Rielke nickte bestätigend, doch Tränen glitzerten nun auch in ihren Augen.

Als kurz darauf das Pfeifen der Lokomotive ertönte und der Zug langsam in den Bahnhof einfuhr, spürte Marta einen dicken Kloß in ihrem Hals. Die Zeit des Abschieds war gekommen. Walter schluchzte einmal laut auf, nahm seine Tochter fest in seine Arme, hielt sie, als wollte er sie nie loslassen. »Pass auf dich auf, mein Mädchen«, flüsterte er mit brechender Stimme. »So wie ich es dir beigebracht habe.«

Herta umarmte Marta ebenfalls schluchzend, bevor sie sich mit einem letzten sehnsüchtigen Blick von ihrer Tochter verabschiedete. »Gott beschütze dich, wir sehen uns bald wieder.«

»Ganz sicher, Mutti«, sagte Marta, schulterte ihre Tasche, nahm ihre Schuhe und stieg in den Zug. Als sie sich ins Abteil gesetzt hatte, kullerten ihr Tränen über die Wangen, weil sie sich selbst nicht mehr sicher war, ob sie ihre Eltern wirklich je wiedersehen würde. Doch diesen Zweifel hatte sie ihnen gegenüber natürlich nie geäußert.

Im Lager des Reichsarbeitsdienstes der weiblichen Jugend in Allenstein lebte Marta mit insgesamt einundzwanzig anderen Arbeitsmaiden zusammen, die als Wehrmachtsbehelfspersonal verschiedenen Stellungen zugewiesen wurden. Sie kam zur schweren Heimat-Flak-Abteilung 228/I., die inmitten einer kargen, schneebedeckten Landschaft lag. Rund um die Stellung hatten die Soldaten Schützengräben ausgehoben und Sandsäcke aufgeschichtet. In der Mitte der Stellung ragten die massiven Geschütztürme in den grauen Himmel. Ständig waren die Männer damit beschäftigt, sie zu warten, Munition heranzuschaffen und Übungen auszuführen. Neben den Geschützen befanden sich die Unterkunftsbaracken, in denen die Soldaten und Flakhelfer hausten. Als Marta hier ankam, war die Stimmung zwiegespalten. Zwar hatte die Flak in den vergangenen Wochen immer wieder feindliche Flugzeuge vom Himmel geholt, war aber selbst noch nicht getroffen worden. Viele der Männer waren bereits im fortgeschrittenen Alter oder körperlich angeschlagen. Sie sprachen kaum miteinander, sondern saßen stumm beieinander, den Blick in die Ferne gerichtet. Es war nicht zu überhören: Sie erwarteten, überrollt zu werden. Ganz anders erlebte Marta die fünfzehnjährigen ostpreußischen Flakhelfer, die es kaum abwarten konnten, ihre Granaten auf die anstürmende Sowjetarmee abzufeuern. Unabhängig von Alter und Aufgabe vereinte die Soldaten allerdings eine Verachtung für den Führer – eine Tatsache, die Marta verblüffte. Sie würden aus Pflichtgefühl und aus Sorge um ihr Heimatland kämpfen, verrieten ihr die Jungen und Männer, die sie wegen Erkältungen, Atemwegserkrankungen oder Durchfall behandelte. Es könnte nur die Ruhe vor dem Sturm sein, dachte Marta, die sich noch einmal in ihre Bücher über Splitterverletzungen und Verbrennungen vertiefte, um für den Ernstfall gewappnet zu sein. Dass dieser bald eintreten würde, bemerkte sie am Donnergrollen, das sie jetzt eindeutig vom Wetterphänomen zu unterscheiden vermochte. Mit jedem Tag wurde es lauter und durchdringender. Der Krieg kam zu ihnen. Wenn es so weit sei, müsse sie unbedingt rechtzeitig verschwinden, mahnten sie eines Tages die Kindersoldaten Wolfgang und Ernst, als sie sich ihre Vitaminbrause bei Marta abholten.

»Das kann ich nicht«, sagte sie. »Auch ich habe eine Pflicht.«

»Sie müssen, Schwester«, sagte Wolfgang.

»Sie wissen doch, was die Russen in Nemmersdorf gemacht haben.«

»Nemmersdorf?«, fragte Marta und zuckte mit den Schultern. »Ich weiß nichts darüber.« Sie log, weil sie dies nicht schon wieder als Argument gegen ihren Einsatz hören mochte.

»Oktober 1944«, sagte Ernst. »Die Schweine sind über die Grenze gekommen und haben Gumbinnen überfallen. Sie haben Frauen vergewaltigt und eiskalt umgebracht.«

»Und Kindern die Köpfe eingeschlagen, Säuglinge ertränkt.«

»Quatsch. Das ist doch Propaganda.«

»Schwester, Sie sollten besser glauben, was wir Ihnen sagen.«

Dass Marta und die anderen Maiden die Schreckensgeschichten nicht glaubten, dafür tat ihre Reichsarbeitsführerin Lieselotte Balduhn alles. Die siebenundfünfzigjährige ehemalige Lehrerin aus Tilsit war eine glühende Nationalsozialistin, die keine Zweifel an der Stärke des Deutschen Reiches duldete. Ihre Züge wirkten verhärmt und verbraucht, tiefe Falten gruben sich in ihre Stirn. Ihre lichten Haare hatte sie stets zu einem strengen Knoten gebunden. Morgens schon schallte ihre schrille Stimme durch den Schlafsaal, während sie ihre Hände in die Hüften stemmte, über der sie eine einfache graue Uniform trug, die an den Ärmeln mit Rangabzeichen geschmückt war: »Aufstehen, ihr faulen Gören. Der Führer braucht euch an der Front! Also macht, dass ihr auf die Posten kommt!«

Bei gemeinsamen Abendessen, während denen die verbitterte Ostpreußin zwischen den Bänken hin- und hermarschierte, ließ sie keinerlei privaten Unterhaltungen, die sich nicht auf das Erreichen des Endsieges drehten, zu. Dabei blitzten ihre Augen stets wachsam hinter einer rahmenlosen Brille, als würde sie ständig nach Anzeichen von Schwäche oder Zweifel bei ihren Untergebenen Ausschau halten. Immerzu pries sie die Stärke der deutschen Waffen und die Unbesiegbarkeit der Wehrmacht an. Für alle Maiden, die den Alltag wie Marta kannten und deutlich die Zeichen des Zusammenbruchs vor Augen hatten, war das blanker Hohn, doch natürlich widersprach niemand der Führerin. Marta hörte ihre Worte mit wachsendem Unbehagen. Sie spürte die Angst und Verunsicherung ihrer Kameradinnen, vor allem, nachdem alle in ihren Betten lagen und sich in den Schlaf wimmerten. Jede Nacht bekam ein anderes Mädel einen nervlichen Zusammenbruch, wenn die Artillerie zu schießen begann, und begann dann laut zu weinen. Sie versuchten sich gegenseitig zu trösten und Mut zuzusprechen. Andere resignierten schon so wie die Apothekertochter Irmgard, die zwei ihrer drei Zyankali-Kapseln gegen ein Höchstgebot an Zigaretten versteigerte. Die Besitzerinnen des Giftes schworen sich darauf ein, die Kapseln zu schlucken, sobald sie dem ersten Russen begegneten.

Marta selbst zog es vor, nur das Nötigste mit ihren Kameradinnen zu sprechen. Sie wollte die Unruhe und Verunsicherung, die von ihnen ausging, nicht auch noch an sich heranlassen. Ihre Bettnachbarin Eva tat dies noch drastischer. Sie sprach kein Wort, weinte nicht und beschwerte sich nicht – ganz so, als sei sie von all dem, was um sie herum geschah, völlig unberührt. Marta hatte ein paarmal versucht, mit ihr ins Gespräch zu kommen, doch auch ihr zeigte Eva, von der Marta nur wusste, dass sie ihren Dienst in einem Munitionslager verrichtete, die kalte Schulter. Aber abends hörte sie sie manchmal unter ihrer Bettdecke etwas vor sich hin flüstern. Es klang so, als erzählte sie sich selbst Geschichten. Manchmal sprach sie zu jemandem, den sie *Miraculo* nannte, doch außer ein paar Wortfetzen konnte sich Marta daraus nichts zusammenreimen. Vielleicht war es eine Art Beruhigungsmethode, möglicherweise war sie aber auch einfach verrückt geworden. Auf jeden Fall war Eva sehr hübsch und hatte wie Marta selbst lange rote Haare. Sie beide waren schon allein wegen dieser genetischen Besonderheit prädestiniert für die Außenseiterrolle. Doch nur Eva traf die volle Härte der Gruppe, denn die anderen Kameradinnen hielten Evas Verhalten für arrogant und herablassend. Der Eklat kündigte sich an, als eines Abends die korpulente, ohnehin streitlustige Gertrud, die in einer Großküche der Wehrmacht arbeitete, sich, nachdem die Lichter im Saal ausgeschaltet waren, vor Evas Bett aufbaute.

»Du Diebin!«, fauchte sie Eva an. »Wo hast du meine Wurst versteckt?«

Gertrud war eine korpulente, streitlustige Frau, deren Beschuldigungen Marta als schäbig empfand. Sie sah, wie einige der anderen Mädchen, die aufgestanden waren und sich ebenfalls um Evas Bett aufbauten, ihre Anschuldigungen noch anfeuerten, ihre Blicke voller Verachtung auf Eva gerichtet.

Eva hingegen rührte sich nicht, sondern starrte die Köchin nur stumm von ihrer Matratze aus an. Das schien die aufgebrachte Gertrud nur noch mehr zu reizen. »Ich weiß, dass du sie genommen hast! Gib sie sofort wieder her, du miese Ziege!«

»Ja, genau! Sie hat sie bestimmt geklaut!«, rief Ulla. »Wir wissen doch alle, dass sie sich für was Besseres hält!«

Marta spürte, wie sich Mitgefühl in ihr regte. Eva tat ihr leid, wie sie da völlig ausdruckslos in ihrem Bett lag und die Anfeindungen über sich ergehen ließ. Offenbar hatte sie nicht die Kraft oder den Willen, sich zu wehren. Für einen kurzen Moment überlegte sie, dazwischenzugehen und Gertrud zur Räson zu bringen. Sie ließ aber davon ab, weil sie befürchtete, dass sie damit die Meute gegen sich aufbringen würde.

»Ich werde dich dafür büßen lassen!«, drohte Gertrud, bevor sie wieder davonstapfte.

In Marta breitete sich ein mulmiges Gefühl aus. Sie ahnte, dass dies erst der Anfang sein würde und fragte sich, ob sie bei einer erneuten Attacke gegen ihre Bettnachbarin weiterhin ruhig bleiben könnte.

Am nächsten Tag holten Marta ganz andere Probleme ein. Die im Dauerfeuer schießende sowjetische Artillerie war ganz in der Nähe. Während ihrer Mittagspause lehnte sie an einem Stapel Munitionskisten, die sie überragten. Sorgenvoll blickte Marta in Richtung Osten, wo in einigen Kilometern Entfernung Blitze durch den Himmel zuckten. Ihre roten Haare quollen unter ihrer Mütze hervor. Der weiße Kittel, den sie über ihrer Reichsarbeitsdienst-Uniform festgezurrt hatte, flatterte im Wind.

Neben ihr stapfte Lew, ein russischer Zwangsarbeiter ihrer Stellung, der für den Transport der Munition zuständig war, durch den Schlamm. Marta schätzte ihn auf Anfang vierzig. Lew war ein kräftiger Mann mit kantigen Gesichtszügen und tiefen Furchen, die seine Stirn durchzogen. Sein graues Haar war zerzaust, und die Kälte hatte seine Wangen rot gefärbt. Trotz dieser verwegenen Erscheinung hatten seine Augen einen bemerkenswert sanften Ausdruck, der Marta jedes Mal überraschte, wenn sie ihm begegnete. Ein paar Worte hatten sie bereits ausgetauscht, daher wusste sie, dass er Deutsch verstand. Marta zögerte einen Moment, dann nahm sie all ihren Mut zusammen und trat zu ihm. »Lew, hast du eine Zigarette für mich?«, fragte sie.

Der Zwangsarbeiter lachte. »Ich habe Machorka. Für mich ist das eine Zigarette, für dich sicherlich nicht. Hol dir doch besser eine Filterzigarette von den Männern drinnen.«

»Machorka?«, fragte Marta erstaunt.

»Russischer Tabak, minderwertig, aber gut.«

»Dann will ich ihn probieren. Rauchst du eine mit mir?«

»Na gut«, sagte Lew, kam zu ihr herüber und zog ein Etui aus seiner Manteltasche. Darin erkannte Marta zusammengerolltes Zeitungspapier. Lew nahm eine der selbstgedrehten Zigaretten, gab eine Marta und steckte sich dann selbst eine an. Er hielt ihr das Sturmfeuerzeug entgegen. »Wirklich?«

Marta nickte, nahm die Zigarette zwischen die Finger und beugte sich vor, um die Flamme zu erreichen. Der Wind wehte kalt über die Stellung und trug den beißenden Geruch des brennenden Machorka zu ihr. Sie zog vorsichtig an der Kippe und merkte sofort, wie kratzig und scharf der Rauch war. Ein Hustenreiz stieg in ihr auf, aber sie unterdrückte ihn und zwang sich zu einem Lächeln.

»Nicht schlecht«, sagte sie heiser und ließ den Rauch langsam aus ihren Lungen entweichen. »Obwohl, ja, ziemlich stark.«

Lew lächelte sanft und nahm einen tiefen Zug. »Gewöhnungssache«, meinte er und ließ den Blick über das östliche Schlachtfeld schweifen, wo die Blitze der Artillerie die Dämmerung durchbrachen.

Sie standen eine Weile schweigend da, jeder in seine Gedanken vertieft. Marta fühlte, wie die Spannung, die sie den ganzen Vormittag über gespürt hatte, ein wenig nachließ. Es war eine seltsame Art von Trost, hier mit Lew zu stehen, einem Mann, der ebenso sehr von diesem Krieg gefangen war wie sie.

Schließlich brach Marta das Schweigen. »Lew, ich muss dich etwas fragen.« Ihre Stimme war leise, fast ein Flüstern. »Diese Geschichten, die man uns erzählt … von den Gräueltaten der Russen … Sind sie wahr?«

Lew seufzte tief und nahm einen langen Zug von seiner Zigarette. »Nicht alle«, begann er und blickte auf den Boden. »Ich bin Russe. Ich habe Familie, Frau und Kinder in Moskau. Ich … ich würde nie so was tun.« Er sprach langsam, suchte nach den richtigen Worten. »Aber Stalins Armee … viele Männer sind nicht ausgebildet, sind Söldner. Sie trinken, wissen nicht, was tun. Sie sind gefährlich. Krieg macht Menschen böse. Sie vergessen, dass sie Menschen sind.«

Martas Augen weiteten sich vor Entsetzen. »Aber warum? Warum tun sie das?«

Lew zuckte mit den Schultern und sah ihr in die Augen.

»Aber nicht alle Russen sind schlecht. Echte Russen, wie ich, wir tun das nicht. Wir sind Menschen wie ihr.«

Marta nickte, ihre Augen glänzten feucht. »Ich habe solche Angst, Lew. Was, wenn sie hierherkommen? Was wird dann aus uns?«

Lew nahm einen weiteren Zug von seiner Zigarette und blickte sie ernst an. »Du musst fliehen, Marta. Bevor es zu spät ist. Ich habe gehört, der Angriff wird nicht mehr lange auf sich warten lassen, vielleicht morgen. Du musst dringend weg.«

Tränen stiegen Marta in die Augen. »Aber ich kann nicht. Flucht ist verboten. Und was ist mit den anderen? Mit dir?«

Lew legte eine Hand auf ihre Schulter, fest und mitfühlend. »Ich kann nicht fliehen. Aber du hast eine Chance. Du musst sie nutzen. Für dich, für deinen Vater.«

Marta sah ihn an, die Tränen liefen ihr jetzt unaufhaltsam über die Wangen. »Mein Vater … er ist so besorgt um mich. Er verflucht Hitler und diesen Krieg. Ich hasse diesen Rassenwahn. Denkst du, dass ich dich als Untermensch sehe?«

Lew schüttelte den Kopf. »Nein, Marta. Du behandelst mich als Mensch. Das ist genug.« Er drückte ihre Hand und schenkte ihr ein aufmunterndes Lächeln. »Dein Vater hat recht. Dein Platz ist nicht hier, nicht inmitten des Krieges. Geh, Marta. Geh und lebe.«

In diesem Moment fühlte Marta, wie eine tiefe Verbundenheit zwischen ihr und Lew entstand, trotz der Gräben, die der Krieg zwischen ihren Nationen aufgerissen hatte. Sie wusste, dass sie eine Entscheidung treffen musste, und sie wusste, dass Lew recht hatte: Der Krieg machte Menschen zu Feinden, die eigentlich keine sein mussten.

Lew hatte keinen Grund zu lügen, und daher waren seine Worte ein dringlicher Weckruf. In den darauffolgenden Tagen fiel es Marta schwer, sich auf ihre Aufgaben zu konzentrieren. Der Lärm der Artillerie war zu einem stetigen Begleiter geworden. Die Männer in der Stellung sprachen weniger, ihre Blicke waren in die Ferne gerichtet, als könnten sie das Unausweichliche am Horizont erkennen.

»Du solltest nicht wiederkommen«, sagte Lew ihr am 19. Januar, als Marta sich mittags erneut zu ihm gesellte, um eine zu rauchen. Diesmal brachte sie zwei Filterzigaretten mit. Lew nahm eine davon dankbar entgegen. »Sie sind bald da«, sagte er, nachdem er die Kippe gierig halb aufgeraucht hatte. »Übermorgen, vielleicht früher. Ich rieche das.«

Marta vertraute ihrem Gehör, der Stimmung in der Stellung und glaubte Lews Einschätzung. Doch welche Schlussfolgerung sollte sie daraus ziehen? Sie konnte schließlich nicht einfach abhauen, würde sich strafbar machen und harte Konsequenzen zu befürchten haben.

Als ob auch ihre Reichsarbeitsführerin das drohende Unheil ahnte, weckte sie ihre Maiden am nächsten Morgen eine Stunde früher und verdonnerte sie zu einem Waldlauf, damit sie alle frisch blieben, wie sie betont hatte. Während des Laufes durch den verschneiten Wald fielen Marta plötzlich laute Rufe und Schreie auf. Sie rannte schnell in die Richtung, aus der sie kamen, und entdeckte zu ihrem Entsetzen, wie Gertrud und einige andere Mädel wie besessen auf Eva einschlugen.

»Du verdammte Diebin! Du hast es schon wieder getan! Jetzt wirst du dafür bezahlen!«, hörte Marta Gertrud wüten, während die anderen Mädchen Eva mit Fäusten und Tritten traktierten. Ohne zu zögern, stellte sich Marta schützend vor ihre Bettnachbarin. »Hört auf damit! Lasst sie in Ruhe!« Marta schnappte sich einen Ast und stürmte damit auf Gertrud zu.

»Das geht dich nichts an, die hat es verdient!«, rief die Köchin, während sie nach hinten wich.

Marta ließ sich nicht beirren, packte den Ast mit beiden Händen und setzte zu einem Hieb an. »Verschwinde, oder ich schlag dir den Schädel ein. Dann müssen das die Russen nicht tun. Wir sind sowieso bald alle tot.« Sie drehte sich zu den anderen Mädeln um. »Hört doch mal hin. Die Maschinengewehre feuern. Sind das nicht schon Panzerketten? Mensch, die opfern uns hier alle.«

»Komm, Gertrud, wir machen uns vom Acker«, rief Ulla, zog die Köchin weg und lief mit ihr und den anderen weiter.

Vorsichtig half Marta der verletzten Eva auf die Beine. Sie schwankte leicht, doch ihre Augen blickten nun nicht mehr starr ins Leere, sondern trafen Martas Blick.

»Danke, dass du dazwischengegangen bist«, sagte Eva mit leiser, aber fester Stimme, während sie sich mit dem Handrücken Blut von der Nase wischte. »Ich weiß das wirklich zu schätzen. Nicht nur heute, du bist die Einzige, die Mumm hat.«

Marta war überrascht, Eva plötzlich sprechen zu hören. »Ich konnte doch nicht tatenlos zusehen, wie sie dich zusammenschlagen.«

»Dann wirst du wohl auch nicht tatenlos zusehen wollen, wie die Russen über uns herfallen.« Eva zögerte kurz, bevor sie weitersprach: »Ich habe einen Plan, Marta. Ich haue heute Nacht ab, ich lasse mich nicht schänden und töten.«

»Ich verstehe«, antwortete Marta. »Ich meine, ich verstehe nicht. Wie willst du das machen? Wo willst du hin?«

»Möchtest du mit mir kommen?«, fragte Eva und wartete keine Antwort ab. »Also, die Nazis haben allen Allensteinern verboten zu fliehen, deswegen wird auch die Reichsarbeitsführerin keine Erlaubnis zur Flucht erteilen, worauf ja einige von unseren naiven Kameradinnen vertrauen. Aber der Landrat ignoriert den Befehl, habe ich heute gehört. Morgen früh sollen Züge gen Westen abfahren.«

Marta nickte. »Das ist gut. Es gibt also noch Menschen mit Verstand.«

»Wir schleichen uns raus, bevor es hell wird«, sagte Eva.

»Das kann uns den Kopf kosten.«

»Der ist doch erst recht verloren, wenn wir es nicht wenigstens versuchen.«

Marta überlegte. »Das ganze Haus ist nachts abgeschlossen und verriegelt, damit genau so was nicht passiert, dass welche abhauen.«

»Ich habe an alles gedacht«, antworte Eva. »Keine Sorge ich habe den Ersatzschlüssel.«

»Den Ersatzschlüssel?« Marta konnte es nicht glauben. »Wie bist du da drangekommen?«

»Willst du das wirklich wissen?«

»Ja!«

»Ich habe dem alten Hausmeister Fritzl meine blanken Brüste gezeigt, hinten im Schuppen. Und er durfte beide einmal anfassen, für eine halbe Minute.«

»Ach, du meine Güte.«

»Ich würde sagen, das war für mich die weitaus erträglichere Variante. Ich glaube nicht, dass sich die Russen dabei so zaghaft anstellen und sich an eine von mir festgelegte Zeit halten würden. Also, was ist, kommst du mit?«

»Ich bin dabei«, sagte Marta entschlossen.

Eva lächelte erleichtert. »Darüber freue ich mich wirklich. Ich möchte nicht, dass du in all diesem Wahnsinn stirbst.« Sie legte Marta die Hand auf den Arm. »Wir müssen ganz leise sein und alles ganz genau planen. Packe deinen Rucksack zusammen, aber nimm nur das Allernötigste mit. Und behalte deine Kleidung unter deinem Nachthemd an – das wird uns auf der Flucht helfen.«

Marta nickte. »Das schaffe ich. Ich bin bereit, was immer auch kommen mag. Nur weg von hier!«

Eva drückte Martas Hand dankbar. »Wenn wir erst mal draußen sind, nehmen wir die Drahtesel und fahren auf dem schnellsten Weg nach Allenstein. Dort gibt es hoffentlich noch einen sicheren Ort für uns.«

Marta spürte gleich, wie die Anspannung in ihr wuchs, sich aber gleichzeitig auch eine gewisse Erleichterung in ihr ausbreitete. Sie würden sich auf ein gefährliches Wagnis einlassen – aber es war ihre einzige Chance, dieser Hölle zu entkommen.

»Am besten sollten wir heute nicht mehr zusammen gesehen werden«, sagte Eva. »Allein schon, um nicht gleich wieder den Zorn von Gertrud auf uns zu ziehen. Ich würde sagen, du gehst vor.«

»Abgemacht.«

Behutsam lösten sie sich voneinander. Eva nickte Marta noch einmal ermutigend zu, bevor diese sich zurückzog.

Die Nacht lag noch dicht und schwarz über dem Reichsarbeitsdienstlager, als Eva und Marta sich leise aus ihren

Betten erhoben und ihre gepackten Rucksäcke darunter hervorzogen. Vorsichtig schlichen sie durch den Schlafsaal, in dem ihre Kameradinnen reglos schliefen.

Eva ging vor Marta her und hielt den Schlüssel fest umklammert. Jedes noch so kleine Geräusch ließ Marta zusammenzucken. Gebückt huschten sie durch die dunklen Gänge. Als sie an der großen Holztreppe angekommen waren, erstarrten sie vor Schreck. Direkt hinter ihnen hatte jemand gehustet. Marta drehte sich um und sah die schattigen Umrisse der dicken Gertrud, die in ihrem blau-weiß karierten Schlafrock kaum zwei Meter von ihnen entfernt stand.

»Habe ich's mir doch gedacht«, zischte sie leise. »Die Feiglinge wollen abhauen.« Sie lachte. »Was würde der Führer dazu wohl sagen? Und was Frau Balduhn erst?«

Marta und Eva schauten sich gegenseitig an. Was sollten sie jetzt tun? Sie saßen in der Falle. Marta richtete sich darauf ein, Gertrud überwältigen zu müssen, und ballte ihre Fäuste. Doch Gertrud überraschte sie.

»Vom Führer halte ich selbst nichts, wie ihr wisst«, flüsterte sie. »Aber das spielt auch keine Rolle. Ich hasse euch beide und könnte jetzt laut Alarm schlagen …«

Gertrud schwieg und sah die beiden eindringlich an. Martas Herz schlug ihr bis zum Hals. »… aber ich werde es nicht tun«, fuhr Gertrud fort. »Und wisst ihr, warum? Weil ich euch und eure abartige Arroganz nicht ausstehen kann und mir das ganz recht ist, wenn ihr euch vom Acker macht.«

Eva nickte, und Marta entspannte sich augenblicklich, doch beide verharrten in ihrer Position.

»Haut schon ab«, sagte Gertrud nun deutlich lauter. »Bevor ich es mir anders überlege.«

»Danke«, wisperte Marta, und dann rannten sie die Treppe so leise wie möglich hinunter. Ohne weitere Verzögerung liefen sie zur Tür, und Eva schloss auf. Draußen stieß ihnen Eiseskälte entgegen. Sie rannten zu ihren Fahrrädern, schwangen sich darauf und traten in die Pedale.

Doch kaum hatten sie ein paar Hundert Meter zurückgelegt, leuchtete plötzlich Licht im Fenster von Reichsarbeitsführerin Balduhns Quartier auf. Panik stieg in Marta auf, die sie dazu bewog, noch schneller zu strampeln. Dabei verlor sie an einer unebenen Stelle die Kontrolle über ihren Lenker. Mit einem lauten Aufschrei stürzte sie zu Boden.

Eva hielt sofort an und eilte zu ihrer Freundin. »Komm, Marta, wir müssen weiter!«, drängte sie. Ein weiterer Lichtschein vom Lager flammte in der Dunkelheit auf. Eilig half Eva ihrer Kameradin wieder in den Sattel, und beide machten sich davon, ohne sich noch einmal umzublicken. Nun würde sie niemand mehr aufhalten können.

Gegen die klirrende Kälte hatten sie zwei Garnituren Kleidung übereinandergezogen und ihre Tornister, gefüllt mit den wichtigsten Habseligkeiten, auf den Rücken geschnallt. Eine halbe Stunde brauchten sie, um über die vereisten Straßen bis nach Allenstein zu gelangen, wo sie völlig durchgefroren am Bahnhof ankamen, als die ersten Sonnenstrahlen den Himmel erhellten. Als Marta die vielen Frauen, Kinder und Greise sah, die aus allen Gassen mit ihren Wagen und Koffern in Richtung der Bahnstation drängten, war sie zunächst erleichtert, denn das bedeutete, dass Eva recht gehabt hatte und tatsächlich ein Zug für Zivilisten angekündigt worden war. Doch im Bahnhofsgebäude, wo sich die Flüchtlinge dicht gedrängt gegen die Bahnsteige schoben, wich Martas Erleichterung einer lähmenden Ernüchterung. Tausende quetschten sich zu den Waggons, kaum merklich lichteten sich die Reihen, wenn die Soldaten, die die Eingänge bewachten, die Menschen in Etappen in den Zug ließen. Nur wenige Augenblicke später schoben sie die Wartenden schon ruppig zurück ins Gedränge, trennten Familien, rissen schreiende Kinder von ihren Eltern fort. Von überallher drangen Vornamen und Hilferufe an Martas Ohr. »Da kommen wir nie rein«, sagte sie. »Das sind einfach viel zu viele.«

»Wir müssen ausharren«, antwortete Eva, die sich an Martas Mantel festhielt. »Wir haben keine andere Wahl.«

Marta und Eva standen mehrere Stunden an, konnten aber nicht zu den Zügen gelangen, die schließlich ohne die Freundinnen den Bahnhof verließen. Erschöpft und entmutigt ließen sie sich in einer Ecke am Rand der Halle auf einem freien Fleck nieder. Eva schnallte ihren Tornister ab und zog vorsichtig zwei große in Papier eingewickelte Stücke Mettwurst heraus. Das eine Stück reichte sie Marta.

»Wo hast du denn die her?«

»Na, was glaubst du wohl?«

»Du bist so gerissen. Ich hätte es mir denken müssen.«

Für einen kurzen Moment lachten beide Mädchen, ließen sich die Wurst schmecken, lauschten danach wieder angstvoll dem Donnern der immer näher rückenden Artilleriegeschosse. Bei jeder Explosion vibrierten die Steine, auf denen sie kauerten. Bald stellten sie fest, dass immer mehr Flüchtlingsfamilien resignierten und den Bahnhof wieder verließen. Die Menschen fluchten und weinten. Ein älterer Herr trieb seine Enkelkinder an: »Wir müssen zurück zum Haus in den Luftschutzkeller.« Andere riefen: »Wir sind hier nicht sicher.«

»Es wird kein Zug mehr kommen.«

»Sie haben uns aufgegeben.«

»Wir bleiben«, sagte Eva, deren Kopf erschöpft auf Martas Schulter gesunken war. »Ein Zug wird noch kommen. Einer noch.«

»Du hast recht. Was bleibt uns anderes übrig?«

Die Wucht der Explosion warf die Mädchen, die irgendwann sitzend auf ihren Tornistern eingeschlafen waren, um. Marta schreckte hoch, ihr Herz raste. Staub und Rauch erfüllten die Luft. Ihr Blick fiel auf reglose Gestalten, die über die Plattform verstreut unter Trümmern, zwischen Koffern und zerstörten Handwagen lagen. Als sie nach oben sah, bemerkte sie, dass ein Teil des Dachs eingestürzt war. Dann rannte die Menge auf sie zu. Mütter mit Säuglingen auf dem Arm, rußverschmierte alte Männer, nun auch Soldaten. Marta sah das blanke Entsetzen in den Gesichtern der Menschen. Sie drehte sich in die Richtung, in die sie liefen, und erkannte an dem aufsteigenden Dampf in der Ferne einen einfahrenden Zug.

»Eva, komm schnell!«, rief Marta und griff blindlings nach ihrer Freundin. Doch als sie sich umsah, konnte sie Eva nirgendwo mehr entdecken. »Eva, Eva!«, schrie sie verzweifelt, doch ihr Ruf ging im Tumult unter.

In diesem Moment wurde Marta jäh umgerissen. Menschen trampelten einfach über sie hinweg, trieben sie mit sich fort. Marta spürte, wie die Angst sie zu übermannen drohte.

Mit größter Anstrengung kämpfte sie sich wieder auf die Beine. Nur noch eines zählte – sich in Sicherheit zu bringen. Ohne ein weiteres Mal nach Eva Ausschau zu halten, rannte Marta den anderen Flüchtlingen hinterher. Sie rannte so schnell sie konnte, als der Zug langsam am Bahnsteig einfuhr. Die Panik der Flüchtenden war zum Zerreißen gespannt – Menschen drängten sich an den Türen und Fenstern, versuchten, an Bord zu kommen. Verzweifelte Gestalten stießen und schoben sie, rissen an ihren Kleidern, um selbst einen Platz zu ergattern.

»Lasst mich durch!«, schrie Marta aus Leibeskräften. Mit Ellbogen und Fäusten bahnte sie sich einen Weg, schubste gnadenlos jene beiseite, die ihr im Weg standen. Endlich erreichte sie einen der Einstiege. Doch auch dort war die Situation chaotisch – zu viele Menschen quetschten sich gleichzeitig durch die Türen, stießen und traten sich gegenseitig. Marta spürte, wie ihre Lungen nach Luft rangen, doch sie ließ sich nicht beirren. Mit letzter Kraft stemmte Marta sich gegen die Menschenmenge und zwängte sich in den Waggon hinein. Ihr Herz raste, als der Zug ruckartig anfuhr und das in Flammen stehende Allenstein zurückließ.

Schwer atmend lehnte sich Marta gegen die Wand des Abteils. Um sie herum weinten und schrien die Flüchtlinge, umklammerten ihre Habseligkeiten, als fürchteten sie, auch noch das letzte Hemd zu verlieren.

Marta schloss die Augen, versuchte, den Lärm auszublenden. Wo mochte Eva sein? Hatte sie den Zug ebenfalls erreichen können? Oder lag sie irgendwo verletzt oder gar tot auf dem zerstörten Bahnsteig? Mit einem Mal überkam Marta eine Welle der Verzweiflung. Sie flehte, dass Eva es ebenfalls geschafft haben möge – doch tief in ihrem Inneren wusste sie, dass sie ihre Freundin verloren hatte.

Eiseskälte kroch unaufhaltsam durch die Ritzen des alten Viehwaggons, in dem Marta saß, eingezwängt zwischen Hunderten fremder Körper. Sie versuchte, die bittere Kälte aus ihren Gedanken zu verbannen, doch sie fraß sich durch die dünnen Sohlen ihrer Schuhe, kletterte ihre Beine hinauf und umklammerte ihre Brust wie eine eiserne Faust. Der beißende Gestank von Urin, Unrat und Schweiß lag so dicht in der dünnen Luft des Waggons, dass Marta meinte, ihn schmecken zu können. Der Geruch war beinahe greifbar, eine widerliche Mischung aus stinkenden Exkrementen und dem scharfen Duft der Angst. Neben ihr hörte Marta das leise, verzweifelte Schluchzen einer Frau, die ihren toten, in eine Decke gehüllten Säugling in den Armen hielt. Mit zitternden Händen streichelte sie über das blau schimmernde Gesichtchen. »Horst, bitte wach doch auf! Wach doch endlich auf!«

Marta spürte einen Stich in ihrem Herzen. Sie wandte den Blick ab, doch überall begegnete sie ausdruckslosen, verängstigten Gesichtern. Menschen weinten, husteten, stöhnten und beteten leise vor sich hin. Sie versuchte, sich zur Ablenkung zunächst auf das monotone Rattern der Zugräder zu konzentrieren, um nicht den Verstand zu verlieren. Dann drückte sie fest die Hände auf ihre Ohren, doch selbst in ihren Gedanken fand sie keine Ruhe. Sie dachte an ihre Eltern, an Danzig – ob sie all das je wiedersehen würde. Hatte Eva den Angriff auf den Bahnhof überlebt? Marta hatte keine Ahnung, wohin der Zug sie bringen würde, und auch nicht die Kraft, darüber nachzudenken oder Pläne zu schmieden, die über den Wunsch nach einem Schluck heißen Tee oder einer wärmenden Decke hinausgingen. Immer wieder fiel sie in den nächsten Stunden in einen Dämmerschlaf, erwachte, wenn der Zug abrupt abbremste oder sobald jemand im Wagen einen Nervenzusammenbruch erlitt. Marta sah sich auf verschiedenen Bahnhöfen wieder, die sie nicht kannte, sie schnappte Städtenamen auf: Thorn, Bromberg, Posen. Wie in Trance ließ sie sich von der Menge mitreißen, schwebte wie ein Blatt im Wind zwischen Gleisen und Waggons hin und her. Bald wusste sie nicht mehr, ob sie träumte oder wach war. Dass sie wieder einmal den Zug gewechselt hatte, bemerkte sie nur, wenn sie aufschaute und die Frauen um sie herum andere waren. Neue Gesichter, neue Geschichten, aber das gleiche Leid, das in ihren Augen lag. »Nehmen Sie.« Marta schreckte hoch. Jemand reichte ihr einen Becher. Sie konnte sich vor Müdigkeit nicht umdrehen. »Wo fahren wir hin?«, fragte sie.

»Nach Dresden«, antwortete eine junge, männliche Stimme.

»Dresden? Träume ich?« Sie erhielt keine Antwort. »Wie lange noch?«

»Nicht mehr lange, wir sind auf dem letzten Abschnitt in Schlesien. Sie müssen etwas trinken. Bitte.«

Marta nahm den Blechbecher, der ihr gereicht wurde, in die Hände und trank ihn in einem Zug aus. Danach fielen ihr wieder die Augen zu.

KAPITEL 5

Martas erste Schicht

Als Marta das nächste Mal die Augen öffnete, blickte sie in das Antlitz einer fremden Frau, die sich über sie beugte und warm lächelte. Zuerst dachte sie an einen Engel, doch als sich ihre Augen Sekunden später an die Lichtverhältnisse gewöhnt hatten, bemerkte sie, dass das Licht, das den Kopf der Frau, die eine Art Haube trug, umhüllte, kein Heiligenschein war, sondern von Glühbirnen abgestrahlt wurde, die an Kabeln aus einer hoch über ihr ragenden Decke hingen. Das Klimpern, das sie im Halbschlaf vernommen hatte, deutete sie jetzt nicht mehr als himmlische Glöckchen, sondern als Geschirr und das andächtige Summen als diffuses Stimmengewirr. Das leise zu vernehmende Husten und Schnarchen zeugte ebenfalls von irdischem Ursprung. Sie roch eine Mischung aus Desinfektionsmittel, gekochtem Essen und viel Menschlichkeit. Sie war am Leben. »Wo bin ich?«, fragte sie. »Was ist passiert?« Marta, die bemerkte, dass sie in eine warme Decke eingewickelt war, schaute an der Fremden, der blonde Haarsträhnen über die Stirn fielen, hinunter und sah dabei ein Emblem des Roten Kreuzes am Kragen ihrer mit Staub befleckten weißen Bluse.

»Sie sind in Dresden, in einem provisorischen Lager am Bahnhof«, erklärte die Frau mit einer freundlichen Stimme, die Geborgenheit ausstrahlte. »Wo Sie herkommen, weiß ich leider nicht. Wir haben Sie aus einem Güterwagen geholt, zusammen mit vielen anderen armen Menschen.« Sie streichelte Marta sanft über den Kopf. »Ich weiß, was Sie durchgemacht haben. Alles wird gut. Ich bin Schwester Monika. Wie heißen Sie?«

»Marta«, antwortete sie. »Ich komme aus Allenstein, eigentlich aus Danzig. Ich … Welches Datum haben wir eigentlich?«

»Ganz ruhig«, sagte Monika. »Wir haben den 26. Januar 1945, und dieser verfluchte Krieg ist noch immer nicht vorbei. Es ist aber gut, dass Sie noch alles wissen. Sie sollten sich nicht überanstrengen.«

»Was ist mit Eva?«

Schwester Monika verstand nicht.

»Ich meine, ist hier eine Eva? Ist eine Eva mit dem Zug angekommen? Eva … Moment den Nachnamen kenne ich ja selbst gar nicht.« Marta merkte in dem Moment, wie unwahrscheinlich es war, dass Eva mit im Zug gewesen sein könnte.

»Beruhigen Sie sich«, sagte Schwester Monika ruhig. »Ich kenne hier leider die wenigsten Menschen mit Vornamen. Es sind viel zu viele. Aber ich kann Ihnen versichern, dass hier jeder irgendwen sucht oder vermisst.«

»Was ist das denn hier genau für eine Einrichtung?«

»Es ist nur eine Auffangstation am Bahnhof. Wir päppeln die Menschen ein wenig auf, dann kommen sie in richtige Flüchtlingslager in der Stadt.« Sie schaute Marta fragend an: »Apropos, möchten Sie mal versuchen, sich aufzusetzen? Ich habe eine warme Suppe für Sie.«

Mit Monikas Hilfe richtete sich Marta von der Pritsche, auf der sie lag, auf. Hinter der Schwester erkannte sie eine zweite, deutlich ältere Frau vor einem Wagen mit einem dampfenden Kochtopf. Als Marta saß, schöpfte diese eine Kelle in den Topf, füllte einen Teller, legte eine Scheibe Weißbrot darauf und reichte ihn ihrer Kollegin, die ihn auf Martas Schoß platzierte. »Vorsicht, heiß«, sagte sie und gab ihr danach einen Löffel in die Hand. Beim Geruch der Graupensuppe lief Marta das Wasser im Mund zusammen, und beim ersten Bissen vom Brot, das sie hastig in die Suppe tunkte, bemerkte sie, wie hungrig sie gewesen war.

»Essen Sie in Ruhe. Ich sehe später wieder nach Ihnen.« Monika ging mit der anderen Schwester einen Platz weiter. Während Marta die Suppe auslöffelte, ließ sie ihren Blick durch den Saal schweifen. Überall um sie herum standen Feldbetten auf dem Boden, auf denen entweder saubere, gefaltete Decken oder schlafende Menschen lagen. Weiter hinten im Raum saßen Frauen in zerschlissenen Kleidern und Mänteln auf Strohsäcken, unterhielten sich und aßen aus den gleichen Tellern wie sie selbst. Einige Kinder spielten auf einer Decke. Schwestern beugten sich über die Flüchtlinge, reichten ihnen Essen an, deckten sie zu oder hatten sich mit auf die Pritschen gesetzt, um ihren Patienten zuzuhören. Am anderen Ende des Saals erkannte Marta Tische, auf denen medizinische Geräte und Verbände akkurat angeordnet waren. Sie kratzte ihren Teller sorgfältig aus, leckte sich sogar die Finger ab und hob ihre Beine wieder auf das Feldbett. Nachdem sie sich zugedeckt und umgedreht hatte, erfasste ihr Blick ein kleines Mädchen, das mit einem rosa Plüschaffen in der Hand auf einem Strohsack saß und sie anlächelte. Marta erwiderte das Lächeln, dann fielen ihr die Augen zu.

»Entschuldigen Sie.« Marta schreckte auf, als sie die fremde Stimme hörte. »Könnten Sie mir wohl eine von Ihren Decken abgeben? Mir ist so kalt.« Neben ihrem Klappbett stand eine alte Frau, die eine Brille trug, die offensichtlich keine Gläser mehr hatte. »Natürlich«, antwortete Marta fast reflexartig. »Bitte setzen Sie sich doch.« Sie erhob sich, setzte die verwirrte Frau auf ihre Pritsche und hüllte sie in eine Decke. »Wie heißen Sie?«

»Frau Rickmer.« Marta erkannte Schwester Monikas Stimme. »Sie sollten doch liegen bleiben. Ihr Bett ist dort hinten bei Ihrem Mann.« Sie kam auf das Feldbett zu und wollte der verwirrten Greisin wieder aufhelfen.

»Lassen Sie mal, Schwester«, sagte Marta. »Frau Rickmer will sich vielleicht einfach mal unterhalten. Ich bringe sie gleich selbst rüber.«

»Das ist sehr lieb von Ihnen, Marta.«

»Ach, Schwester?«, rief Marta, als Monika sich gerade wieder entfernen wollte.

»Ja?«, antwortete diese und drehte sich zu ihr um.

»Mir geht es gut. Ich würde gerne etwas tun.«

»Das brauchen Sie nicht.«

»Ich muss«, sagte Marta. »Ich bin auch ausgebildete Schwester, na ja, eigentlich Hilfsschwester RAD. Ich könnte wirklich unterstützen. Es würde mir sogar sehr helfen, das tun zu dürfen.«

»Wenn das so ist«, sagte Schwester Monika und schenkte ihr abermals ihr warmes Lächeln. »Professionelle Hilfe können wir natürlich immer gebrauchen. Ich melde das bei der Oberschwester und komme dann nachher wieder auf Sie zu.«

»Heidrun«, sagte Frau Rickmer plötzlich. »Hast du die Kühe gemolken?«

Marta lachte. »Ich bin nicht Heidrun. Wer ist sie? Ihre Tochter?«

Erst am kommenden Morgen durfte Marta bei Oberschwester Anneliese vorsprechen. Nachdem sie ihr ihren bisherigen Werdegang und die Tätigkeiten als Hilfsschwester offengelegt hatte, erklärte sich Schwester Anneliese bereit, Marta in einem Behelfslazarett für Wehrmachtsoldaten einzusetzen, das in einem Nebengebäude des Bahnhofs untergebracht war. Über ein hierher verlegtes Gleis kamen in unregelmäßigen Abständen Lazarettzüge von der Front an. Die Aufgabe der hier arbeitenden Schwestern und Ärzte bestand darin, die Verletzten aus den Waggons zu bergen, nach dem Schweregrad ihrer Verwundungen zu selektieren und sie dann für den Weitertransport vorzubereiten. Die Toten wurden von Leichenwagen abgeholt, die Schwerverletzten von Krankenwagen ins Krankenhaus gebracht und die leichter Verletzten auf verschiedene Lazarette in der Stadt verteilt.

Obwohl die anderen Schwestern eindringlich vor den Schrecken gewarnt hatten, die sie erwarten würden, hatte Marta das Grauen, das auf sie zukommen sollte, in dieser Härte nicht vorhergesehen. Eine halbe Stunde bevor Lazarettzug 722, der unmittelbar von der Ostfront kam, eintraf, wurde die Rotkreuzstation informiert. Drei Ärzte und etwa ein Dutzend Schwestern nahmen mit Tragbahren und Rollstühlen vor dem Gleis Aufstellung in Erwartung des Zuges.

Einige Hitlerjungen waren zusätzlich damit beauftragt worden, die Gestelle ins Lazarett zu schieben.

Die Bahngleise vibrierten leise unter der Last des näher kommenden Zuges. Marta stand mit pochendem Herzen auf der Plattform und zog ihren Kittel fester um ihre Taille. Der schwarze Rauch der Lokomotive vermischte sich mit dem grauen Nebel über den Schienen und schuf eine gespenstische Szenerie. Mit einem Zischen und Quietschen kam der Zug zum Stehen, gefolgt von einem Moment unheimlicher Stille. Nur Sekunden später wurden die Türen aufgestoßen, Soldaten sprangen heraus und riefen die Schwestern herbei. Marta half hektisch, einen Verletzten nach dem anderen aus den dunklen Waggons zu hieven und auf eine Bahre zu legen. Die Ärzte warfen flüchtige Blicke auf die vom Kampf gezeichneten Männer in ihren befleckten und zerrissenen Uniformen. Einige schwiegen, andere stöhnten, ein paar schrien laut.

»Tot, nach links!«

»Bereit machen für den Sanka! Neue Drainage.«

»Synkope. Kann warten, nach rechts!«

»Nach links, nach links!«

»Oberschenkelfraktur. Redonflasche wechseln.«

»Morphium, schnell! Infusion.«

»Wird es nicht schaffen!«

Unter Beachtung der Kommandos der Ärzte bemühte sich Marta, die Verwundeten auf die Bahren zu legen, kontrollierte die blutgetränkten Verbände, fühlte nach Pulsen, wischte Schweiß von den blassen Gesichtern und sprach beruhigende Worte. Am anderen Ende des Lazaretts standen Sankas bereit, die jeweils acht Personen transportieren konnten. Während die erfahrenen Ärzte und Schwestern darum kämpften, Leben zu retten und die Verletzten zu stabilisieren, hatte ein junger Assistenzarzt Marta damit beauftragt, sich um die weniger schweren Fälle zu kümmern, die zunächst vor Ort behandelt werden konnten. So begann sie im Akkord damit, Verbände zu wechseln und Wunden zu säubern.

»Ich will nach Hause«, stöhnte ein junger Mann, den Marta auf höchstens sechzehn Jahre schätzte. Seitlich auf der Bahre liegend blickte er sie mit weit aufgerissenen Augen an. »Ich will zu meiner Mutter.«

»Du wirst nach Hause kommen«, beruhigte Marta ihn und reichte ihm ein Glas Wasser. »Wie heißt du?«

»Ich bin Wilhelm. Ich möchte meine Mutter nur noch einmal sehen. So gerne will ich das.«

»Du hast es geschafft, Wilhelm«, sagte Marta sanft. »Mach dir keine Sorgen, deine Mutter wartet bereits auf dich. Du wirst nach Hause kommen.«

»Mutter …«

»Wilhelm, trink einen Schluck!«

Als er das Glas an die Lippen setzte, begann Wilhelm zu husten und zu keuchen. Marta erschrak, als Blut in Strömen auf ihre Schürze spritzte. Der Junge schrie vor Schmerz. »Ich hole schnell einen Arzt«, rief sie, doch Wilhelm hielt sie fest am Arm. »Nein, Schwester, bleiben Sie!«

»Was kann ich denn für dich tun?«

»Mein Bauch schmerzt«, stöhnte er. »Bitte, Schwester, lösen Sie meinen Koppel. Er drückt so fürchterlich, ich halte es nicht mehr aus.«

Marta zog die Decke weg, unter der der Junge lag, und sah einen blutdurchtränkten Verband an seinem Unterleib. Mit beiden Händen löste sie den Gürtel seiner Hose und blickte ihn dabei weiterhin an. »Besser so?«, fragte sie und vernahm ein erleichterndes Aufatmen, gefolgt von einem platschenden Geräusch unter ihren Füßen. Als sie hinunterschaute, sah sie, dass die Eingeweide des Jungen aus seinem Bauch herausgequollen waren. Zähflüssiges Blut ergoss sich in Strömen aus der klaffenden Wunde.

»Nein! Wilhelm!« Marta schrie und rüttelte an dem reglosen Jungen. Seine Augen schienen aber durch sie hindurchzusehen.

»Schwester, helfen Sie mir doch!«, rief ein anderer junger Soldat, den sie zuvor beiseitegeschoben hatte. Marta reagierte nicht, starrte weiter entsetzt in Wilhelms bleiches Gesicht.

»Ahh!« Der Schrei des anderen Patienten war so laut, dass eine Kollegin, die einige Meter entfernt einen Kopfverband wechselte, aufblickte. »Ist alles in Ordnung bei Ihnen, Marta?«, rief sie herüber. »Marta?«

Sie zuckte zusammen. »Ja, ja, alles in Ordnung.« Sie sammelte sich und ging auf den schreienden Soldaten zu.

Am Abend, als alle Verletzten abtransportiert oder versorgt waren, verließen Marta alle Kräfte. Während sie versuchte, aus ihrem Kittel zu schlüpfen, verlor sie das Bewusstsein und musste von ihren Kolleginnen auf eine der Bahren gelegt werden. Als wenig später Schwester Monika vor ihr stand, begann Marta fürchterlich zu weinen und erzählte ihr von Wilhelms letzten Momenten. Die Schwester brachte sie zu ihrem Schlafplatz im Lager für die ankommenden Flüchtlinge zurück. Am nächsten Morgen setzte sich Monika zu Marta auf die Pritsche und reichte ihr eine Tasse dampfenden Kaffee. »Marta«, begann sie sanft zu ihr zu sprechen. »Wir haben uns Sorgen um dich gemacht. Du hast unermüdlich gekämpft, aber wir glauben, dass die Arbeit mit den schwer verletzten Soldaten dich zu sehr belastet.«

»Nein, ist schon in Ordnung«, sagte Marta und trank einen Schluck. »Ich mache weiter.«

»Die Oberschwester und ich haben gestern beschlossen, dass deine Hilfe woanders besser eingesetzt werden kann.«

»Ihr wollt mich loswerden?« Marta schaute Monika vorwurfsvoll an. »Bin ich schuld an Wilhelms Tod? Ich wusste doch nicht, dass …«

»Dem Jungen war nicht mehr zu helfen, er ist von den Ärzten falsch selektiert worden. Das passiert leider im Eifer des Kampfes um Leben. Es sind zu viele, die kommen, und zu wenige, die sie begutachten können. Das geschieht hier täglich und nicht nur bei uns. Du trägst überhaupt keine Schuld! Wilhelm lag schon im Sterben.«

»Dann kann ich mich ja um die anderen Patienten …«

»Hör doch, die Arbeit im Lazarett sollte erfahrenen Schwestern vorbehalten sein. Wir glauben, dass du deine Fähigkeiten und dein Mitgefühl woanders einsetzen solltest – dort, wo es gerade am meisten gebraucht wird.«

Marta schüttelte den Kopf, trank einen Schluck und überlegte.

»Ein Junge, der für uns Botengänge macht, bringt dich gleich zu einer Flüchtlingsunterkunft in der Altstadt. Es wird dir gefallen. Die Menschen sind im Ballsaal eines Hotels untergebracht.«

»Ich will aber keine Sonderbehandlung«, sagte Marta. »Ich bin hier nicht auf Urlaub.«

»So meine ich das nicht«, antwortete Monika. »Da sind

viele Frauen, auch aus deiner Heimat, untergebracht, die Zuspruch gebrauchen könnten, und dort gibt es ebenfalls Kranke, die du versorgen kannst.«

»Aha, also, ich weiß nicht.«

»Gestern ist eine junge Frau angekommen, die sich auch als Hilfsschwester vorgestellt hat. Sie begleitet dich. Komm, ich stelle sie dir vor. Sie steht da drüben.«

Marta schaute in die Richtung, in die Monika deutete, und erkannte, obwohl sie ihr den Rücken zugewandt hatte, sofort, wer sich da einen Kaffee einschenkte. Es kam selten genug vor, dass Marta jemanden traf, der wie sie rote Haare hatte. Doch Evas Haare waren unvergleichbar rot. Wie Feuer, das aus ihrem grauen Wintermantel emporschoss.

»Eva!«, rief sie voller Inbrunst, die Erleichterung und Freude in ihrer Stimme kaum zu überhören.

Eva drehte sich blitzschnell um und stürmte auf Marta zu, die Arme weit ausgebreitet. »Marta, meine Güte, Marta!«, rief sie, Tränen der Rührung in den Augen.

Marta konnte es nicht fassen – ihre Freundin, die sie tot geglaubt hatte, stand plötzlich leibhaftig und gesund vor ihr. Überwältigt von Dankbarkeit zog sie Eva fest in ihre Arme, als wollte sie sie nie wieder loslassen.

»Ich dachte, du wärst tot«, schluchzte Marta, doch gleichzeitig lachte sie vor Freude. All die Angst und Verzweiflung der letzten Tage fielen plötzlich von ihr ab.

Eva erwiderte die Umarmung ebenso stürmisch. »Und ich dachte, du wärst es«, flüsterte sie mit belegter Stimme.

Schwester Monika beobachtete das rührende Wiedersehen der beiden Freundinnen mit einem warmen Lächeln auf den Lippen. Sie war froh, dass sie Marta hier ein vertrautes Gesicht präsentieren konnte. »Na, ich glaube, wir haben eine passende Stelle für Marta gefunden«, sagte Schwester Monika zu sich selbst und lächelte zufrieden. Eva hatte sich ihr nur mit Nachnamen vorgestellt, sonst hätte sie die frohe Kunde schon eher überbracht.

Marta klammerte sich noch lange an Eva, unfähig, ihre Gefühle in Worte zu fassen. All die Qualen und Strapazen der Flucht waren vergessen – in diesem Moment zählte nur, dass sie einander wiedergefunden hatten.

KAPITEL 6

Dresden

»Heil Hitler, die Damen«, rief der Junge, der in den Saal gekommen war, um Marta und Eva abzuholen, die, nachdem sie sich gegenseitig alles erzählt hatten, noch Zeit gehabt hatten, sich schon von den Schwestern zu verabschieden. Der kleine Bote trug einen ihm viel zu weiten feldgrauen Wollmantel. Und auch das Schiffchen mit HJ-Emblem, das auf seinen blonden Haaren saß, schien etwas zu groß geraten zu sein. »Ich bin Friedrich, eigentlich Oberkameradschaftsführer, aber wie alle tapferen Nachwuchssoldaten beteilige auch ich mich an sinnvollen Aufgaben und werde euch jetzt zum Hotel *Blauer Himmel* bringen.«

»Guten Tag, Friedrich«, sagte Marta und gab ihm die Hand. Eva tat es ihr nach.

»Wart ihr schon mal hier?«

Beide schüttelten den Kopf.

»Nie«, sagte Marta. »Aber natürlich haben wir viel über Dresden gehört.«

»Und gelesen«, ergänzte Eva.

»Ha«, sagte Friedrich. »Hören und lesen, das ist nichts gegen die Augenweide, die euch gleich begegnet. Wollt ihr, dass ich euch unterwegs ein bisschen was erzähle?«

Beide nickten.

»Wisst ihr, da habt ihr nämlich wirklich Glück, dass ihr auf mich getroffen seid. Früher wollte ich mal Stadtführer werden. Ich bin in Dresden geboren, weiß alles über die Stadt und bin der beste Schüler im Fach Geschichte.« Er grinste stolz. »Wenn ihr irgendwelche Fragen habt, zögert nicht, sie zu stellen.« Er schaute auf seine Armbanduhr. »Also, wir müssen zur Seidnitzer Straße. Wir können einen kurzen Marsch machen, dann sind wir in einer halben Stunde da, oder das Wohlfühlprogramm, wie ich es nenne, mit Altstadtbesichtigung.«

»Wie lange brauchen wir dann?«, fragte Eva.

»Ausgiebiges oder kurzes Programm?«

»Kurzes«, sagte Marta, die innerlich immer noch überglücklich über das Wiedersehen mit Eva war. »Wir müssen ja nicht alles während unseres ersten Ausfluges sehen.«

»Na gut, dann mit einem kleinen Abstecher zur Elbe eine halbe Stunde länger vielleicht. Je nachdem, wie ihr zu Fuß seid. Oder wollt ihr etwa die Straßenbahn nehmen?«

»Nein, nein«, sagte Eva. »Wie könnten wir das bei einem solch verlockendem Angebot auch wagen? Ich glaube, wir buchen das kurze Wohlfühlprogramm, oder, Marta?«

»Machen wir«, antwortete Marta und hakte sich bei ihrer Kameradin unter, während sie den Personenhauptbahnhof durch den Haupteingang verließen.

Draußen strahlte die Sonne über den mit einer feinen Schneeschicht bedeckten Bahnhofsvorplatz. Die Luft war frisch und trug zarte Schneekristalle mit sich, die sich auf den inzwischen ziemlich abgenutzten Mänteln der Frauen niederließen. Marta zog ihren Kragen enger um ihren Hals und atmete tief ein, als Friedrich sie über den Wiener

Platz durch die Ehrenpforte hindurch auf die Prager Straße führte. »Herder bezeichnete unsere Stadt als deutsches Florenz, wir sagen aber heute Elbflorenz. Dresden hat – die vielen Flüchtlinge nicht mitgezählt – aktuell sechshundertdreißigtausend Einwohner, ist damit die siebtgrößte Stadt des Reiches und bildet den drittgrößten Bahnumschlagplatz.«

Während der gesprächige Hitlerjunge geschichtliche und wirtschaftliche Details preisgab, bestaunten Marta und Eva die prachtvollen Barockfassaden, die von der Schönheit vergangener Zeiten zeugten. Die Schaufenster der vielen Modehäuser und Konditoreien waren zwar spärlich gefüllt, doch in den Cafés und Hotels pulsierte das Leben. So kannte Marta es von Danzig, und auch Eva, die aus Königsberg stammte, hatte bislang noch keine vom Krieg zerstörte Stadt gesehen. Hätten sie zwischen den flanierenden Dresdner Bürgern in ihren eleganten Winterkleidungen nicht hin und wieder in die sorgenvollen Gesichter umherziehender Flüchtlinge geblickt oder die Soldaten aus einem der neunzehn Lichtspielhäuser – so viele waren es, erfuhren sie von ihrem Stadtführer – kommen sehen, hätten sie ignorieren können, dass der schreckliche Krieg gerade in sein sechstes Jahr gegangen war.

»Dresden ist eine ganz besonders schöne Perle«, sagte Friedrich, als könne er die Gedanken der Frauen lesen. »Egal, was passiert, unser Elbflorenz bleibt unberührt. Dresden ist ein Wahrzeichen deutscher Stärke und Schönheit, die bis in alle Ewigkeit in die Welt ausstrahlen werden.«

»Sind denn in Dresden noch gar keine Bomben gefallen?«, wollte Eva wissen.

»O doch«, sagte der Hitlerjunge, und Zornesfalten bildeten sich in seinem kindlichen Gesicht. »Natürlich haben die Schweine es versucht. Am 24. August 44 auf das Industriegebiet in Coschütz, am 7. Oktober 44 auf den Alberthafen und Bahnhof Friedrichstadt und zuletzt vor zwei Wochen sogar mit Brandbomben. Wir haben alles sofort wieder aufgebaut, mit deutscher Gründlichkeit.« Er drohte mit dem Zeigefinger in den Himmel. »Soll es der dicke Churchill noch einmal wagen, unsere tapfere Flak wird jeden Flieger einzeln runterholen.«

Marta bezweifelte, ohne genaue Kenntnisse über die militärischen Verhältnisse zu haben, dass die Luftabwehr in Dresden besonders schlagkräftig war. Zufällig hatte sie in Allenstein Gespräche der Soldaten belauscht, die davon berichteten, dass die Dresdner Flak an die Ostfront geschoben worden war.

»Aber wenn ihr euch in der Nähe der Altstadt aufhaltet, passiert euch sowieso nichts. Auch die verdammten, eigentlich kulturlosen Alliierten wissen die unvergleichbaren Kulturdenkmäler zu schätzen. Mein Opa hat immer gesagt, Kultur schützt vor Torheit.«

»Dann sollten wir also möglichst viel besichtigen, um sicher zu sein«, sagte Marta.

»Genau, sage ich doch. Und jetzt, wo die ganze Stadt judenfrei ist, ist alles noch umso schöner. Auch die können keinen Schaden mehr verursachen, nachdem sie der Führer allesamt umgesiedelt hat zu ihresgleichen.«

»Haben sie das denn vorher getan?«, fragte Marta, die zwar bestürzt über Friedrichs Äußerungen war, ihn aber auch nicht in seinem ideologischen Eifer gegen sie aufbringen wollte.

»Schaden angerichtet?«, fragte der Hitlerjunge. »Das nehme ich mal an, dass sie das haben, jedenfalls habe ich das so im *Stürmer* gelesen.«

Marta ging nicht weiter darauf ein, da sie ahnte, dass der Junge selbst nie einen Juden kennengelernt hatte.

Inmitten des belebten Altmarktes bestaunten Marta und Eva wenig später das Germania-Denkmal, bevor Friedrich sie an der im 12. Jahrhundert erbauten und schon viermal zerstörten und wiederaufgebauten Kreuzkirche vorbeiführte und bis zur Frauenkirche brachte, deren imposante Kuppel sie bereits von ihrem Start am Bahnhof aus im Blick gehabt hatten. Voller Ehrfurcht blieben Marta und Eva vor dem Bau stehen und schauten sich die feinen architektonischen Details und Verzierungen des beigefarbenen Sandsteinbaus an.

»Kommt mit rein, ihr müsst euch unbedingt die Fresken drinnen anschauen, und den Altar und die Orgel«.

Später entführte Friedrich seine Begleiterinnen in den winterlichen Innenhof des 1722 erbauten Zwingers, den August der Starke als Vorhof des Schlosses hatte anlegen lassen. Sie setzten sich an den Rand des vereisten Nymphenbadbrunnens und bestaunten die prächtigen Pavillons und Galerien.

»Warum heißt so etwas Schönes eigentlich Zwinger?«, wollte Marta wissen.

»Ich dachte schon, ihr fragt nie«, antwortete Friedrich und lachte. »Das hat natürlich nichts mit einem Gefängnis zu tun. Im Mittelalter nannte man die Pufferzone zwischen äußerer und innerer Befestigungsmauer so. Hier konnte der eindringende Feind bezwungen werden. Daher Zwinger, ganz einfach.«

»Du weißt so viel, Friedrich«, sagte Eva bewusst provokant. Ihr Augenaufschlag brachte den Jungen in Verlegenheit.

»Kommt, wir gehen noch um den Zwingerteich und um das Opernhaus«, sagte er schnell.

Der schönste Anblick bot sich Marta und Eva wenig später beim Überqueren der Augustusbrücke, auf der sie lange stehen blieben, den Blick über die Promenaden schweifen ließen und den Kindern zuschauten, die auf dem gefrorenen Elbufer Schlittschuh liefen.

»Majestätisch und atemberaubend, nicht wahr?« Friedrich deutete auf die Hügel der sich vor ihnen ausbreitenden Vorstadt. »Wir sind geschützt von allen Seiten. Einen sichereren Ort für Flüchtlinge gibt es nicht.« Er schaute Marta und Eva an. »Ihr seid doch auch selbst Flüchtlinge, oder?«

»Da wir unsere Heimat verloren haben und wohl so schnell nicht zurückkommen werden, sind wir das wohl«, antwortete Eva, während sie über die Brücke zurück zum Ufer liefen.

»Unsere Heimat ist Deutschland. Und wir holen uns jeden Flecken zurück, und darüber hinaus noch viel mehr. Es ist das Recht des Stärkeren.« Friedrich strahlte. »Woher kommt ihr denn, wenn ich fragen darf?«

»Danzig«

»Königsberg. Warst du schon mal da?«

»Nö.«

Marta bemerkte, dass Friedrich rot anlief, als er Eva anschaute.

Zehn Minuten später standen sie vor einem dreistöckigen Steinbau im Gründerzeitstil von dem zwei breite Hakenkreuzflaggen herabhingen.

»So, da wären wir dann«, sagte Friedrich. »Hotel *Blauer Himmel.*«

»Was sind wir dir schuldig?«

»Natürlich nichts«, antwortete der Junge und hob seine Mütze an. »Es war mir eine große Ehre. Empfehlt mich einfach weiter.«

»Wie nett von dir«, sagte Eva, trat dicht an Friedrich heran und streichelte ihm über die Wange. Marta hatte für einen Moment das Gefühl, ihr kleiner Stadtführer würde wegknicken, so weich schienen seine Knie unter Evas sanfter Berührung geworden zu sein. Doch kurz darauf knallte er die Hacken zusammen, rief »Heil Hitler« und zog von dannen.

»Ein süßer Fratz«, sagte Eva.

»Du hast ihn ganz schön in Verlegenheit gebracht.«

»Mit Absicht.«

Beide lachten und betraten gespannt darauf, was sie dahinter erwarten würde, das Gebäude durch den Seiteneingang, über dem ein Schild mit der Aufschrift *Blaues-Ball-Etablissement* stand.

Als sie den großen Ballsaal betraten, wussten sie sofort, woher sich der Name des Hotels ableitete. Die Decke war in verschiedenen Blautönen gestrichen und Wolken darauf gemalt. Wo es oben friedlich aussah, erkannte Marta dort, wo einst rauschende Feste gefeiert worden sein mussten, nur Not und Elend. Für sie schon ein allzu vertrautes Bild. Wie in der Bahnhofshalle standen hier auf dem schmutzigen Parkett dicht an dicht gedrängt einfache Pritschen, auf denen Menschen eingewickelt in graue Decken kauerten. Eine Handvoll Rotkreuzschwestern wuselten umher, begleitet von jungen Mädchen in den Uniformen des BDM.

Sie verteilten Brote und Suppe an die Flüchtlinge, deren leise Dankesbekundungen in der stickigen Luft des großen Raumes untergingen.

»Marta, Eva?«, drang die feste Stimme einer Frau durch das Gemurmel des Saales.

»Ja«, antworteten die Freundinnen wie aus einem Mund.

»Willkommen im *Himmelreich*«, sagte eine resolute Schwester mit gekreuzter roter Schleife auf dem Kittel. Sie erschien Marta in ihren mittleren Jahren zu sein, lächelte warm, doch das Gesicht unter ihrer Haube war von Sorgenfalten gezeichnet. »So nennen wir das hier. Es ist wohl Ironie, wie ihr unschwer erkennen könntet.« Sie hielt ihnen die Hand entgegen. »Oberschwester Charlotte, ihr dürft Lotte sagen.«

»Guten Tag.«

»Schön, dass wir hier sein dürfen.«

»Na, da frage ich euch nächste Woche noch mal, falls ihr es so lange aushaltet.« Lotte lachte. »Wenn ihr mir dann kurz folgen wollt.«

Sie liefen hinter der Oberschwester her durch eine enge Tür in ein provisorisches Büro, das den Kleiderhaken an der Wand nach zu urteilen mal ein Teil der Garderobe gewesen sein musste. Eine flackernde Glühbirne warf ihr spärliches Licht auf einen von Papierstößen belagerten Schreibtisch. Lotte wies auf einen Hocker, der davorstand. »Haben leider nur einen, könnt euch ja abwechseln, brauchen aber auch nicht lange.«

»Danke, wir bleiben stehen«, sagte Marta.

»Na, dann. Nach euren Dokumenten brauche ich wohl nicht zu fragen. Hab gehört, ihr habt euch beim BDM und beim RAD ausbilden lassen.«

»Das ist richtig.«

»Dann werdet ihr euch zügig eingearbeitet haben. Lieschen wird euch gleich rumführen und euch zeigen, wo ihr alles findet.« Sie nahm zwei Blätter aus einem Ordner und wischte sie über die Schreibtischplatte. »Tragt euch bitte hier ein, Name, Alter, letzter Wohnsitz, Schulabschluss, bisherige Tätigkeit, was euch eben einfällt, liest wahrscheinlich sowieso keiner mehr.« Sie hielt zwei Bleistifte hoch. »Einen für dich, den anderen für dich.«

Während Marta und Eva die Eintragungen vornahmen, erzählte Lotte weiter. »Wir haben aktuell hundertzweiundsechzig Patienten im Himmelreich, erst gestern sind über zwanzig neue gekommen. Bei zweihundert müssen wir dichtmachen. Fast alle sind aus Schlesien. Noch. Es sind auch schon Ostpreußen da, und da wird noch ein wahrer Sturm anrollen. Wir stehen aber schon am Rande unserer Möglichkeiten. Schwere Verletzungen oder Krankheiten haben wir zum Glück nicht. Eine Handvoll musste ins Krankenhaus überstellt werden. Fast alle sind erkältet, leiden an Erschöpfung, haben Erfrierungen, Prellungen oder Ermüdungsbrüche. Schwerer wiegen die seelischen Erkrankungen. Ich gehe davon aus, dass alle unsere Ostpreußinnen, die Kontakt mit der Roten Armee hatten, vergewaltigt worden sind. Die wenigstens sagen es, machen höchstens Andeutungen. Einen Arzt, der sich den Intimbereich anschauen könnte, haben wir nicht. Geht behutsam damit um, drängt sie nicht, fragt immer wieder nach, wo es Beschwerden gibt und welcher Art sie sind. Einmal am Tag, in der Regel am frühen Abend, machen wir zum Schichtwechsel Übergabe hier im Büro. So weit verstanden?«

Marta und Eva nickten, während sie weiter ihren Bogen ausfüllten.

»Ihr werdet zuhören, trösten und – wo es geht – heilen«, fuhr Lotte fort. »Und natürlich viel Aufräumen, ich will hier keinen Schweinestall haben.«

Nachdem sie ihre Angaben gemacht und ihrer neuen Chefin die Blätter und Stifte zurückgegeben hatten, übergab diese ihnen eine Mappe. »Die schaut ihr euch bitte sorgfältig an und gebt sie mir wieder, wenn ihr damit durch seid. Die ist wirklich wichtig. Darin sind Listen aller Namen, Krankheitsbilder, Auffälligkeiten, Pflegehinweise, auch die Zeiten der Speiseausgabe. Wir werden einmal am Tag beliefert, Brot und Suppe, alles andere kommt nicht mehr mit. Noch Fragen?«

»Nein, alles verstanden so weit.«

»Doch, wo kommen wir denn eigentlich unter?«

»Darauf wollte ich gerade zu sprechen kommen«, sagte Lotte. »Ich habe ein hübsches Schwesternzimmer im Hotel drüben für euch. Wartet einen Moment, ich hole Lieschen, die bringt euch hoch.«

Nachdem Lotte den Raum verlassen hatte, sahen Marta und Eva sich mit entschlossenem Blick an. Sie wussten, die Arbeit würde nicht einfach werden, aber sie fühlten sich genau hier am richtigen Ort. Hier wurde ihre Hilfe dringend benötigt, und sie beide konnten zusammen sein. Kurz darauf richteten sich die beiden Freundinnen in ihrem kleinen Zimmerchen im vierten Stock ein, und Lieschen beantwortete ihnen noch ausführlich Fragen, die sie in der Aufregung zuvor der Oberschwester nicht gestellt hatten. Das braun gelockte BDM-Mädel, das aus Dresden stammte, brachte ihnen außerdem Handtücher, Seife und Dienstkleidung. Sie versprach auch, sich für die neuen Bewohnerinnen nach ziviler Ersatzwäsche umzusehen. Und Lieschen hielt Wort, schon am nächsten Nachmittag kam sie mit einem Koffer mit Kleiderspenden auf das Zimmer. Zwei Röcke, Blusen, Unterwäsche, Strümpfe und je einen Mantel. Alles schlicht und einfach, aber die Kleidung passte, war sauber und heile. Marta und Eva waren überaus dankbar für diese Geste.

Ihre Tage im Himmelreich begannen vor Sonnenaufgang und endeten am späten Nachmittag, wo dann die Nachtschicht übernahm. Sie wechselten Verbände, fütterten Kleinkinder, verteilten Spenden, die aus der Bevölkerung kamen. Vor allem aber hörten sie den Kriegsgeschichten der verschiedenen Menschen zu, sprachen aufmunternde Worte, schenkten ein Lächeln und erzählten hier und da auch mal von sich. Die meisten Gespräche mit den Bewohnern drehten sich um die Sorgen der Vertriebenen, um ihre zurückgelassenen oder verlorenen Verwandten, um Gedanken an ihre im Krieg verschollenen Ehemänner oder um den Wunsch, bald wieder in die Heimat zurückkehren zu können.

»Das wird wohl ein frommer Wunsch bleiben«, bemerkte Lotte eines Abends bei einer Besprechung nach Schichtende. »Selbst wenn sie zurückkehren können, werden sie ihre Heimat nicht wiedererkennen.«

»Wir haben auch vor, zurückzugehen«, antwortete Eva, und auch Marta war etwas geknickt, ob der Hoffnungslosigkeit, die die Oberschwester durchblicken ließ.

»Ihr müsst erst mal den Krieg überleben, das ist das Wichtigste, alles andere wird die Geschichte regeln.«

»Wieso, wir sind doch jetzt in Dresden«, sagte Eva. »Hier kann uns doch nichts passieren.«

»So?« Lotte sprach lauter. »Da seid euch mal nicht allzu sicher! Ihr kennt doch die Bilder von Hamburg, Köln, dem Ruhrgebiet.«

»Alle sagen, dass Dresden erhalten bleiben soll.«

»Das glaube ich erst, wenn ich es selbst in der BBC höre«, sagte Lotte ruppig. »Die ich aber selbstverständlich nicht höre. Ihr wisst, was ich meine. Ich habe jedenfalls bei allen hundertachtundsiebzig bisherigen Fehlalarmen den Keller aufgesucht und werde es weiterhin tun. Das rate ich auch euch.«

Marta war zwar froh, dass sie bis auf ein paar unrühmliche Ausnahmen unter den älteren Flüchtlingen auch im Himmelreich weder auf Führergehorsam noch auf Endsiegglaube stieß, doch den Pessimismus der Oberschwester hielt sie für unangebracht und übertrieben. Da sie allmählich zur Ruhe kam, begann aber auch Marta nachzudenken, immer häufiger über Danzig und ihre Zukunft, über die sie sich mit Eva austauschte. Sie mochte Evas forsche Art und ihren Mut, der sie ein wenig an Inge erinnerte. Außerdem hatte Eva eine besondere Gabe. Wann immer Marta die Worte fehlten, erfand sie kurze Anekdoten und fantastische Geschichten, die sie aufzumuntern vermochten. Eva verriet auch, dass ihr größter Wunsch sei, einmal Schriftstellerin zu werden, am liebsten für Kinder. Wenn sie als Erzieherin arbeiten könnte, würde sie vielleicht beides verbinden.

»Wo nimmst du diese ganze Fantasie eigentlich her?«, hatte Marta Eva schon in ihrer ersten gemeinsamen Nacht im Hotel gefragt. Zuvor hatte Eva ihr zum ersten Mal eine ihrer Geschichten über den Zauberer Miraculo laut erzählt.

»Ach, ich hatte als kleines Kind viel Zeit, mich in ferne Welten zu flüchten.«

Marta ahnte, dass etwas Tiefergehendes dahintersteckte, dass die kleine Eva Furchtbares durchgemacht haben musste. Und ihr war klar, dass es etwas mit ihren Eltern zu tun haben musste, denn über diese wollte sie partout nicht sprechen. Sie erwähnte nur, dass sie bei ihrer Großmutter aufgewachsen war, mehr Privates erfuhr Marta nicht.

Sie selbst hatte keine konkreten Berufspläne, konnte sich aber inzwischen generell vorstellen, weiterhin im medizinischen Bereich zu arbeiten. Dazu bräuchte sie allerdings ein etwas dickeres Fell, denn noch immer überlegte sie, ob sie Wilhelm nicht doch hätte retten können. Auch wenn Miraculo da ganz anderer Meinung war.

Unter all den Schicksalen im Himmelreich stach besonders das einer verstörten Vierzehnjährigen hervor: Ursel war das Sorgenkind des Hauses. Sie sprach nicht und verweigerte das Essen. Lotte erzählte Marta und Eva, dass sie den Ansturm der Russen erlebt und ihre Eltern verloren habe. Sie sei alleine in Dresden angekommen und habe die schrecklichsten Dinge am eigenen Leib erfahren müssen. Marta war überrascht, dass Ursel wohl aus Allenstein stammte. Mehrmals fragte sie, ob sie auch über den Bahnhof weggekommen war, und erzählte von ihrer eigenen Flucht mit dem letzten Zug. Doch Ursels Seele blieb verschlossen, gefangen in einem endlosen Blick durch das Fenster am Tage und unendlichen Tränen in der Nacht, die den Unmut unter den anderen Flüchtlingen hervorriefen. Nichts vermochte das dürre, blasse Mädchen aufzumuntern, keine Gesellschaftsspiele, keine Umarmungen, kein

Spaziergang durch den Garten. Marta, deren Herz von tiefem Mitleid erfüllt war, verzweifelte daran und stürzte sie eines Abends sogar in blanke Panik.

Es war nach Ende ihrer Schicht, als Marta bereits auf ihrem Zimmer war, als sie von draußen aufgeregtes Rufen vernahm. Sie spürte sofort, dass etwas nicht stimmte, legte ihren Roman, in den sie sich vertieft hatte, beiseite und eilte ans Fenster. Unten standen Schwester Lotte und einige Flüchtlinge. Schnell erfasste sie die gefährliche Situation: Sie riefen Ursels Namen, während sie ängstlich hoch in den Abendhimmel schauten. Marta musste sofort handeln. Sie stürmte aus ihrem Zimmer und rief nach Eva, die sich im Badezimmer auf dem Gang befand.

»Wir müssen aufs Dach, schnell!«, rief sie außer Atem.

Gemeinsam rannten die beiden Freundinnen die Treppen hinauf. Zu Martas Erleichterung stand die Tür zum Dach offen. Dort fanden sie Ursel, die barfuß auf dem schmalen Sims stand und mit tränennassen Augen in den Abgrund blickte.

»Mach das nicht, Ursel!«, rief Marta mit zittriger, aber eindringlicher Stimme. »Bitte, komm da weg. Wir können reden, über alles. Du bist nicht allein.«

Marta und Eva streckten ihre Hände aus und versuchten, Ursel mit ermutigenden Worten und Versprechungen von Unterstützung zu erreichen. Vorsichtig traten sie näher, darauf bedacht, das verzweifelte Mädchen nicht weiter in die Enge zu treiben.

»Warum?«, hörten sie Ursel plötzlich leise fragen. Marta und Eva wechselten erstaunt einen Blick – das war ein gutes Zeichen.

»Was meinst du?«, rief Marta. »Sprich mit uns!«

»Mein lieber Vater konnte nichts machen«, stammelte sie. »Er trägt keine Schuld.«

»Natürlich nicht, was auch immer passiert ist.«

»Sie haben ihn festgebunden, und er musste mitangucken, wie diese Russenbande sich über mich und meine Mutter hergemacht hat. Ich konnte mich nicht wehren. Es war die Hölle, es tat so weh.« Ursel schluchzte laut. »Warum haben sie meine Eltern umgebracht und mich verschont? Mit dieser Schande will ich auch nicht mehr leben.« Sie trat einen Schritt vor. Mit dem nächsten würde sie hinunterstürzen.

»Nicht!«, rief Marta und bemerkte dabei aus dem Augenwinkel, dass Eva das Dach nach etwas absuchte. Sie bückte sich und hob einen Zweig auf, den vielleicht ein Vogel hier zurückgelassen hatte. »Wenn du wirklich springen willst, Ursel«, rief Eva der Verzweifelten mit ihrer beruhigenden Stimme zu. »Es ist deine Entscheidung. Aber ich muss dir vorher von Arbor erzählen. Es ist meine Pflicht, ich habe es ihm versprochen.«

»Von wem?«

»Willst du mir kurz zuhören, Ursel?«, sprach Eva sanft weiter. »Nicke einfach, wenn du das kannst!«

Ursel nickte.

»Also gut. Hör zu! In einer Welt, die nicht allzu weit von unserer entfernt liegt, lebte einst ein magischer Baum, der unter den Menschen als der Wächter der verlorenen Kinder bekannt war. Sein Name war Solacium Arbor, aber die Kinder sagten nur Arbor zu ihm, weil das einfacher war. Arbor war ein starker Baum mit langen Ästen, die bis in den Himmel reichten, und tiefen Wurzeln, die fest in der Erde verankert waren. Seine Aufgabe war es, über jene Kinder zu wachen, die ihre Eltern in einem

fürchterlichen Krieg verloren hatten. Alle verstorbenen Eltern nämlich hinterließen ein Stück ihrer selbst in einem von Arbors Blättern. Die traurigsten Kinder fanden ihren Weg zu ihm, und seine Blätter sprachen Worte des Trostes, wenn der Wind durch sie strich. Doch sein Dasein war nicht ohne Schmerz. Denn für jedes Kind, das den Glauben an die Magie verlor, verdorrte eines seiner Blätter und fiel zu Boden. Und wenn keines mehr da sein sollte, dann würde auch Arbor an Trauer zugrunde gehen. Und der Krieg, der auf der Welt tobte, in der sich Arbor befand, war schon so schlimm, dass die Magie verloren ging. Arbor war schon ganz kahl geworden.

Eines Tages lief ein kleines Mädchen namens Evelina in den Wald und ließ sich, als ihr Schmerz zu groß wurde, unter Arbor nieder. Der Wächter spürte die tiefe Trauer des Mädchens und wusste, dass er schnell handeln musste. Er senkte seine Äste bis auf den Boden, damit Evelina in seinem Schatten sitzen konnte.

»Warum weinst du, kleines Kind?«, stellte Arbor seine gewohnte erste Frage.

»Ich vermisse sie«, flüsterte Evelina, »meine Mutti und meinen Vati.«

»Und sie lieben dich«, antwortete da Arbor. »Wo immer sie auch sind. Ihr Herzschlag ist in deinem Lachen, ihre Wärme in deiner Umarmung. Sie sind immer bei dir, in jedem Blatt, das fällt, und in jedem Stern, der leuchtet. Liebe Evelina, hör mir zu, denn jedes Blatt meines Seins ist gedacht, um deine Trauer zu lindern.«

Evelina lauschte Arbors wenigen Blättern, und nun begann etwas Wunderbares zu geschehen. Jedes Wort, das von ihnen flüsterte, wurde zu einer Melodie, die Evelinas kleine Seele berührte. Und mit jeder Melodie fühlte sie, wie sich ihr Herz ein wenig mehr von der Trauer löste. Tag für Tag kehrte Evelina von nun an zu

Arbor zurück. Und da sie an seine Magie glaubte und ihr vertraute, erwuchsen unserem Zauberbaum jede Stunde, die sie bei ihm war, neue, saftige Blätter. Sie setzte sich in seinen Schatten und lauschte seinen Liedern und Geschichten. Sie lernte, dass für jedes Ende ein neuer Anfang geschrieben werden konnte und dass die Liebe ihrer Eltern immer in ihr weiterleben würde.

Evelina wuchs heran und wurde eine starke junge Frau, die gelernt hatte, trotz ihres Verlustes weiterzumachen. Und als sie schließlich bereit war, ihren eigenen Weg zu gehen, und sich für immer von Arbor verabschieden wollte, schenkte er ihr einen Zweig mit nur einem einzigen Blatt daran.

»Dieses Blatt soll dich immer daran erinnern, dass du nie allein sein wirst«, sprachen seine Blätter ein letztes Mal zu ihr. »Ich werde immer da sein, um über dich zu wachen, und die Liebe deiner Eltern wird dich in diesem Blatt ebenfalls auf ewig begleiten.«

Marta sah, dass Eva auf Ursel zuging und ihr den Zweig mit dem Blatt hinhielt. Darauf trat sie vom Dachsims weg, nahm den Zweig und ließ sich von Eva umarmen.

Ursel hatte sich an diesem Abend nicht vom Dach gestürzt, auf dem sie nicht das erste Mal gestanden hatte, wie Lotte ihnen später erzählte. Mit der Erlaubnis der Oberschwester durfte sie aber ab sofort im Zimmer ihrer neuen Hilfsschwestern schlafen. Marta war natürlich einverstanden und teilte gerne ihr Bett mit Eva, die sie immer mehr beeindruckte. Evas fantastische Geschichte hatte es vermocht, dem Mädchen die Todessehnsucht zu nehmen und in ihr zumindest Hoffnung und Glauben an Besserung zu entfachen. Ursel sprach zwar weiterhin kaum, und wenn doch, dann ausschließlich mit Eva, aber sie aß ihre Mahlzeiten, und vor allem weinte sie nachts nicht mehr. Mit Stolz und Bewunderung beobachtete Marta, wie ihre Freundin es schaffte, Ursel langsam aus ihrer Lethargie zu holen. Mit ihrer ruhigen, einfühlsamen Art und ihren geheimnisvollen Geschichten von Miraculo im Zauberwald, denen von nun an Marta und Ursel lauschen konnten, schien sie dem verstörten Mädchen neue Lebensgeister einzuhauchen. Manchmal glaubte Marta, ihre Eva sei selbst eine Zauberin, und sie wünschte sich sehr, dass ihr Traum eines Tages wahr werden sollte und sie als Schriftstellerin noch vielen Kindern würde helfen können.

KAPITEL 7

Hermann

Drei Tage nachdem Eva Ursel gerettet hatte, beauftragte Oberschwester Lotte Marta damit, zum fünf Minuten entfernt gelegenen Hotel *Weißer Schwan* zu gehen, um neues Verbandsmaterial zu holen, das dort verfügbar sein sollte. Marta war für diese kleine Abwechslung dankbar und machte sich auf den Weg in Richtung Dürer Straße, wo sich der *Weiße Schwan* befand, eines der vielen Hotels der Stadt, die zu einer Soldatenunterkunft umgerüstet worden waren. Die Oberschwester hatte ihr erklärt, dass die Männer im Lazarett auf dem Weg der Besserung seien und daher wahrscheinlich medizinisches Material entbehrt werden könne. Sie solle einfach mitnehmen, was man ihr überlasse.

Das Hotel *Weißer Schwan* ragte imposant am Ende der Dürer Straße auf. Sein prächtiger Sandsteinbau mit den hohen Fenstern und dem markanten Giebel zeugte von der Eleganz und dem Wohlstand dieser Gegend. Doch nun waren die Fenster zum größten Teil verdunkelt, und statt feiner Gäste tummelten sich vor dem Eingang Soldaten in ihren feldgrauen Uniformen. Einige von ihnen trugen Verbände an Armen oder Beinen, andere stützten sich auf Krücken. Ihre Gesichter waren von Strapazen und Verletzungen gezeichnet, aber ihre Augen blickten neugierig und interessiert, als Marta an ihnen vorüberschritt. Einer der Soldaten, ein junger Mann mit zerzaustem blondem Haar, trat auf Marta zu.

»Guten Tag, Fräulein«, begrüßte er sie mit einem freundlichen Lächeln. »Wohin des Weges?«

Neben ihm stand ein älterer Offizier, der eine schwarze Augenklappe trug. Er musterte Marta von oben bis unten, bevor er sich ebenfalls zu Wort meldete. »Du bist sicher eine der neuen jungen Schwestern, die sich um uns kümmern sollen. Das wurde aber auch Zeit. Wir haben da drinnen nämlich nur alte Schabracken.«

Die anderen Soldaten lachten laut. Einer deutete auf seine Verletzung, als könne er einen Verbandswechsel kaum erwarten. Marta wurde unsicher, aber sie versuchte, freundlich zu bleiben. »Tut mir leid, aber ich muss mich beeilen. Die Oberschwester erwartet mich bald wieder. Ich soll hier nur Verbandszeug holen.«

Die Soldaten merkten, dass Marta nicht zu einem anregenden Plausch aufgelegt war, und traten zur Seite.

»Kein Problem, Fräulein«, sagte der Blonde. »Manfred meint es nicht so. Einfach geradeaus gehen, unser neues Heim ist bis oben mit Verbandszeug voll.«

Als Marta durch den Eingang des Hotels *Weißer Schwan* trat, war sie überrascht von dem Anblick, der sich ihr bot. Statt einer eleganten Lobby erwartete sie ein Bild des Verfalls. Die Wände waren kahl, der Boden mit abgetretenen Läufern bedeckt. Überall standen Kisten und Möbelstücke herum, die offenbar als Lagerraum dienten. Unsicher blickte sie sich um, als ihr schon ein schnauzbärtiger Mann in abgewetzter Uniform entgegenkam. Er lächelte sie freundlich an. »Kann ich Ihnen helfen, Fräulein? Ich bin der Hauswart hier.«

»Ja, bitte«, erwiderte Marta. »Ich soll im Auftrag des Himmelreichs, ähm des ehemaligen Hotels *Blauer Himmel* Verbandsmaterial abholen. Können Sie mir sagen, wo ich das finden kann?«

»Die Apotheke haben wir unten«, sagte er. »Da ist gerade ein Kamerad beschäftigt, der Ihnen alles zeigen wird.«

»Vielen Dank«, antwortete Marta. »Da runter?« Sie zeigte auf die Treppe, die in den Keller führte.

»Genau. Vergessen Sie aber bitte nicht, zu unterschreiben, wofür sie den Kram genau brauchen. Auch wenn genug da ist, muss alles seine Ordnung haben.«

»Verstehe, wird gemacht«, sagte Marta und lief die schmale Treppe hinunter.

Im Keller war es kühl und dunkel. Marta orientierte sich an einem Lichtschein, der aus einem der Räume drang, die hier unten lagen. Von drinnen hörte sie ein leises Rascheln, vermutlich Packpapier. Vorsichtig trat sie in das Zimmer und sah, wie ein Soldat, der hinter einem Tresen stand, medizinische Vorräte zu sortieren schien. Mit einem Räuspern machte sie auf sich aufmerksam. Als der Soldat sich zu ihr umdrehte und sie ansah, fiel ihm der Kasten, den er in der Hand hielt, zu Boden. Gläser zersprangen in Tausende Teile, und so fühlte sich auch Martas Herz an, als sie in seine unverkennbaren blauen Augen sah.

»Hermann«, stammelte sie und legte die Hand auf ihre Brust. »Hermann, bist du es wirklich?«

»Marta«, stieß Hermann freudetaumelnd aus und kam hinter dem Tresen hervor. Er hatte seine Uniformjacke aufgeknöpft, unter der er ein zerknittertes graues Hemd und Hosenträger trug. »Das gibt es doch gar nicht. Mensch, Marta. Was machst du hier?« Er eilte auf sie zu, hob sie hoch und drückte sie fest an sich. In diesem Moment der freudigen Wiedervereinigung schienen das Lazarett, der Krieg, die Sorgen – einfach alles für Marta in weite Ferne zu rücken.

Mit allem hatte sie gerechnet, aber nicht damit, Hermann an diesem düsteren Ort zu begegnen. Es war wohl das, was man Kriegsglück nannte. Noch in seiner Umarmung gefangen strich sie ihm über die Haare. »Du hast ja Locken bekommen.«

»Ja, im Lazarett sieht man das nicht so streng mit der Kurzhaarfrisur wie an der Front.« Er lachte. »Sie gefallen dir also?«

»Und wie!«

»Dafür bist du traumhaft hübsch wie eh und je«, sagte er und strahlte sie an. »Komm mit nach oben! Ich will dich im Tageslicht sehen. Ich muss sicherstellen, dass ich nicht träume.« Er nahm Martas Hand, und gemeinsam eilten sie die Treppe hinauf.

Hermann schob Marta an dem mit offenem Mund dastehenden Hauswart vorbei in einen kleinen Aufzug. Sie fuhren ins oberste Stockwerk, wo Hermann eine Tür öffnete, an der in goldenen Lettern eine 12 angebracht war, offenbar ein freies Hotelzimmer, das zu einem Aufenthaltsraum umfunktioniert worden war. »Warte hier bitte kurz«, sagte er. »Ich bin sofort zurück.«

»Natürlich.« Marta betrat den Raum, der trotz seiner neuen Bestimmung noch den verblassten Charme einer vergangenen Epoche versprühte. Das schwache Licht, das durch die schmutzigen Fenster fiel, warf ein Muster auf den abgenutzten Teppich, der wohl einst in warmen Rottönen gestrahlt hatte. Jetzt zeichneten sich darauf unzählige Stiefel- und Schuhabdrücke ab. Ein paar schwere, aus dunklem Holz geschnitzte Stühle standen um einen runden Tisch herum, dessen Oberfläche von Kratzern und abgeblättertem Lack übersät war. Darauf lagen Zeitschriften und leere Zigarettenschachteln. Marta setzte sich auf eine breite, abgenutzte Chaiselongue, die flankiert von zwei kleinen Bücherregalen, gefüllt mit zerlesenen Romanen und verblichenen Reiseführern, an der Wand stand. Auf dem Regal fand Marta einen Handspiegel, über den sie sich beugte und kritisch betrachtete. Sanft zupften ihre Fingerspitzen nach einigen widerspenstigen rötlichen Haarsträhnen, die aus ihrem sorgfältig gesteckten Knoten entwischt waren. Dann ließ sie sich in das Polster fallen, überschlug die Beine, strich ihren Kittel glatt und setzte sich aufrecht hin. Sie war immer noch aufgeregt, und ihre Gedanken wirbelten wild durcheinander. Kurz darauf kam Hermann wieder in den Raum. Er hatte seine Uniformjacke nun ordentlich zugeknöpft und den Stehkragen aufgerichtet. In einer Hand hielt er eine Kanne Kaffee, in der anderen zwei Porzellantassen. »Mehr habe ich auf die Schnelle nicht organisieren können«, sagte er und stellte das, was er hatte, auf dem Tisch ab. Als er darauf ihre Hände nahm und sie aus seinen tiefblauen, ehrlichen Augen musterte, begann ihr Herz schon wieder wie wild zu schlagen. Das war mehr als nur Wiedersehensfreude. In Danzig hatte sie es sich nicht eingestehen wollen, aber nun konnte sie nicht weiter ignorieren, dass sie seit ihrer gemeinsamen Fluchthilfe in Hermann verliebt war.

»Ich glaube das immer noch nicht«, sagte er, nachdem er sich gesetzt hatte und die beiden Tassen füllte. »Ich habe

Milch und Zucker gar nicht erst mitgebracht, weil ich noch wusste, dass du ihn wie ich schwarz trinkst. Oder soll ich …«

»Ja. Ich meine nein. Wie aufmerksam du bist. Ich trinke ihn schwarz wie die Mitternacht …«

»… in mondloser Nacht.« Beide lachten. Marta trank einen Schluck. »Mmh, ausgezeichnet. Dagegen ist das bei uns im Lazarett die reinste Plörre.«

»Noch aus alten Hotelbeständen«, sagte Hermann stolz, hielt ihr seine Tasse hin, und sie stießen an. Nach einem weiteren Schluck stellte Marta nachdenklich die Tasse ab. »Aber sag, hast du etwas von Inge gehört?«, fragte sie.

»Ihr geht es gut«, antwortete Hermann. »Ich habe zu Hause angerufen. Es verlassen schon viele Danziger die Stadt aus Angst vor den Russen.«

»Und Inge geht auch weg?«

»Sie und Mutter wollen bleiben.«

»Ob das klug ist?«

»Das kann niemand sagen. Mir wäre es lieber, sie würden gehen.« Er dachte nach. »Ich vermute, dass Onkel Heinrich sie zurückhält. Wahrscheinlich macht er meiner Mutter weis, dass sie nichts zu befürchten haben.«

»Und sie hört auf ihn?«

»Er ist immerhin ihr Bruder. Ich fürchte, ich kann von hier aus nichts machen. Aber Inge ist gescheit. Sollte sie merken, dass Gefahr droht, wird sie mit unserer Mutter einen Weg finden. Ich bin sicher, sie hat Vorkehrungen getroffen.«

Marta ließ den Kopf hängen. »Ich wünschte, ich wüsste auch, wo meine lieben Eltern sind. Sie werden sich große Sorgen machen, denn sie haben ja auch gar keine Ahnung, wo ich bin.«

»Ich kann Onkel Heinrich ein Telegramm schicken, damit er ihnen wenigstens Bescheid geben kann.«

»Das ginge? Das würdest du tun?«

»Es ist das Mindeste«, sagte er. »Aber wohl auch das Einzige.«

»Ich wäre dir sehr dankbar.«

»Ich kümmere mich gleich morgen darum, habe einen Draht zum Sanitätsstab.«

»Danke, Hermann. Das vergesse ich dir nie.«

»Aber jetzt erzähl du doch mal«, fuhr er fort. »Wie hat es dich hierher verschlagen?«

Marta erzählte von ihrer Ankunft in Allenstein, den Erlebnissen im Lager, der Flucht mit Eva und endete bei ihrer Tätigkeit im Himmelreich. Hermann hatte aufmerksam zugehört, während er seinen Kaffee trank.

»Es ist wirklich gut, Marta«, sagte er. »Dass dich der Zufall – man sollte besser Glück sagen – hierher nach Dresden gebracht hat.« Er stellte die Tasse zurück auf den Tisch, während er Marta nicht aus den Augen ließ. »Die Engländer bombardieren hier nicht. Die Stadt hat keine entscheidenden militärischen Ziele – keine großen Waffenfabriken oder Rüstungsanlagen, keine bedeutenden Truppenansammlungen. Und falls wir den Krieg verlieren, dann werden die Amerikaner vor den Russen hier sein, und dir wird kein Haar gekrümmt.«

»Unsere leitende Schwester ist da anderer Meinung. Sie glaubt, dass auch Dresden bald bombardiert werden könnte.«

»Unsinn, reiner Unsinn! Wozu sollten die Engländer Dresden angreifen? Es würde nichts am Kriegsverlauf ändern. Mittlerweile muss Churchill sowieso klar geworden sein, dass sein Bombenterror die Deutschen nicht in die Knie zwingt.«

Er schenkte sich Kaffee nach und trank einen großen Schluck.

»Aber sie machen weiter«, sagte Marta, bevor auch sie ihre Nase wieder in die Tasse steckte, die er ebenfalls aufgefüllt hatte. »Dann sind die Engländer nicht viel besser als die Deutschen.«

»Glaub mir, Marta, im Krieg gibt es keine Guten mehr.« Er überlegte, um eine Erklärung zu finden. »Hitler hat den Krieg begonnen. Und wenn wir verlieren … Du weißt, man sagt, der Sieger schreibt die Geschichte. Die Nazis haben dort, wohin sie kamen, Ungeheuerliches getan, verborgen vor der Welt. Doch die Wahrheit wird ans Licht kommen. Und deswegen ist es umso wichtiger, dass der Krieg so schnell wie möglich beendet wird. Deswegen müssen wir den Engländern die Daumen drücken und sie als Freunde betrachten.« Er dachte kurz nach. »Es stimmt zwar, sie wollen die Deutschen zermürben. Sie müssen das tun, aber doch nicht, wenn sie wissen, dass sie in einer Stadt wie Dresden ausschließlich Zivilisten treffen würden. Die sind nicht wie die Russen.«

»Meinst du wirklich?«

»Ich bin ganz sicher. Es gibt ja auch noch ein anderes Argument, warum sie es nicht tun werden. Wahrscheinlich überwiegt das auch. Engländer und Amerikaner wissen um den unschätzbaren Wert von Dresden – die kulturhistorischen Schätze, die Kirchen, die Museen. Sie wollen nicht riskieren, weltberühmte Orte wie die Semperoper oder die Frauenkirche in Schutt und Asche zu legen. Das alles ist nicht nur deutsche, sondern europäische Kultur.

Da schmeißen sie ihre Bomben lieber woandershin. Oder kennst du bedeutende Kultur im Ruhrgebiet?«

»Und das hat so ein Gewicht mit der Kultur?«, fragte Marta und schaute für einen Moment aus dem kleinen Fenster in die Ferne, als könnte sie dort Antworten auf Fragen finden, die der Krieg aufwarf.

»Wenn ich es doch sage«, antwortete Hermann, nachdem er eine Weile Martas graziles Profil und ihren besorgten Blick betrachtet hatte. »Dresden ist ein Juwel europäischer Kunst und Geschichte. Ein Kulturschatz, ein Menschheitserbe. Die Alliierten wissen auch, dass sie bestimmte Dinge nicht wiederaufbauen können. Sie kämpfen gegen einen Feind, nicht gegen Kulturgut. Wir sind hier in Sicherheit.«

»Du hast bestimmt recht,« sagte Marta und seufzte. »Das ist ja auch das, was die meisten sagen. Ich möchte jetzt aber auch nicht weiter darüber nachdenken.«

»Gut, ich ebenso wenig. Also, fahr fort mit deiner Geschichte!«

»Ich glaube, ich bin doch schon am Schluss angelangt.«

»Du warst beim Himmelreich.« Hermanns Lachen durchbrach die Schwere der Konversation. »Bin schon oft daran vorbeigegangen. Hätte ich gewusst … Aber irgendwas muss dich ja dann hier in den *Schwan* geführt haben. Ich will alles hören, bis hierher. Wie ich an deiner Reaktion bemerken konnte, warst du nicht auf der Suche nach mir.«

Marta lächelte schelmisch. »Eigentlich sollte ich nur Verbände holen. Und dann … da stand ich plötzlich in deinem Keller.« Ein Schreck durchzuckte sie. »Mein Gott, die Verbände! Ich habe die Zeit völlig aus den Augen verloren. Ich muss längst zurück sein.«

»Ach, was«, sagte Hermann. »Das nehme ich auf meine Kappe. Ich begleite dich nachher, du kannst mich jetzt nicht schon wieder allein lassen.«

»Na gut«, sagte Marta. »Dann erzähl du mir aber jetzt, wie *du* hier gelandet bist.«

Hermann rührte gedankenverloren in seinem dünnen Kaffee, während er Marta seine Erlebnisse nach der Befreiung der Jüdinnen aus Stutthof erzählte. Mit seiner Einheit sei er im November nach Ungarn verlegt worden, wo sie einen erbitterten Kampf gegen die unaufhaltsam vorrückenden sowjetischen Truppen geführt hätten. »Es waren grauenvolle Häuserkämpfe«, sagte er, und Marta bemerkte, wie ihn die Bilder, die sich in seinem Kopf auftaten, mitnahmen. »Täglich standen wir unter heftigem Beschuss«, fuhr er mit zittriger Stimme fort. »Umzingelt von allen Seiten. Meine Kameraden sind gefallen wie die Fliegen.« Er zog seine Jacke ein Stück zur Seite und offenbarte Marta eine schlecht verheilte Wunde an seiner Schulter. »Granatsplitter. Ich habe, im Gegensatz zu so vielen, wirklich Glück gehabt. Das war das Ende meines Einsatzes dort. Erst war ich in einem Feldlazarett, Weihnachten habe ich schon in einem Krankenhaus in Budapest verbracht. Anfang des Jahres wurden wir mit einem Lazarettzug ausgefahren und kamen in Dresden an.« Hermanns Miene verzog sich. »Ach Mensch, Walter, Klaus und Rolf. Sie haben es alle nicht raus geschafft. Rolf starb in meinen Armen, ich konnte nichts mehr tun.«

Marta legte ihre Hand auf Hermanns. »Aber ich bin so froh, dass du überlebt hast und hier in Dresden bist.«

Er sah sie an, ein schwaches Lächeln zeichnete sich auf

seinen Lippen ab, dann schüttelte er den Kopf. »Für den Moment. Der Krieg ist nicht vorbei.«

»Was soll das heißen?« Die Vorstellung, sich bald wieder von Hermann trennen zu müssen, zerriss Marta fast das Herz.

»Ich bin schon einberufen worden und muss zurück zur Truppe.«

»Geht das denn?«

»Noch kämpfen sie in Budapest. Und wenn nicht, finden sie sicherlich schnell etwas anderes für mich.« Er drückte ihre Hand. »Aber ich bin zäh, ich werde auch dieses Mal heil rauskommen.«

Marta musste ihre Tränen zurückhalten. »Wie lange bleibst du noch?«

»Bis zum 14. Februar, dann geht mein Zug zurück.«

Marta überlegte. »Dann haben wir acht Tage.«

»Wir?«

»Na, ich hoffe doch, dass wir uns jetzt nicht wieder aus den Augen verlieren. Das ist doch sicherlich kein reiner Zufall, dass wir uns hier wiedergetroffen haben.«

»Schicksal?«

»Ganz bestimmt.«

Marta wurde warm ums Herz bei dem Gedanken, sich in den nächsten Tagen gemeinsam mit Hermann diese wunderschöne Stadt anschauen zu können.

Sie verbrachten drei Stunden miteinander, und es war bereits nach acht Uhr, als sie vor dem Hotel *Blauer Himmel* standen. Wie versprochen brachte Hermann sie hinein und erklärte der Oberschwester, dass es einen Notfall gegeben habe und dass Marta bei einer Operation habe helfen müssen. Lotte ließ sich schnell besänftigen und fand sogar lobende Worte für ihren Schützling. Sie hatten sich bereits draußen innig verabschiedet und sich für den nächsten Nachmittag verabredet. Das zweite Mal, um nicht gleich die Notlüge auffliegen zu lassen, sagte Hermann förmlich Auf Wiedersehen. Nachdem sie anschließend einen Teller Suppe zu sich genommen hatte, die Lieschen für sie zum Abendbrot aufbewahrt hatte, begab sich Marta in ihr Zimmer, wo Eva auf sie wartete, der sie später aufgeregt alles über Hermann erzählte.

»Und wonach steht dir der Sinn?«, erkundigte sich Hermann am nächsten Tag, als Marta aus dem *Blauen Himmel* trat, vor dem er geduldig auf sie gewartet hatte und sie sofort innig umarmte. Sie hatte sich bisher keine Gedanken gemacht, was sie gemeinsam unternehmen könnten. Ihr Tag war einfach mit dem sehnsüchtigen Verlangen angefüllt gewesen, Hermann wieder in die Arme schließen zu dürfen. Ihr Wunsch war es jetzt schon, jede Sekunde in seiner Nähe zu verbringen, ihre Zeit zusammen auszudehnen, als könnten sie die Welt außerhalb ihrer Zweisamkeit zum Stillstand bringen. »Ehrlich gesagt habe ich keine konkrete Vorstellung«, sagte sie schließlich. »Vielleicht gönnen wir uns ein Stück Kuchen? Weil es ja gestern keinen gab.«

»Und dazu einen Kaffee, schwarz wie die Mitternacht?«

Ein gemeinsames unbeschwertes Lachen ebnete den Weg für Hermanns folgenden Vorschlag. »Ich kenne da ein charmantes Café.« Er warf einen Blick auf seine Taschenuhr. »Falls du danach noch Lust hast, könnte ich dich auch zu einem Film ausführen.«

»Das klingt wunderbar«, erwiderte Marta. »Sind die Eintrittspreise denn erschwinglich?«

»Mach dir darüber bloß keine Sorgen. Als Soldat der Wehrmacht habe ich freien Zutritt zu den Vorstellungen, und das gilt selbstredend auch für meine Begleitung.«

Marta lächelte zufrieden und auch ein wenig stolz.

»Heute gibt es zwei Klassiker. *Kolberg* im Union und *Die Große Liebe* im Capitol.«

»Da muss ich nicht lange überlegen.« Marta spürte selbst, dass sie leicht errötete. »Ich liebe Zarah Leander.«

»Na, dann auf, stärken wir uns zunächst mit Kaffee und Kuchen.«

Das Innere des Cafés *Zur Münzgasse* an der Frauenkirche empfing Marta und Hermann mit der Gemütlichkeit vergangener Epochen. Poliertes Kirschholz spiegelte das sanft gedämpfte Licht der Wandleuchten, die in warmen Schatten an der purpurgestreiften Tapete tanzten. Sie nahmen an einem kleinen Marmortisch in einer lauschigen Ecke Platz, geduckt unter dem wohlwollenden Blick eines Schwarz-Weiß-Bildes Dresdens. Marta kam es vor, als sei die Zeit hier stehen geblieben. Die betuchten Gäste – Damen in eleganten Kleidern und Herren in Anzügen –, die Zigarre rauchend ihre Nasen in Zeitungen steckten, erinnerten nicht im Entferntesten an Krieg. »Es ist schon verrückt, oder?«, fragte sie. »Vor zwei Wochen war ich noch eingepfercht in einen stinkenden Viehwaggon, nun sitze ich hier auf samtbezogenen Stühlen und schnuppere gerösteten Kaffee und Schlagsahne.«

»Ich weiß genau, was du meinst«, antwortete Hermann. »Vor vier Wochen habe ich noch unter Granatfeuer im

Matsch eines Schützengrabens in Russland gezittert, und nun sitze ich hier bei wohliger Wärme zu Pianoklängen, und vor mir habe ich die wahrscheinlich schönste Frau, die sich unter all den Menschen in der Stadt aufhält.«

Verlegen schaute Marta aus dem Fenster auf die andere Seite der Straße. *Uhrenwerkstatt Meister Ignis* las sie da auf einem Schild, das über einem Schaufenster voll mit Uhren verschiedener Größen angebracht war. Ein geheimnisvoller Name, der bestimmt auch Eva gefallen würde.

»Darf ich den Herrschaften die Karten reichen?«, fragte die junge Kellnerin, die an ihren Tisch gekommen war. Sie trug eine weiße Schürze über einem schokoladenbraunen Kleid und eine Menge Rouge auf den Wangen. »Wissen Sie schon, was Sie trinken möchten?«

»Vielen Dank«, antwortete Hermann, nahm die Karten entgegen und orderte zwei Tassen schwarzen Kaffee. Eine Viertelstunde später standen ihre Kuchenteller neben den dampfenden, goldbeschlagenen Porzellantassen. Während er einen klassischen Apfelkuchen mit Zimt und Sahne bestellt hatte, war Martas Wahl auf eine einheimische Köstlichkeit gefallen. »Ich glaube, ich habe noch nie so Leckeres gegessen«, sagte sie, als sie von der Dresdner Eierschecke gekostet hatte und ihr Gaumen von dem süßen, cremigen Quark geschmeichelt wurde.

»Nicht wahr?«, pflichtete Hermann ihr bei.

Marta lächelte, zuckte aber augenblicklich zusammen, als sie neben sich einen dumpfen Schlag hörte. Sie drehte sich zum Fenster um und bekam bei dem Anblick, der sich ihr bot, unvermittelt ein schlechtes Gewissen. Draußen hatten sich zwei in Lumpen gehüllte Kinder aufgestellt, pressten ihre roten Nasen gegen die Scheibe und starrten auf Martas Kuchengabel. »Die Ärmsten«, sagte sie, als nur Sekunden später zwei verschmutzte Hände eines Erwachsenen nach den beiden griffen und sie vom Fenster wegzerrten.

»Irgendwann können auch sie wieder Kuchen essen«, versuchte Hermann, der Martas unsicherer Blick auffiel, zu besänftigen. »Lass dir davon nicht den Appetit verderben.«

»Schade, dass Inge nicht bei uns sein kann«, sagte Marta, als sie sich wieder ihrer Köstlichkeit zugewendet hatte. »Ich vermisse sie.«

»Ich auch. Sehr sogar.«

»Aber Eva, von der ich dir erzählt habe, ist mir eine gute Ersatzfreundin. Ich glaube, sie würde sich sehr gut mit Inge verstehen.«

»Kannst sie ja nach dem Krieg nach Danzig einladen.«

Marta schaute von ihrer Eierschecke auf und sah Hermann mit großen Augen an. »Glaubst du, dass wir zurückkönnen, wenn der Krieg vorbei ist?«

»Aber sicher doch«, antwortete Hermann. »Nur wann das sein wird, das weiß ich leider auch nicht. Es könnte noch eine ganze Weile dauern.«

»Das wäre schön, wenn wir zurückkämen.« Sie versank in Gedanken, während sie die Gabel wieder in ihren Kuchen stach. »Es sind schon so viele Soldaten gefallen. Ich möchte, dass du wieder aus dem Krieg heimkehrst, Hermann. Du musst es mir versprechen.« Sie blickte wieder zu ihm auf.

»Ich verspreche dir, ich werde nicht fallen«, erwiderte Hermann. »Höchstens über dich her, wenn du mich weiter mit deinen süßen Pinguinaugen anhimmelst.«

»Untersteh dich«, rief Marta laut aus, fühlte sich innerlich aber natürlich von Hermanns Worten beflügelt.

»Tut mir leid«, sagte er grinsend. »Das ist der Landserhumor.«

Als sie aufgegessen hatten und noch eine Weile in ihrer gemütlichen Ecke saßen und Erinnerungen an eine schönere Zeit austauschten, bemerkte Marta, dass Hermann immer wieder in Richtung des Kücheneingangs blickte. »Willst du noch etwas bestellen?«, fragte sie.

»Wie?« Hermann schien mit den Gedanken woanders. »Ach so. Nein, nein. Würdest du mich wohl kurz entschuldigen?«

»Natürlich.« Marta wunderte sich.

»Ich bin gleich zurück«, sagte er, stand auf und verschwand in den Eingang, der zur Küche führte, sodass Marta ihn nicht weiter im Blickfeld hatte. Er war nicht lange fort und kehrte mit einem rosafarbenen Karton unter seinem Arm zum Tisch zurück. Ohne etwas dazu zu sagen, stellte er, nachdem er sich wieder zu Marta gesetzt hatte, das mysteriöse Paket zwischen seinen Stiefeln unter dem Tisch ab.

»Was hast du denn da geholt?«, fragte sie.

»Es ist wohl besser, wenn du es nicht weißt.«

Als Marta darauf ungehalten reagierte, ergänzte Hermann seine Aussage. »Es ist jedenfalls nichts, worüber du dir Sorgen machen musst. Nur etwas, das ich, bevor wir ins Kino gehen, abliefern muss.«

»Dann werde ich dich begleiten. Oder willst du mich etwa alleine warten lassen?«

»Nein, wir machen nur einen klitzekleinen Umweg.«

»Dann will ich wissen, was da drin ist.«

»Ich erkläre es dir auf dem Weg.«

Als sie später an der Elbe entlangliefen, hielt Hermann Wort. »Diese Lebensmittel in dem Karton«, begann er, »ich sammle sie für die Vertriebenen, die Versteckten, die Verfolgten in Dresden. Sie sind wie wir, aber jeden Tag vom Ende bedroht.«

»Hermann«, sagte Marta und zog ihn an sich. Nachdem sie sich zu allen Seiten umgesehen hatte, flüsterte sie: »Hast du etwa immer noch Kontakte zum Widerstand?«

»Selbstverständlich«, antwortete er. »Ich werde doch nicht untätig in einem Lazarett verschimmeln.«

»Du begibst dich in große Gefahr.«

»Du kennst mich«, sagte er. »Ich kann nicht anders.«

»Wer ist der Mann, zu dem wir jetzt gehen?«

»Er war ein einst angesehener Cellist, der sogar mal für den Dresdner Rundfunk gearbeitet hat. Kurz vor seiner Deportation haben ihm einflussreiche Leute geholfen und ein Versteck für ihn gefunden. Das, was in dem Karton ist, ist nicht viel, aber es muss für die ganze nächste Woche reichen. Der Mann lebt in einem dunklen Kellerverschlag, den er nicht mehr verlassen kann. Es ist ihm nicht einfach möglich, oben ins Haus zu gehen. Da wäre er schon in Lebensgefahr.«

»Gibt es in Dresden viele versteckte Juden?«

»Mehr, als du glaubst. Es gibt aber auch hier in Sachsen gutherzige Leute, die ihre Menschlichkeit nicht verloren haben. So wie der Besitzer des Cafés *Zur Münzgasse*, der die Reste dessen, was die Kunden nicht essen, nicht einfach den Hunden zum Fraß vorwerfen will.« Er sah sie an. »Weißt du, Stutthof, das ist längst nicht das schlimmste Lager. Ich bringe auch einer Mutter und ihrer erwachsenen Tochter zu essen, die die mutigen Sachsen aus einem Viehwagen befreit haben. Die waren in einem Lager in Polen, einem Massenlager, das inzwischen der Roten Armee in die Hände gefallen sein dürfte. Man hört Ungeheuerliches. Die Menschen, die kommen da nicht mehr zum Arbeiten hin, sondern zum Sterben. Nicht durch Krankheiten oder Erschöpfung, sondern sie werden dort hingerichtet.«

»Ich dachte immer, wenigstens diese Scheußlichkeiten seien unhaltbare Gerüchte.« Marta merkte, wie sich ein Kloß in ihrem Hals bildete. »Wenn das so ist«, stammelte sie. »Wenn das nach dem Krieg rauskommt. Was werden die Sieger mit uns machen?«

»Wir können nur hoffen, dass sie nicht Gleiches mit Gleichem vergelten«, sagte Hermann. »Komm, lauf etwas schneller, wir müssen uns ein wenig sputen, wenn wir pünktlich zur Vorstellung im Capitol sein wollen.«

Die Sonne war bereits hinter den Dächern der Altstadt untergegangen, als Hermann Martas Hand drückte und sie in eine dunkle Gasse in Ufernähe führte. »Hier ist es«, flüsterte er, als sie vor einem unscheinbaren Eingang eines unbeleuchteten Hauses stehen blieben, an dem der Putz von der Fassade abbröckelte. »Warte hier.« Er klingelte, und kurz darauf wurde die knarrende Tür einen Spalt geöffnet, durch den er mit dem Karton unterm Arm hindurchschlüpfte. Durch die plötzliche Stille in der Gasse fühlte sich Marta wie gelähmt. Sie suchte Schutz an der Hauswand und achtete auf jedes Geräusch, das an ihr Ohr drang, und jeden Schatten, der über das Pflaster huschte. Jedes Knacken, jedes Flüstern des Windes ließ sie augenblicklich zusammenzucken. Sie fühlte sich wie damals in dem Waldstück am *Biesinger Hof*. Was, wenn sie längst entdeckt worden waren, dachte sie. Wenn ihnen jemand gefolgt war? Ihr wurde unmittelbar bewusst, dass jeder Moment, den Hermann im Haus verbrachte, ein Risiko darstellte. Ängstlich ließ sie ihren Blick über die Fassaden und Fenster der gegenüberliegenden Häuserzeile gleiten. Sie dachte an die Konsequenzen, an das, was passieren würde, wenn die Gestapo sie hier erwischte. Warum dauerte das nur so lange? Hatte man Hermann in eine Falle gelockt? Ausgerechnet heute, wo sie dabei war? Wie lange kannte er den Mann denn schon, dem er zu essen brachte, und konnte er demjenigen vertrauen, der ihn in seinem Haus versteckte? Sie hatte ihn das alles nicht gefragt. Jetzt ist es aus, schoss es ihr in dem Moment durch den Kopf, in dem sie plötzlich Schritte hörte. Als sie in die Richtung blickte, aus der sie kamen, erkannte sie einen Mann mit tief sitzendem Hut, der auf sie zulief. Ein Hinterhalt? Ein Polizist in Zivil? Ihr Herz trommelte gegen ihren Brustkorb. Würde der Fremde jetzt eine Pistole zücken? Ohne sie eines Blickes zu würdigen, ging der Mann jedoch vorbei, vielleicht hatte er sie auch nicht gesehen. Gerade noch mal gut gegangen. Endlich öffnete sich die Tür wieder, und Hermann trat heraus. Marta atmete laut auf.

»Unruhig geworden?«, fragte er, als er ihr seinen Arm zum Unterhaken entgegenhielt.

»Puh, und wie.«

»Dann lass uns schnell weiter«, witzelte er.

Hermann schien überhaupt keine Angst zu haben, und Marta bewunderte ihn für seinen Mut. Als sie wieder in eine belebtere Gegend kamen, fragte sie ihn, wie oft er seinen Aufträgen nachgehen müsse.

»So oft es eben notwendig ist«, antwortete er vage. »Ich kriege Bescheid. Aber mach dir keine Sorgen, du musst nicht noch mal mit. Du machst deine wichtige Arbeit mit den Flüchtlingen, und ich verteile hin und wieder Essen. Normalerweise gehe ich früher los. Am Tage ist diese Mission unauffälliger als bei Dunkelheit.«

»Dann waren wir also nicht ganz zufällig im Café an der Frauenkirche?«

»Sagen wir, es war sinnvoll, Nützliches mit Angenehmem zu verbinden.« Er schaute sie an: »Der Kuchen hat doch trotzdem geschmeckt, oder etwa nicht?«

»Ja, und wie, aber …«, sie überlegte. »Dann war es doch auch klar, dass ich das mitbekomme mit dem Karton. Und nachfragen würde.«

»Das stimmt wohl.«

»Du hattest also von Anfang an vor, mich einzubinden?«

»Ich hatte vor, dich einzuweihen, ja. War das keine gute Idee?« Er schaute skeptisch. »Ich wollte dich nicht in Gefahr bringen, dich nicht ängstigen, falls du das meinst. Du hast gesagt, dass du …«

»Nein, Hermann«, antwortete sie. »Das hast du genau richtig gemacht. Das zeigt, dass du keine Geheimnisse vor mir hast. Ich hatte mich doch dazu entschieden, ein Teil des Widerstandes zu sein. Das gilt auch für meine Zeit in Dresden.« Ihre Miene verdunkelte sich leicht. »Und dennoch würde ich mir wünschen, dass du dich nicht in eine solche Gefahr begibst, gerade jetzt, wo wir uns wiedergefunden haben und uns nur so wenig Zeit bleibt.«

»Es ist nicht so gefährlich«, sagte Hermann. »Jedenfalls nicht im Vergleich zu dem, was wir in Danzig gemacht haben.«

»Es sind also nur diese Aufträge? Menschen mit Essen zu versorgen?«

Hermann zögerte.

»Hermann?«

»Ja, ich bin hier nur zuständig für die Versorgung mit Lebensmitteln.« Er setzte entschlossener nach: »Nichts, wo ich direkt mit Nazis in Kontakt komme.«

»Das ist gut«, sagte Marta und zog ihn näher an sich heran. »Dann danke ich dir für dein Vertrauen.«

Sie stellte sich auf die Zehenspitzen und drückte ihm einen Kuss auf die Wange, einen deutlich zu langen, während dessen sie sich vorstellte, ihre Lippen ein wenig weiter zu seinen hinzubewegen und ihn richtig zu küssen. Noch immer schlug ihr Herz schnell. Nein, schon wieder tat es das. Nur war es nicht mehr Angst, die in ihr pochte, sondern die Liebe.

Ein kalter Wind wehte, als Marta und Hermann kurz darauf durch die belebte Prager Straße schlenderten. Menschen strömten in das warme, hell erleuchtete Foyer des Capitols, um für eine Spielfilmlänge der Realität zu entfliehen. Marta sah Paare in Zivilkleidung und kleinere Gruppen von Soldaten, von denen einige Hermann erkennbar neidisch ansahen.

Sie nahmen nebeneinander in einer der hinteren Reihen Platz. Als die Lichter im Saal gedimmt wurden und sich der Vorhang hob, war Marta bereits in Stimmung für einen Liebesfilm, zumal sie seit Ewigkeiten nicht mehr im Kino gewesen war. Den strahlenden weißen Reichsadler, der nun auf der Leinwand erschien und die Wochenschau ankündigte, hatte sie beinahe vergessen.

»Im Westen hält die deutsche Front den fortgesetzten angloamerikanischen Angriffen stand«, verkündete

Wochenschausprecher Harry Giese in gewohnt zuversichtlichem Duktus. Unterlegt von heroischer Fanfarenmusik zeigten die Bilder deutsche Truppen, die Dorf um Dorf zurückeroberten, während sich ein amerikanischer Soldat nach dem anderen mit gequältem Ausdruck in Gefangenschaft begab. Mit akkurat sitzenden Uniformen und siegessicherem Blick marschierten Wehrmachtssoldaten mit geschulterten Gewehren voran.

»Nanu«, kommentierte Hermann die Bilder. »Die sind ja alle ganz glatt rasiert an der Westfront. Keiner ist verletzt. Ich wusste gar nicht, dass wir noch so viele Tigerpanzer besitzen. Ungeheuerlich, so viele Ritterkreuzträger in den eigenen Reihen. Wie sieht es eigentlich in Russland aus?«

Dass auch die anderen im Saal anwesenden Soldaten Goebbels' Propaganda nicht mehr ernst nahmen, erkannte Marta an dem Gelächter, das von den vorderen Sitzen herüberschallte. Und trotzdem überkam sie im Wissen, dass Hermann schon bald wieder an die Front musste, ein beklemmendes Gefühl. Langsam ließ sie ihre Hand zur Seite gleiten, in der Hoffnung, dass er sie ergreifen würde. Er tat es erst, als sich der Vorhang der Bühne des Varietés Scala öffnete. Sanft lehnte sich Marta an Hermanns Schulter und genoss den Film.

Als sie zwei Stunden später vor dem *Blauen Himmel* standen, sagte Marta: »Danke für die Begleitung. Hier bin ich momentan zu Hause.«

Hermann stieg auf ihr Spiel ein und mimte Oberleutnant Paul Wendland: »Sie werden mich heute Abend noch in Ihr Haus bitten.«

Marta fuhr mit der Rolle der Opernsängerin Hanna Holberg fort. »Ich werde nicht! Verlassen Sie sich darauf!«

Hermann legte seine Hand hinter sein Ohr, denn im Film würde nun der Fliegeralarm aufheulen. »Der Alarm bleibt aus«, sagte er und wandelte den nächsten Satz vom Original ab: »Wir sind ja im sicheren Dresden. Trotzdem, oder gerade deswegen, sage ich mit Wendlands Worten: Na? Bin ich ein guter Prophet?«

Marta und Hermann lachten, im Überschwang nahm sie seine Hände. Sie standen nun ganz dicht beieinander. »Hermann, du bist so lustig. Du bist so …« Sie verstummte, als sie merkte, dass er ihr tief in die Augen schaute, während er sie immer weiter zu sich heranzog. Ihr Herz schlug noch schneller, als er ihre Taille umschloss. Dann beugte er sich zu ihr hinunter und legte sanft seine Lippen auf die ihren. Es war ein zärtlicher, vorsichtiger Kuss, doch Marta wurde plötzlich von einem unbändigen Verlangen übermannt. Ihre Hände umklammerten seinen Nacken, während sie sich selbst nach hinten fallen ließ und seine leidenschaftlich werdenden Küsse erwiderte.

Als Marta kurz darauf ihr Zimmer betrat, lag Eva in ihrem weißen Schlafrock auf ihrem Bett. Sie hatte ihre langen roten Haare ordentlich gekämmt und war in ein Märchenbuch vertieft, das sie gerade las. »Na, wo warst du denn den ganzen Tag?«, fragte sie, als sie Marta bemerkt hatte. »Mensch, du strahlst ja bis über beide Ohren. Erzähl mir alles! Sofort!«

»Gleich.« Marta zog sich ihre Kleider aus und ihr Nachthemd über, wusch sich über der Waschschüssel und legte sich zu Eva ins Bett, sodass sich ihre Nasen fast berührten. Sie zog die Bettdecke hoch, gluckste vor Freude und flüsterte: »Er hat mich geküsst. Er hat es wirklich getan, und es war atemberaubend.« Danach erzählte sie in allen Einzelheiten von ihrem Tag, wobei sie den Besuch beim versteckten Juden ausließ.

KAPITEL 8

Der letzte Auftrag

Nachdem Hermann die ganze Nacht von Marta geträumt hatte, saß er am nächsten Morgen um acht Uhr schon angekleidet auf seinem Bett. Seine Miene war ernst. Hätte er ihr doch mehr sagen sollen? Nein, sie hätte sich nur unnötig Sorgen gemacht. Außerdem war es ja *nur noch* dieser eine Auftrag, der erledigt werden musste. *Nur noch* wenige Tage blieben ihm, bevor er wieder an die Front musste – fort von Marta, fort von der Sicherheit dieses Ortes. Er musste *nur noch* eine wichtige Aufgabe für den Widerstand erledigen, und dann konnte er die restliche Zeit mit ihr in vollen Zügen genießen, trotz der Wirren des andauernden Krieges. Er stand auf, lief aus dem Zimmer, die Treppen hinunter in den Keller, wo er sich um die Regale mit Medikamenten und Verbandsmaterial kümmerte. Das war zumindest offiziell seine Tätigkeit hier unten, von den gelegentlichen Besuchen, die er hier bekam, einmal abgesehen.

»Ah, Kaminsky, endlich«, sagte Oberstleutnant Beckmann, als Hermann den Kellerraum betrat und die Tür fest hinter sich verschlossen hatte.

Der heimliche Kopf des Dresdner Widerstands trat aus dem Halbdunkel hervor. Das schwache Licht, das durch das einzige Fenster fiel, ließ die linke Seite seiner Uniform aufblitzen und warf tiefe Schatten in sein Gesicht. »Ich weiß, Sie sind pünktlich, aber ich habe es eilig«, fuhr Beckmann fort und überreichte Hermann einen Umschlag. »Also, hier sind die Details. Sie müssen in die Rüstungsfabrik in Radebeul einbrechen und die Unterlagen stehlen. Wie Sie das machen und wo sie zu finden sind, steht wie immer da drin.«

Hermann öffnete den Umschlag und überflog die Papiere. »Das ist hochgefährlich. Die Fabrik ist schwer bewacht.«

»Ich weiß«, sagte Beckmann. »Aber diese Pläne, die Sie da rausholen sollen, könnten den Krieg entscheiden. Die Amerikaner brauchen sie dringend.«

»Der Krieg ist bereits entschieden. Und die Fabrik produziert doch gar nicht mehr. Was könnte da noch so entscheidend sein?«

»Sie wissen, dass ich Ihnen diese Information nicht geben kann«, erwiderte Beckmann ausweichend.

Hermann schluckte. Er hatte keine Angst um sich selbst, doch er dachte daran, wie Marta damit umgehen würde, wenn ihm etwas zustoßen würde. Schnell schob er den Gedanken beiseite. »Wann soll ich loslegen?«

Beckmann nickte zufrieden. »Heute Nacht. Ich wünsche Ihnen viel Glück, Kaminsky. Denken Sie schön an Stauffenberg und die Männer des 20. Juli. Unsere Vorbilder immer fest vor Augen.« Er klopfte ihm auf die Schulter, schritt an ihm vorbei und verließ den Raum.

»Jawohl, Herr Oberstleutnant«, sagte Hermann, jedoch ohne zu salutieren, wie es ihm Beckmann bei ihrem ersten Treffen hier unten schon aufgetragen hatte. Er steckte die Unterlagen mit einem tiefen Seufzer ein, hoffte dabei, dass Marta ihm sein schlechtes Gewissen wenigstens nicht ansehen würde, wenn er sie heute zum Abendspaziergang zur Brühlschen Terrasse abholte.

Als er am späteren Abend zum *Weißen Hirsch* zurückkehrte, plagte Hermann immer noch ein schlechtes Gewissen. Er konnte sich nicht sicher sein, ob Marta wirklich nichts ahnte. Sie hatte ihn heute Abend mehrmals gefragt, warum er so still sei und ob ihn etwas beschäftigte. Ob es mit seinen Aufträgen im Widerstand zu tun hätte.

»Nein, es war nur ein langer Tag«, hatte er geantwortet und sie zum ersten Mal belogen. Er schritt die Stufen hinauf zu seinem Zimmer. Die kalte Luft, die durch die Gänge zog, trug den muffigen Geruch von Desinfektionsmitteln und schwelenden Kohleöfen. Es war ruhig im Lazarett, alle Patienten schienen zu schlafen. Er betrat sein Zimmer, schaltete das Licht ein und schloss die Tür hinter sich zu. Das Bett seines Zimmernachbarn war gemacht und leer. Beckmann hatte mit seinen Beziehungen dafür gesorgt, dass Joseph für zwei Nächte wegen einer dringenden Untersuchung ins Krankenhaus verlegt worden war.

Hermann setzte sich auf das Bett, das unter seinem Gewicht leise knarrte, und zog den Umschlag aus seiner Tasche. Er breitete die Unterlagen vor sich aus und begann die Pläne der Rüstungsfabrik in Radebeul zu studieren. Besonders wichtig waren die Informationen über die Positionen der Wachtposten und ihre Schichtwechsel, die Beckmann zuvor hatte ausspionieren lassen. Während Hermann jede Linie und jeden Hinweis auf dem Papier mit dem Finger nachverfolgte, stiegen plötzlich Zweifel in ihm auf. War dieser Auftrag wirklich so entscheidend, dass er sein Leben riskieren musste? Und was, wenn etwas schiefging? Was würde dann aus Marta werden? Er schloss für einen Moment die Augen und dachte an ihr Lächeln, an ihre Wärme und die Sicherheit, die sie ihm gab. Wie sehr wünschte er sich, ihr alles zu erzählen, ihr die Wahrheit zu sagen. Doch er wusste, dass es zu gefährlich war. Jeder, der von seinem Auftrag wusste, war potenziell in Gefahr.

Er öffnete die Augen und zwang sich, weiterzumachen. Er musste ruhig und fokussiert bleiben. Der Krieg verlangte Opfer, und seine Liebe zu Marta bedeutete, dass er sie schützen musste – selbst wenn das hieß, sie im Unklaren zu lassen.

Hermann ging die Anweisungen ein letztes Mal durch, versuchte sich jedes Detail zu verinnerlichen, jede Gefahr abzuschätzen. Sein Herz pochte heftig in seiner Brust, aber er wusste, dass er keine Wahl hatte. Die Pläne könnten den Krieg entscheiden, hatte Beckmann gesagt. Und das war es, was zählte. So hatte er es Marta auch erklärt, als sie ihn in Danzig darum gebeten hatte, Teil von etwas Großem sein zu dürfen.

Hermann war nervös und wäre sicher allein deswegen schon nicht eingeschlafen. Doch um ganz sicherzugehen, setzte er sich gerade aufs Bett und stopfte die hölzerne Pfeife mit seinem Lieblingstabak Ambrosia. Rauchend vertiefte er sich zur Ablenkung in Erich Maria Remarques *Im Westen nichts Neues*, das verbotenerweise unter einigen seiner Kameraden kursierte und das er sich nun zum zweiten Mal ausgeliehen hatte.

Als der Zeitpunkt näherrückte, bereitete sich Hermann vor. Er zog sich einen schwarzen Mantel und eine dunkle

Hose an, die ihm Bewegungsfreiheit ermöglichten. Seine robusten Stiefel, die schon viele Kilometer hinter sich hatten, sollten ihn durch die eisigen Straßen Dresdens tragen. Er setzte seine dunkle Wollmütze auf und wickelte einen Schal um den Hals, um sowohl die Kälte abzuhalten als auch sein Gesicht zu verbergen. Genau nach Plan schlich sich Hermann schließlich um Punkt zwei Uhr morgens aus dem Lazarett und machte sich im Schatten der Stadt auf in Richtung Radebeul.

An den Außenmauern des hell erleuchteten Fabrikgeländes huschte er wenig später mit klopfendem Herzen von Schatten zu Schatten, nachdem die Wachsoldaten mit ihren Hunden aus seinem Blickfeld verschwunden waren. Er fand die Stelle, an der er unbemerkt über den Zaun klettern konnte. Dahinter landete er unbemerkt auf der anderen Seite und fand Deckung hinter einem Gebüsch. Vor ihm erhoben sich die massiven Steingebäude, deren Fenster schwach erleuchtet waren. Hermann wusste, dass er jetzt höchste Vorsicht walten lassen musste. Ein falscher Schritt konnte ihn das Leben kosten. Die Scheinwerfer des Wachturms würden ihn anstrahlen, Hunde würden bellen, Schüsse fallen.

Langsam und geduckt näherte er sich einem Seiteneingang. Wieder musste er warten, bis ein Wachtposten weitergezogen war. Dann huschte er zur Tür und zog vorsichtig den Dietrich aus seiner Tasche. Das Schloss knackte leise, als er es mit einem Ruck aufbekam. Mit angehaltenem Atem schob er die Tür auf und schlüpfte in den dunklen Flur, schlich durch die Gänge, die er sich auf der im Umschlag befindlichen Karte genau eingeprägt hatte, und fand schließlich das Büro. Vorsichtig öffnete er die Tür einen Spalt und spähte hinein. Der Raum war leer. Er trat ein und durchsuchte die Schreibtischschubladen eilig nach den geforderten Unterlagen.

Er hatte sie gerade griffbereit, als er plötzlich Stiefelabsätze auf dem Gang vernahm. Hermann erstarrte. Die Schritte kamen näher. Wenn die Person vorhatte, das Büro zu betreten, wäre er geliefert. Es gelang ihm, hinter die Tür zu springen. Während er langsam seinen Koppel löste, hoffte er verzweifelt, dass die Schritte sich entfernen würden. Doch sie verstummten direkt vor der Tür. Hermann wagte nicht zu atmen. Er hörte ein Furzgeräusch, dann stieß der Mann die Tür auf und knipste das Licht an. »Was, zum Kuckuck«, hörte Hermann den Fremden sagen, der schon auf den Schreibtisch zuging. Von hinten erkannte Hermann die schwarze Uniform mit dem Totenkopf-SS. Er musste handeln, bevor der Soldat Alarm schlagen konnte. Nein, Hermann wollte heute nicht sterben, nicht bei seinem letzten Auftrag, nicht hier in diesem kahlen Büro, nicht jetzt, wo er Marta wiederhatte. Schnell sprang er hinter der Tür hervor, und noch ehe sich der SS-Mann umdrehen konnte, hatte er ihm seinen Koppel um den Hals geworfen. Er ließ die Schlinge zuschnappen und drückte fest zu. Der Soldat griff sich an den Hals und versuchte, den Gürtel wegzuziehen. Es gelang ihm nicht. Hermann zog fester und fester, bis der Soldat unter Gurgellauten zu Boden ging.

Als er die Schlinge nicht mehr länger halten konnte, sprang Hermann mit seinem Knie auf den Brustkorb des nun am Boden liegenden Mannes. Er erkannte, dass es sich um einen einfachen, älteren, dürren Wachsoldaten handelte. Mit weit aufgerissenen Augen über seinen eingefallenen Wangen schaute er ihn röchelnd an, versuchte mit seinen knochigen Fingern die Schlinge zu lösen. In seiner Todesangst entwickelte der Soldat enorme Kräfte, zappelte mit den Beinen und versuchte Hermann abzuschütteln. Er konnte den Gürtel nicht länger packen, ließ ihn los und drückte dem Soldaten beide Hände an den Hals. Sein Todeskampf dauerte noch über eine Minute, dann verließen ihn die Kräfte. Der Mann zuckte, bäumte sich noch einmal auf und blieb dann reglos auf dem Rücken liegen. Für einen Moment erstarrte Hermann, als er die eisige Panik in den Augen des Toten sah. Zwar hatte er im Gefecht auf Feinde geschossen, doch er hatte noch nie bewusst getötet und fühlte Übelkeit in sich aufsteigen. Bevor ihm der Mageninhalt hochkam, riss er sich zusammen, löste mit zitternden Händen den Gürtel vom Hals des Mannes und legte ihn sich wieder um. Dann vergewisserte er sich noch einmal, dass er die richtigen Unterlagen gefunden hatte, und flüchtete aus der Fabrik. Er lief zum vereinbarten Treffpunkt in die Seitenstraße, in der das Auto auf ihn wartete. Er sprach kein Wort mit dem Fahrer, den er nicht kannte. Neben ihm auf der Rückbank stand der Koffer, in dem er die Unterlagen verstaute. Als er wenig später in seinem Bett lag, konnte Hermann lange kein Auge zumachen. Er dachte daran, dass der Mann, den er getötet hatte, ein Leben gehabt hatte, eine Familie, Kinder vielleicht. Doch dann erinnerte er sich daran, wofür er das alles tat. Die Unterlagen, die er besorgt hatte, würden wahrscheinlich viele Ehemänner und Väter retten, wenn dadurch der Krieg verkürzt würde. Das war der Preis, den er bereit sein musste zu zahlen. Mit einem Kloß im Hals fiel er schließlich doch in einen traumlosen Schlaf. Am nächsten Tag verdrängte er die Geschehnisse der Nacht, wollte die Zeit jetzt nur noch

Marta widmen. Doch die Tage, die ihnen blieben, vergingen wie im Fluge.

Die Betreuung der Flüchtlinge verlangte Marta viel Kraft und all ihre Aufmerksamkeit ab, sodass sie während ihrer Arbeitszeit kaum dazu kam, sich Sorgen über Hermanns Engagement im Widerstand zu machen. Wenigstens konnte sie sich etwas beruhigen, nachdem Hermann ihr bald berichten konnte, dass sein Onkel Heinrich ein Antwortschreiben aus Danzig gesandt hatte. Es waren keine freundlichen Zeilen gewesen, und dennoch besänftigten sie Marta.

Das feige Ehepaar Rielke hat seiner Heimatstadt den Rücken gekehrt, um sein Glück in Berlin zu machen.

Damit wusste sie, dass ihre Eltern nur bei ihren Großeltern mütterlicherseits sein konnten. Sie nahm sich vor, nach Berlin weiterzureisen, sobald Hermann die Stadt verlassen hatte, und hoffte, dass sie wenigstens für ein paar Tage im Himmelreich abkömmlich sein konnte. Die Anzahl der Vertriebenen aus dem Osten, die ihr Lager im Ballsaal einrichteten, war nämlich rasant angestiegen, sodass bereits keine weiteren Aufnahmen mehr möglich waren. Bei einem Spaziergang durch den *Großen Garten* war Marta regelrecht erschrocken. Tausende Flüchtlinge, die keinen Platz in überdachten Lagern mehr fanden, hatten sich hier provisorisch in ihren Fuhrwerken und Zelten des Roten Kreuzes eingerichtet. Als sie Lotte einmal fragte, wie viele es denn schon seien, antwortete die Oberschwester, im gesamten

Stadtgebiet müssten sich längst über zweihunderttausend Vertriebene eingefunden haben, und ein Ende sei weiter nicht in Sicht.

Pünktlich nach ihrem Feierabend holte Hermann seine Marta jeden Tag ab, um mit ihr schöne Dinge zu unternehmen. Sie genossen die Spaziergänge sowohl in der Altstadt als auch an der Elbe und kehrten gemeinsam in ihr Lieblingscafé an der Frauenkirche ein. Hermann schaffte es sogar, Karten für ein begehrtes Konzert mit Kompositionen von Richard Wagner im Kulturpalast zu organisieren. Um ihre neu entdeckte Liebe genießen zu können, beschlossen sie, während der knappen Zeit, die ihnen vergönnt war, so wenig wie möglich über den Krieg zu sprechen, denn beide litten schwer unter der Vorstellung, dass dieser sie bald wieder trennen würde. Bei ihren Spaziergängen ließen sie sich nicht vom einsetzenden Dauerregen abhalten, konsequent ignorierten sie auch jede Schreckensnachricht, hörten weg, wenn sich eine Gruppe Soldaten austauschte. Selbst die Fliegeralarme schoben sie beiseite, und in stillem Übereinkommen, dass Dresden sowieso nicht angegriffen werden würde, suchten sie die Luftschutzkeller gar nicht erst auf. Sie konzentrierten sich auf jedes Lächeln, jede kleine Berührung, jeden innigen Kuss. Sie lebten im Hier und Jetzt, fest entschlossen, jede Sekunde ihres Daseins gemeinsam zu zelebrieren, ohne zu wissen, was die Zukunft für sie bereithalten würde. Ihr friedlicher Alltag mauserte sich zu einer stillen Rebellion gegen den Krieg. Sie aßen in gemütlichen Gaststätten, tranken lieblichen Wein und sprachen von Danzig. Solange sie keine Nachricht von ihren Angehörigen hatten, wollten sie auch nicht über ihr Schicksal sprechen. Nur wenn Marta ihn küsste, konnte sie Gedanken und Gefühle nicht kontrollieren, es vermischten sich dann Angst, Wut, Traurigkeit mit einem heißen Begehren zu einem Sturm, der in ihrem Brustkorb tobte. Als sie eines Abends aus einer Theatervorstellung kamen und er sie erneut vor dem Himmelreich küsste, stieß Marta ihn von sich, wollte schreien, bitten, betteln, dass er bleiben möge, doch formten ihre Lippen nur den Satz: »Ich liebe dich.« Und er wiederholte ihn. Noch vier Tage blieben den beiden, um dieses reine Bekenntnis der Liebe so oft es ging zu wiederholen. Für ihren letzten gemeinsamen Abend hatte Hermann etwas ganz Besonderes vorgeschlagen, nämlich dass sie sich den Sonnenuntergang von der Kuppel der Frauenkirche aus ansehen sollten. Marta war aufgeregt und traurig zugleich. Unbedingt wollte sie ihm ein Abschiedsgeschenk machen. Doch bis auf die goldene Armbanduhr ihrer Mutter besaß sie nichts Materielles mehr, seit sie ihren Koffer in Allenstein zurücklassen musste. Die Uhr, die ihr sehr wertvoll war, sollte Hermann haben, aber nur, wenn sie auch tickte und ihn so immer an sie erinnern konnte. Da sie schon lange stehen geblieben war, beschloss Marta, sie bei Meister Ignis in Reparatur zu geben.

KAPITEL 9

Das Gewissen

Die Offiziersmesse auf dem ostenglischen Stützpunkt Exning in West Suffolk war an diesem Abend bis auf den letzten Platz besetzt, obwohl es keine Pflichtveranstaltung war. Wie schon vor vergangenen Missionen hatte Luftmarschall Cherleton den Männern freigestellt, den Abend vor dem Einsatz zu Hause bei ihren Familien zu verbringen. Doch jeder wusste inzwischen, wie großzügig der Kommandeur der hier stationierten Bombergruppe vor wichtigen Marschbefehlen mit den Alkoholvorräten der Royal Air Force umging. Und deshalb blieben fast alle. Oberstleutnant James Fernsby saß mit einem Wasserglas in der Hand im Kreis seiner siebenköpfigen Lancaster-Crew am Ende eines der langen Bankettische und ließ seinen Blick durch den Saal schweifen. Während sich die Männer, die ihre Uniformjacken aufgeknöpft oder schon ganz abgelegt hatten, ihre Gläser voll machten und sich angeregt unterhielten, räumten die Küchenkräfte in weißen Kitteln die großen silbernen Platten, auf denen heute Abend knusprig gebratene Gänsekeulen und Rinderbraten serviert worden waren, ab. Auf den Tischen stehen blieben die Kristallkaraffen mit bernsteinfarbenem Whiskey, die Krüge mit englischem Ale und die überfüllten Aschenbecher, aus denen der Rauch abgelegter Zigarren bis unter die Decke waberte. Das Tuscheln und Lachen der Soldaten war so laut, dass es die Swingmusik, die aus den Lautsprecherboxen schallte, übertönte. James war die Strategie, die hinter diesen opulenten Feierlichkeiten steckte, längst klar. Die Angst der Männer, über Feindesland abgeschossen zu werden, spielte dabei nicht mehr die entscheidende Rolle. Das passierte nämlich immer seltener, seit die RAF die komplette Lufthoheit über dem Deutschen Reich innehatte und Hitler inzwischen sogar seine Flakverteidigungsringe aus den Städten abgezogen hatte. Die Kanonen sollten stattdessen an der Ost- und Westfront im Bodenkampf gegen die unaufhaltsam vorrückenden Panzer der Amerikaner und Russen eingesetzt werden. Nein, mittlerweile ging es vielmehr darum, dass das Bomber Command zu verhindern suchte, dass die Soldaten zu Hause bei ihren Familien zu viel über den Sinn ihrer Tätigkeit nachdachten. Denn längst gab es überall in England scharfe Kritik an Churchills angeordnetem *Moral Bombing*. Viele hatten erkannt, dass die Strategie, Zivilisten zu töten, den Kriegsverlauf nicht maßgeblich beeinflusst hatte, und die Auslandspresse hatte bereits mehrmals davor gewarnt, dass die Bombenlast auch unschuldige Kinder tötete. Deutschlands Städte lagen in Schutt und Asche, und den Sinn, weiterzubombardieren – zumal die Rote Armee unaufhaltsam auf Berlin vorrückte und das Ende des Nazi-Reiches nur noch eine Frage von Wochen sein sollte –, konnten Teile der britischen Gesellschaft nicht mehr nachvollziehen. Den Soldaten der Royal Air Force jedoch wurde immer wieder eingetrichtert, von welch entscheidendem militärischem Nutzen ihre Einsätze sein sollten. James hatte schon ein Dutzend Angriffe auf Norddeutschland und das Ruhrgebiet geflogen. Er konnte sich nicht vorstellen, wo es noch etwas gab, das diesen – einen der größten Luftschläge des Krieges, wie ihnen am Tag zuvor angekündigt worden war – rechtfertigen würde. Wie immer kannte er keine genauen Zielkoordinaten, sondern würde diese erst kurz vor dem für morgen Abend geplanten Start erfahren. Beim Briefing hatte er nur heraushören können, dass es um die Zerstörung wichtiger Kommunikations- und Logistikzentren des Feindes gehen sollte. Nichts Konkretes über das Ziel selbst. James hasste diese Geheimniskrämerei. Ein weiterer Grund für die Spendierlaune seines Kommandeurs war die Tatsache, dass er sich selbst gerne sprechen hörte und dazu Publikum brauchte. Für heute hatte er eine ganz besondere Rede angekündigt. Vor dem Rednerpult hatten sich bereits der einbestellte Militärfotograf positioniert und ein Radiojournalist der Royal Air Force sein Mikrofon ausgerichtet.

James hatte sich vorgenommen, nach der Rede nicht mehr lange zu bleiben, er wollte den Abend lieber mit seiner hochschwangeren Frau Marion verbringen. Er trank einen Schluck und richtete dann seinen Blick wieder auf die Kameraden an seinem Tisch. Ihm gegenübersitzend hatten Bordmechaniker Clifford und Funker William bereits ordentlich dem Whiskey zugesprochen. Neben ihnen kaute Bordschütze Eugene auf dem Ende seiner Zigarre, vor ihm eine der wenigen Flaschen Rotwein an diesem Abend. Sein Zielwasser, wie der muskulöse Mittdreißiger zu sagen pflegte. Navigator Gordon kam gerade von der Theke zurück und stellte ein Tablett mit schäumenden, dickbäuchigen Bierkrügen in die Mitte des Tisches. Zum Glück hielt sich wenigstens sein Co-Pilot, Flugingenieur Fred, der neben ihm saß, zurück. Er nippte schon den ganzen Abend an einem Bier, was die sich im Rausch befindlichen Kameraden anscheinend nicht bemerkten.

»Wirklich kein Ale, James?«, raunzte Gordon, als er die Gläser verteilte. »Kein einziges?«

James schüttelte mit dem Kopf.

»He, was ist eigentlich los mit dir?«, lallte Clifford und stieß ihn von der Seite an. »Mensch, morgen ist vielleicht unser letzter Tag, also lasst uns feiern, solange wir können!«

»Ich bleibe nüchtern. Dann sind die Chancen, dass wir überleben, größer. Die Devise sollte eigentlich auch für dich gelten.«

»Ach, du spinnst ja«, warf Maschinengewehrschütze Harry ein. »Du kannst doch ausschlafen morgen wie wir alle. Außerdem, was soll schon passieren? Deutschland ist nur noch ein Acker.«

»Eben«, sagte James. »Die Frage ist ja, was machen wir dann eigentlich da?«

»Na, wir pflügen ihn um«, antwortete Harry, prustete los und mimte dabei die Bedienung seines Gewehres, mit dem er vom Heck aus Jagd auf deutsche Abfangjäger zu machen pflegte.

»Ihr habt wohl vergessen, dass ich es bin, der den Vogel fliegt«, sagte James, während die anderen sich ihre Krüge an die Lippen führten. »Es sollte in euer aller Interesse sein, dass ich eine ruhige Hand habe. Also: Nein, ich trinke erst, wenn die Nazis besiegt sind.«

»Aber dann richtig, wie?«, rief Gordon und setzte sich.

»Genau«, polterten die anderen, als sie sich den Schaum vom Mund wischten und die Gläser absetzten. In diesem Moment betrat der Luftmarschall die Messe und trat ans Rednerpult. Der Saal verstummte, und alle Blicke richteten sich auf den hochdekorierten Offizier in seiner perfekt sitzenden Paradeuniform, der gleich mit donnernder Stimme zu seiner Rede ansetzte:

»Meine Herren, morgen werden wir Geschichte schreiben! Unsere Bomber Group hat sich in diesem Krieg bereits unsterblichen Ruhm erworben. Bei den Tausenderbomberangriffen auf Köln und der Vorbereitung für die Rheinüberquerung haben wir gezeigt, dass wir die Lufthoheit über Nazideutschland haben. Nichts kann uns jetzt mehr aufhalten, um den Sieg für die Krone einzufahren.«

Ein Raunen ging durch die Reihen, gefolgt von vereinzeltem Beifall. Cherleton sprach noch eine geschlagene Viertelstunde über Ruhm und Ehre seiner Truppe, bevor er den Blick durch den Saal schweifen ließ und endlich zum Abschluss kam. »Meine Herren, unsere Vorfahren haben einst die Wikinger abgewehrt und die Freiheit Englands verteidigt. Morgen werden wir ihrer Tradition folgen und dem Feind den finalen Todesstoß versetzen! Für König und Vaterland!«

»Für König und Vaterland!«, grölte die Menge begeistert. Clifford und William sprangen auf und erhoben ihre Gläser, als der Kommandeur das Rednerpult verließ, um noch ein paar Worte mit den Journalisten zu wechseln.

James blieb mit verschränkten Armen auf seinem Platz sitzen. William, der das sah, nahm eine der Karaffen vom Tisch und kippte davon in James' Wasserglas. »Und du trinkst jetzt gefälligst auch auf den Sieg«, brüllte er ihn an, während er sich über den Tisch zu dem Piloten hinüberbeugte. James sprang auf und stieß William zurück, der von den Kameraden aufgefangen und dann festgehalten wurde, bevor sich eine Prügelei entspinnen konnte. James spürte, wie die Stimmung zu kippen drohte, und merkte, dass seine rechte Hand heftig angefangen hatte zu zittern. Schnell schob er sie in seine Hosentasche und machte mit seiner Linken eine beschwichtigende Geste. »Okay, lass uns einfach runterkommen, ja? Wir sind alle auf derselben Seite, oder nicht?« Er stand auf. »Und ich muss sowieso dringend mal an die frische Luft.«

Während sich James durch den Saal schlängelte, brodelte es in ihm. Wie sollte er morgen mit einer Crew fliegen, die sich lieber betrank, statt den Ernst ihres Auftrags zu begreifen? Alkohol hin oder her, wie konnten es sich ein Mechaniker und ein Funker herausnehmen, ihren Piloten vor versammelter Mannschaft derart bloßzustellen? Der Krieg schien alle verrückt werden zu lassen!

James wischte sich eine Haarsträhne aus der Stirn und richtete den Kragen seiner Paradeuniform, als er die schwere Eichentür zur Toilette aufstieß. Dahinter schlug ihm sofort der beißende Geruch von Urin entgegen, und sein Blick fiel auf die Pissoirs an der linken Wand des länglichen Raumes. In der rechten Ecke befanden sich drei Toilettenkabinen mit geöffneten Holztüren. Niemand war hier drin. Gut! James lief über die schmierigen Schwarz-Weiß-Mosaikfliesen, betrat die mittlere der Kabinen und schloss die Tür hinter sich.

Immer noch ärgerte ihn die Dummheit seiner Kameraden, dass sie sich den klaren Geist, den sie brauchen würden, stumpfsinnig mit Alkohol vernebeln wollten. Er würde sich mal wieder nur auf sich selbst verlassen können, dachte er, als er sich auf die Schüssel gesetzt hatte. Er seufzte und griff in seine rechte Brusttasche. Mit zitternden Fingern holte er die kleine Metalldose heraus und öffnete sie. Darin befanden sich die Überreste seiner zermalmten Herointabletten, die er seit Jahren als Schmerzmittel von einem befreundeten Arzt verschrieben bekam. James hatte jedoch schnell festgestellt, dass die Wirkung viel intensiver war, wenn er sich das Heroin injizierte. Deshalb hatte er sich ein eigenes Spritzbesteck besorgt. Er nahm das kleine Plastikröhrchen aus der Dose, in das er Wasser und Zitronensaft eingefüllt hatte, löste das kristalline Pulver darin auf und zog die Flüssigkeit in die Spritze auf. Dann suchte er an seinem Unterarm nach einer geeigneten Vene, klopfte ein paarmal darauf und stach die Nadel hinein. Zuerst brannte es, doch sobald der Wirkstoff in seine Blutbahn eingedrungen war, durchflutete ihn das so ersehnte Gefühl der Euphorie, das er vor allem brauchte, um überhaupt sein Flugzeug besteigen zu können.

Die danach anhaltende beruhigende Wirkung ließ ihn den Steuerknüppel so sanft bewegen, als sei seine Lancaster nie in den heftigen Flakbeschuss über Dortmund geraten, als hätte die Granate nie sein Flugzeug getroffen und die Kuppel, in der sein Bruder Dale gelegen und das Bordgewehr bedient hatte, abgerissen. Zwar hatte er die Maschine auch mit nur einem funktionierenden Triebwerk noch sicher zurück nach Hause gebracht, aber seit diesem Tag hatte sich alles verändert. Niemand wusste von dem kleinen Aufputschmittel, das er brauchte, um seiner Arbeit nachgehen zu können, ohne in der Luft einen Panikanfall zu erleiden. Aber was hätte er machen sollen? Er musste seine Familie ernähren, und so klappte es ja. James lehnte sich an den Spülkasten, schloss die Augen und schmunzelte.

Er saß in der offenen Kabine seiner roten B. A. C. VII, einem von seinem Vater geerbten Hochdecker-Segelflugzeug, das er mit einem Motorradmotor ausgerüstet hatte. Jetzt auf seiner gewünschten Flughöhe war der Motor allerdings aus. Er hörte nur das leise Rauschen der Luft über den Tragflächen, während er von den sanften Winden bei strahlendem Sonnenschein und wolkenfreiem Himmel getragen wurde und einen herrlichen Blick über die mystische Idylle der ostenglischen Landschaft am Rande des Sherwood Forests genießen konnte. Unter ihm breiteten sich grüne Wiesen und goldene Weizenfelder aus. Dazwischen erstreckten sich schmale Bäche und kleine Siedlungen mit Fachwerkhäusern, Kirchen und Mühlen. James atmete die frische, klare Luft tief ein und fühlte, wie die Anspannung von ihm abfiel. Hier oben gab es keinen Krieg, keine Bomben und keine Befehle. Hier flog er ganz ohne Angst und Heroin. Hier hatte er alles in der Hand und konnte machen, was immer ihm beliebte. Grenzenlose Freiheit. Nur das Gefühl von Leichtigkeit und Frieden.

Sein Blick fiel auf einen der wenigen Hügel einer satten Wiese, auf dem drei kleine Gestalten zu ihm emporschauten und winkten. James ging das Herz auf, es waren seine beiden blonden Töchterchen Maggie und Lynn. Hinter ihnen erkannte er seine geliebte Frau Marion, die eine Hand auf ihren gewölbten Bauch gelegt hatte. James spürte den Drang, seinen Liebsten jetzt ganz nahe sein zu wollen, zog am Höhenruder und ließ das Segelflugzeug sanft nach unten schweben, immer näher auf die Wiese zu.

Doch was war das jetzt? Ein Poltern und Lachen verhinderten seine Landung und rissen ihn aus seinem Traum. Sein Herz begann zu klopfen. Sofort war James hellwach, als er die Stimmen im Toilettengang vernahm. Er öffnete die Augen, packte blitzschnell sein Besteck zusammen und ließ es mitsamt der Dose in seiner Brusttasche verschwinden. Die Stimmen der Männer, die sich vermutlich an die Pissoirs gestellt hatten, erkannte er trotz des irritierenden Tons sofort wieder. Es waren Oberst Edward Birdwhistle und Brigadegeneral Percival Walden-Brown, die offensichtlich reichlich Alkohol getankt hatten. James versuchte, keinen Mucks zu machen, und lauschte.

»… also hat der alte Churchill sich wirklich für Dresden entschieden«, lallte Birdwhistle. »Damit hätte ich ja gar nicht gerechnet. Jammerschade um die ganze Kultur.«

»Dresden«, hörte James den General nuscheln. »Ganz vorzüglich. Die Stadt ist unverteidigt und vollgestopft mit Hunderttausenden Flüchtlingen aus dem Osten. Die werden sich wünschen, bei den Russen geblieben zu sein.«

»Wohl wahr, wohl wahr. Darauf trinken wir gleich noch einen Kleinen. Und dennoch. Meine Frau war mal in dieser wunderschönen Stadt. Es macht eigentlich keinen Sinn.«

»Warum passiert es dann?«, fragte Walden-Brown.

»Reines Prestige. Churchill will Stalin zeigen, wer der zukünftige Herr im Hause Europas ist. Wir werden ihm eine schöne Kostprobe unserer Feuerkraft geben, damit er nach Kriegsende nicht auf die Idee kommt, uns zu linken. Den Russen kann man bekanntlich noch weniger trauen als den Deutschen.«

»Wohl wahr, wohl wahr. Darauf trinken wir gleich noch einen Kleinen«, wiederholte er.

»Ich kann es kaum erwarten, die Aktion morgen aus sicherer Entfernung zu beobachten«, fuhr Birdwhistle kichernd fort. »Stellen Sie sich mal Schukows vor Neid erblasstes Gesicht vor, wenn er die Bilder davon sieht, wie man eine komplette Stadt auslöschen kann!«

Walden-Brown lachte laut. »Wohl wahr, wohl wahr. Das wird ein Fest. Ein wahres Grillfest. Wir werden einen Deutschen nach dem anderen grillen und sie den Russen zum Fraß vorwerfen.«

Die beiden Männer brachen noch mal in lang anhaltendes betrunkenes Gelächter aus. James musste sich auf die Lippen beißen, um einen angewiderten Laut zu unterdrücken. Bei dem Gedanken, dass er morgen explizit Kinder und Frauen töten sollte, wurde ihm schlecht. Er hörte wieder das Rauschen der Spülung und dann Birdwhistles mahnende Worte: »Aber jetzt Schnauze halten vor den Männern, ist ja alles streng geheim, und offiziell vernichten wir dort ein fiktives Kommunikationshauptquartier, Eisenbahnschienen und so weiter.«

James hörte die Schritte auf den Fliesen und kurz darauf die Tür ins Schloss fallen. Trotz der Substanz in seinem Blut wurde er wütend. Er war soeben Ohrenzeuge der Planung eines Verbrechens geworden, und er würde Teil einer teuflischen Mission sein. Für heute hatte er genug, die heitere, heuchlerische Atmosphäre der Offiziersmesse würde er keine Minute länger mehr ertragen können. Er beschloss, gar nicht erst zum Tisch zurückzukehren, sondern sich mit einem der bereitstehenden Wagen zur Familiensiedlung bringen zu lassen.

James saß am Steuer seines schweren Lancaster-Bombers, der mit dröhnendem Motorenlärm durch die Dunkelheit über Deutschland flog. Im Schein der leuchtenden Zielmarkierungen, die der Masterbomber vor ihm abgeworfen hatte, erstreckten sich unter ihm die Umrisse einer Stadt. Er kannte sie nicht, es war nicht Dortmund. Seinem Bruder Dale würde nichts passieren. Doch etwas war merkwürdig. Die zahllosen Scheinwerfer der Flakbatterien leuchteten nicht in den Himmel, um die Bomber zu blenden, sondern warfen Lichtkegel durch die fremde Stadt. Er erkannte in grelles Licht getauchte barocke Kirchen, Schlösser und imposante Denkmäler, einen breiten Fluss mit zahlreichen Brücken. Wie aus einem Märchen. Dann plötzlich schienen alle Scheinwerfer ein gleiches Ziel zu suchen. Unter James erstrahlte leuchtend hell der Hügel einer Wiese. Darauf standen zwei kleine blonde Mädchen. Sie waren im Alter seiner Töchter, sahen auch aus wie Maggie und Lynn, trugen aber deutsche Tracht. Angstverzerrt blickten sie zu ihm auf in den Himmel, schienen zu schreien. Hinter ihnen stand eine Frau, die seiner Marion ähnelte, aber statt ihrer braunen Locken blond gelockte Zöpfe hatte. James erkannte, dass sie die Hand auf ihren schwangeren Bauch gelegt hatte. Ein kalter Schauer lief ihm über den Rücken. Er wollte die Augen schließen, doch es gelang ihm nicht. Wie von fremder Hand gesteuert führte er zielgerichtet seine Arbeitsschritte durch. »Nein«, rief er, »das darf nicht geschehen.« Dann schon hörte er die Stimme seines Funkers William: »Ziel in Sicht, bereit zum Abwurf!«

»Nein, nicht abwerfen!«, schrie James laut. »Es sind Zivilisten dort unten! Es sind nur Frauen und Kinder! Nicht abwerfen!« Doch es war zu spät – die tödliche Fracht löste sich bereits aus den Bombenschächten und fiel polternd der Erde entgegen. James schrie, während er in hilfloser Rage am Steuerknüppel riss und das Flugzeug in eine unkontrollierte Schräglage zwang. Aus dem Fenster seiner Kanzel sah er, wie die Maschine im Sturzflug auf den Hügel hinabstürzte. Er hörte die Schreie der kleinen Mädchen, sah ihnen mitten ins Gesicht. Kurz vor dem Aufprall riss er seine Arme nach oben. Mit einem ohrenbetäubenden Krachen in seinem Kopf wachte er auf und saß kerzengrade im Bett. »James, was ist denn mit dir los?«, hörte er Marions Stimme neben sich. »Um Himmels willen, Liebling!«

Er spürte, wie sie ihm eine Hand auf seine schlotternde Schulter legte. »Du bist ja ganz verschwitzt.«

»Ich, ich … Die Kinder, die Frau, die Deutschen …«

»Ganz ruhig«, sagte Marion. »Du hast geträumt. Es war nur ein Traum. Trink erst mal einen Schluck.« Marion knipste die Nachttischlampe an und beugte sich hinunter, um von ihrem Tischchen ein Glas Wasser zu greifen. Sie gab es James in die Hand und streichelte ihm über den Kopf. Er trank das Wasser in einem Zug aus. Dann holte er tief Luft. »Es … es war so real«, krächzte er mit zittriger Stimme. »Ich saß in meinem Flieger, und ich, ich musste zwei Mädchen töten und eine Frau.« Er sah Marion an. »Sie sahen aus wie ihr.«

»Psst, ist ja gut.« Seine Frau streichelte jetzt seinen Rücken. »Es war nur ein Traum. Wir sind in Sicherheit. Lynn und Maggie schlafen tief, und das kleine Wesen in meinem Bauch ist auch nicht wach geworden von deinem schrecklichen Albtraum.«

James drehte sich zu Marion um und schloss sie in die Arme. Er sog ihren vertrauten Duft ein und spürte die Wölbung ihres harten Unterbauches. Doch dann löste er sich und sah ihr mit ernstem Blick in die Augen. »Marion, ich … ich kann das nicht tun. Diesen Angriff morgen, ich kann ihn nicht fliegen.«

»Was? Wovon redest du?«

»Heute Abend, auf der Feier … Ich habe gehört, wie sie darüber sprachen. Dresden ist das Ziel.«

»Das hat man euch gesagt?«, fragte Marion. »Ich dachte, das sei streng geheim bis zum Abflug.«

»Ich habe ein Gespräch belauscht, auf der Toilette. Birdwhistle und Walden-Brown haben sich darüber unterhalten. Sie waren total betrunken.«

»Dresden ist wunderschön. Es ist eine Schande, dass ein solches Kulturerbe zerstört werden muss.«

»Muss?« James schaute Marion tief in die Augen. »Darum geht es gar nicht. Es muss nicht sein. Es hat keinen Sinn.«

»Aber die Deutschen sind noch nicht besiegt. Bleibt uns denn eine Wahl?«

»Dresden spielt dabei wie viele andere Städte, die wir bombardiert haben, gar keine Rolle. Während wir Zivilisten töten, werden die Nazis von den Russen und Amerikanern am Boden besiegt. Wir sind keinen Funken besser als die Deutschen in dem, was wir tun.«

Marion schaute ihren Mann mit aufgerissenen Augen an, ihr fehlten die Worte.

»Und es ist noch schlimmer. Ich habe heute mit eigenen Ohren gehört, dass Dresden unverteidigt ist. Die Stadt ist ein Zufluchtsort für Flüchtlinge, die gerade zu Millionen in die Stadt strömen. Es sind Frauen und Kinder, auf die wir die Bomben abwerfen müssen. Wie in meinem Traum.

Dresden ist eine offene Stadt, voller Zivilisten. Und wir … wir sollen sie auslöschen. Ganze Wohnviertel dem Erdboden gleichmachen!«

»James, das tut mir leid. Ich weiß, dass es … Es ist Krieg. Im Krieg passieren solche Dinge.«

»Marion, ich bin Soldat, kein Verbrecher.«

»Ich weiß, Liebling. Aber als Soldat musst du Befehle ausführen.«

»Mordbefehle?« James rann eine Träne aus dem Auge. »Dann will ich kein Soldat sein, wenn das so ist. Dafür habe ich mich nicht verpflichten lassen.«

»Aber was willst du denn tun? Den Befehl etwa verweigern?«

James zuckte mit den Schultern.

»Liebling, an so was darfst du nicht mal denken.« Auch Marion rannen nun Tränen aus den Augen. Sie rüttelte an den Schultern ihres Mannes. »Das geht nicht. Hörst du? Du kommst vor ein Militärtribunal.«

»Ich kann es einfach nicht«, schluchzte James.

»Das ist Befehlsverweigerung, das ist Hochverrat! Sie werden dich … sie könnten …«

»Ich weiß das doch.«

Marion gab keine Ruhe: »Wir würden dich vielleicht nicht wiedersehen. Willst du, dass Lynn und Maggie ohne ihren Vater aufwachsen?«

»Es geht nicht.«

Sie führte seine Hand sanft an ihren Bauch. James antwortete nicht. Seine Frau sah, dass seine Hände zitterten. Sie hielt sie mit ihren ganz fest, sah ihm in die Augen. »Bitte nicht, James! Ich brauche dich! Wir brauchen dich – ich und das Baby. Willst du nicht wissen, ob es ein Junge wird? Das hast du dir doch so gewünscht.« Sie kniff ihm in die Wange. »Liebling, du musst fliegen, ein letztes Mal, wenn es sein muss. Du musst es tun, für uns.«

Die Worte seiner Frau trafen James wie ein Schlag. Es stimmte, er hatte keine Wahl. Er würde sich einfach die doppelte Menge an Heroin spritzen, dann würde es gehen, irgendwie. Dann würde er es überstehen. James rappelte sich auf, wischte seine Augen trocken und sah Marion an. »Du hast recht. Ich bin selbstsüchtig. Es tut mir leid. Der Krieg ist fast aus. Ich werde fliegen. Ein letztes Mal. Ich werde fliegen. Für euch. Auch wenn es mich die Seele kostet.«

»Ein letztes Mal«, wiederholte Marion. »Dann haben wir Frieden.«

»Verzeih mir«, flüsterte James, beugte sich über seine Frau, um das Licht zu löschen. Dann zog er sie dicht an sich heran und legte die Bettdecke über sie. »Alles wird gut. Ich muss nur noch ein bisschen schlafen.«

»Ich liebe dich, Liebling.«

»Ich dich auch, mein Schatz.«

KAPITEL 10

Die Kirche

Der 13. Februar 1945, ihr letzter Abend, kam so viel schneller, als ihnen lieb gewesen war. Heute wollten sie bei Sonnenuntergang die Aussichtsplattform der Frauenkirche besteigen. Auf der Arbeit konnte sich Marta das erste Mal nicht so recht konzentrieren. Ihre Kolleginnen bemerkten ihre Zerstreutheit, ihren Blick, der immer wieder ins Leere ging, ihre Hände, die mechanisch arbeiteten, während sie gedanklich schon bei den Vorbereitungen für den Abend war. Es sollte ein unvergesslicher Moment werden. Sie ging offen mit ihrem Schmerz um. Oberschwester Lotte, die ahnte, wie kostbar der Tag für Marta sein sollte, entließ sie zwei Stunden früher, ein Akt der Freundlichkeit, der in jenen harten Zeiten selten geworden war. Und Lieschen, die Marta gefragt hatte, ob sie ihr für ihren besonderen Abend eine festliche Garderobe besorgen konnte, hatte mal wieder ein kleines Wunder vollbracht und ihr eine Garnitur von sich selbst geliehen. Das knielange Kleid schimmerte wie Martas Augen smaragdgrün und harmonierte perfekt mit ihren roten Haaren. Der weiche Stoff schmiegte sich sanft an ihre schmale Figur, betonte zusammen mit dem Samtgürtel ihre Taille und Oberweite. Außerdem hatte Lieschen

Marta feine Handschuhe und einen dunkelgrünen runden Filzhut überlassen. In den grauen Wollmantel, den sie dazu bekam, steckte sie die in Geschenkpapier verpackte Armbanduhr für Hermann.

Eine Viertelstunde vor der verabredeten Zeit ging Marta schon hinunter in die Hotellobby, um sich dort vor dem großen Spiegel anschauen zu können. Sie fühlte sich wie verwandelt und ausgesprochen weiblich. In der ernsten jungen Frau, die sie anblickte, erkannte sie in diesem Moment aber auch das Mädchen wieder, das sie einmal gewesen war, voller Träume und Hoffnungen.

Hermanns hellblaue Augen leuchteten, als sie Marta erblickten. Er stand in seinem feldgrauen Mantel vor dem Hotel, hatte sich von einem Kameraden extra die Haare schneiden lassen und seine schwarzen Lederstiefel blank geputzt. In seiner Hand hielt er eine Flasche Sekt, die er für den Abend besorgt hatte, und an seiner Brust unter dem offenen Mantel erkannte Marta das *Eiserne Kreuz* zweiter Klasse, das er bislang nie angesteckt hatte. Eine Auszeichnung, die er für die Rettung zweier Kameraden aus einem unter Feuer stehenden Haus erhalten hatte.

»Du siehst einfach umwerfend aus«, sagte er mit einer Stimme, die seine Bewunderung nicht verbergen konnte. »Ich war den ganzen Tag so aufgeregt.«

»Und ich erst«, sagte sie und küsste ihn zur Begrüßung. Danach liefen sie ohne viele Worte eng umschlungen die kurze Strecke bis zur Kirche. Sie betraten das Innere des Barockbaus, das in eine feierliche Stille gehüllt war. Einige geflüsterte Gebete der anderen Besucher, die sich hier eingefunden hatten, erfüllten die Halle. Das gedämpfte Licht ließ die reich verzierten Säulen und das kunstvolle

Gewölbe erhaben wirken. Martas Blick fiel auf den Altar, und einen Moment lang sah sie sich in weißem Kleid mit Hermann darauf zuschreiten. Stattdessen führte er sie zu den steinernen spiralförmigen Stufen, die durch das historische Gemäuer zur Aussichtsplattform emporführten. Mit jedem Schritt, den sie nach oben nahmen, wurde die Wendeltreppe enger, gleichzeitig die Luft kühler und frischer. Marta spürte, wie ihr Atem vor Aufregung schneller ging, doch Hermanns beruhigende Nähe gab ihr Kraft. Als sie schließlich die letzte Stufe erreicht hatten und auf die Plattform traten, eröffnete sich ihnen ein atemberaubender Blick über Dresden. Für einen Moment standen Marta und Hermann still, Hand in Hand, und ließen die Ruhe und die Schönheit des Augenblicks auf sich wirken. Im Licht der untergehenden Sonne, die sich in unzähligen Fenstern spiegelte, sah Marta bis zum Horizont auf einen Teppich aus glänzenden Dächern, Türmen und Kuppeln. Die Elbe schlängelte sich sanft durch die Stadt, gesäumt von Bäumen, deren Blätter in der Dämmerung zu flüstern schienen. Der Himmel färbte sich in Schattierungen von Rosa und Violett.

»Genau im richtigen Moment«, seufzte Marta freudetrunken. Sie griff in ihre Manteltasche, denn nun, bevor die Sonne sich hinter den Dächern verstecken würde, wollte sie ihm sein Geschenk überreichen. Als sie sich zu ihm umdrehte, ließ er sie los. Sie sah, dass auch Hermanns Hand in die Tasche seines Mantels glitt. Der angespannte Blick ihres Geliebten verriet ihr, dass sie die Uhr noch verborgen halten sollte. Bevor sie den Moment in Gänze begreifen konnte, sank Hermann auf ein Knie hinab. Martas Atem stockte. Hatte er das wirklich vor? Sie spürte, wie ihre Unterlippe zu zucken begann. Sein Blick war fest auf sie gerichtet, und in seinen Augen zeichnete sich ein Glanz ab, der nicht von der Sonne herrührte.

»Marta, in einer Welt, die aus den Fugen geraten ist«, sprach er mit zittriger Stimme, »bist du das Einzige, was für mich Sinn macht. Du bist mein Licht im Dunkeln, meine Ruhe im Sturm.« Aus seiner Tasche zog er eine kleine Schatulle hervor, in der ein schlichter silberner und unendlich schöner Ring ruhte. Das Metall fing das letzte Licht des Tages ein und blitzte auf, als er das Schmuckstück heraus und dann wieder ihre Hand in seine nahm. Eine Träne rann ihm von der Wange, während er sie innig anschaute und weitersprach: »Ich weiß, der morgige Tag wird mich von dir forttragen, doch egal, wo ich bin, mein Herz gehört ganz und gar dir. Ich weiß nicht, ob ich zurückkehren werde, um meine Zukunft mit dir zu teilen. Aber wenn ich das tue, dann will ich jeden weiteren Moment, der mir auf dieser Welt geschenkt ist, mit dir verbringen.« Er schluckte. »Marta, willst du mich heiraten?«

Die Welt um Marta herum schien stillzustehen, die Geräusche der Stadt waren wie weggeblasen, verschluckt von der Größe des Moments. Sie fühlte, wie ihre eigenen Sorgen und die Angst vor dem Morgen im Angesicht von Hermanns Antrag verblassten. Alles, was zählte, war hier und jetzt – der Mann vor ihr und die tiefe, unerschütterliche Verbindung, die zwischen ihnen entstanden war. Sanft legte sie ihre freie Hand auf seine Wange, fühlte die rauen Bartstoppeln und die Wärme seiner Haut. »Ja«, flüstert sie, während ihr die Tränen der Rührung schon in Strömen von den Bäckchen perlten. »O ja, ich will.«

Sie sah, dass Hermanns Anspannung von seinem Gesicht wich und einem breiten Lächeln Platz machte. Mit zitternden Händen schob er den Ring auf ihren Finger. Sie beugte sich vor, half ihm aufzustehen und küsste ihn lange. Danach schaute sie mit klopfendem Herzen auf ihre Hand. »Er ist wundervoll«, sagte sie. »Oh, Moment, jetzt habe ich aber auch etwas für dich.« Sie lächelte. »Entschuldige, wenn ich nicht niederknie, aber ich fürchte, ich käme nicht wieder hoch, so wackelige Beine habe ich im Moment.«

Sie griff in die Tiefe ihres Mantels, holte das sorgfältig eingewickelte Päckchen hervor und reichte es ihm mit einer Mischung aus Nervosität und Vorfreude. Mit fragendem Blick sah er sie an. Marta nickte ihm zu, ermutigte ihn mit einem sanften Lächeln, es auszupacken.

»Deine Armbanduhr«, sagte Hermann überrascht, als er sie ausgewickelt hatte. »Du kannst doch nicht …«

»Und wie ich kann«, schnitt ihm Marta das Wort ab. »Eigentlich ist das die Uhr meiner Mutter. Sie hat sie mir gegeben, als ich jung war, und mir erzählt, dass das Ticken ihr Herzschlag sei, der auf mich achtgibt.«

»Dann kann ich sie erst recht nicht annehmen.«

»Und wie du kannst. Sie hatte aufgehört zu ticken. Ich habe sie nur einfach so weitergetragen. Nun ist sie repariert, und nun tickt dort mein Herz im Uhrwerk. Hör doch. Du wirst es erkennen.«

Hermann nahm die Uhr behutsam in die Hand, strich über das Glas des Ziffernblattes und führte sie an sein Ohr. »Ich höre es klar und deutlich«, sagte er, lauschte weiter und hielt dabei die Augen geschlossen.

»Wenn du Sehnsucht nach mir hast, halte sie immer so, wie du sie jetzt hältst. Es soll dann sein, als wäre ich bei dir, und du kannst dich immer vergewissern, dass mein Herz mit deinem im gleichen Takt schlägt. Was auch immer du machst, wie immer du dich fühlst, ich fühle es im gleichen Moment. Ich bin jetzt deine Frau, Hermann.«

»Marta, ich weiß gar nicht, was ich sagen soll. Dein Herz ist das Schönste, was ich je geschenkt bekommen habe. Ich werde jeden Schlag zählen, bis ich wieder bei dir bin.«

»Du musst sie natürlich nicht selbst tragen, deine Kameraden werden sich über eine Damenuhr wohl wundern.«

Nun lachten beide laut, all die Anspannung fiel von ihnen ab.

»Ach was«, gluckste Hermann. »Ich würde auch deinen Hut auf dem Feld tragen, wenn du ihn mir gäbest.«

»Das will ich lieber nicht verantworten«, sagte Marta. »Aber ich muss dich enttäuschen, den Hut werde ich Lieschen morgen zurückgeben müssen.«

»Wie furchtbar schade«, sagte Hermann. »Er steht dir ausgezeichnet.« Er griff nach der Flasche Sekt, die er auf der Plattform abgestellt hatte. »Dann lass uns nun endlich auf unsere Liebe anstoßen und feiern.«

»O ja.«

KAPITEL 11

Das Feuer

Da es nach ihren gegenseitigen Anträgen und Liebesbekundungen unerträglich kalt und windig auf dem Kirchturm wurde, beschlossen Hermann und Marta, nachdem sie die Flasche fast leer getrunken hatten, in ein Lokal einzukehren. Nur ein paar Hundert Meter von der Kirche entfernt fanden sie ein rustikales Restaurant mit sächsischer Küche. Sie nahmen an einem Tisch am Kamin Platz, bestellten Sauerbraten mit Rotkohl und Klößen und tranken dazu Rotwein. In dieser Nacht wollte Marta nicht nach Hause gehen. Das hatte sie Eva bereits ausgerichtet. Hermann hatte in der Hoffnung, dass sie sich für eine Nacht in Zweisamkeit entscheiden würde, Zimmer 12 hergerichtet und seine Kameraden und das Personal darauf eingeschworen, sie dort oben nicht zu stören. Sein Vorteil war, dass an diesem Faschingsdienstagabend im Speisesaal eine kleine Karnevalsfeier unter den Soldaten geplant war, weit genug entfernt von ihnen.

In jener Nacht nahmen Hermann und Marta keine Rücksicht auf das Lazarett und liebten sich laut und wild. Im Ausklammern von Warnsignalen inzwischen perfektioniert ignorierten sie in ihrem Liebesrausch den Fliegeralarm, der um 21:39 Uhr für einige Minuten zu hören war und dann wieder verstummte. Um 22 Uhr sank Marta erschöpft auf seine behaarte Brust. Ihr Atem beruhigte sich langsam, während sie durch das von Hermann sorgsam gereinigte kleine Fenster in den Nachthimmel blickte. Die Sterne strahlten mit einer Intensität, die ihr neu war. In der Geborgenheit neben ihrem schlafenden Liebsten bereitete sie sich darauf vor, in einen sanften Schlummer hinabzugleiten, als etwas ihre Netzhaut irritierte. Marta beobachtete, wie die Sterne zu Boden stürzten – und nicht nur das: Sie funkelten in verschiedenen Farben und fielen vom Himmel herab wie Schneeflocken. Sie schloss die Augen fest und öffnete sie erneut, um zu prüfen, ob das Gesehene ihrer Imagination entsprang oder von außen kam. War es der Sekt, war es die Liebe, die sie benebelt hatte? Ihre Wahrnehmung täuschte sie nicht – ja, wirklich, es regnete Sterne, nun blitzte es auch noch dazu.

»Hermann, schau doch mal nach draußen, wie wunderschön es ist«, rief sie.

»Was denn?«, antwortete er schlaftrunken.

»Da, sieh aus dem Fenster!«

»Ach, du Scheiße!«, rief Hermann entsetzt, nachdem er sich aufgerichtet hatte.

Plötzlich erschien die Nacht taghell vor ihrem Fenster, und Marta erkannte ihren Irrtum schmerzlich. Neben dem kontinuierlich zunehmenden Brummen von oben fuhren ihr nun auch die schrillen Warntöne des Vollalarms ins Mark. Der Himmel spielte nicht mit ihrer Liebe, feierte nicht ihren Heiratsantrag, sondern war in Begriff, den Tod über sie zu bringen. Ein Ignorieren war nicht mehr möglich. Die regnenden Sterne waren Bombermarkierungen und ein sichereres Zeichen dafür, dass der 179. Dresdener Fliegeralarm kein Fehlalarm war.

»Schnell! In den Keller!«, rief Hermann, der aus dem Bett gesprungen war und nach seiner Hose griff. Sie zogen sich eilig an, liefen über den Flur, in den Fahrstuhl. Als die Tür aufging, hasteten Soldaten in Uniformen, einige mit Luftschlangen behängt, andere nur halb bekleidet oder in Schlafanzügen an ihnen vorbei und stolperten die Kellertreppe hinunter.

Nachdem die Schwestern die Anwesenheit aller Patienten überprüft hatten, und die Stahltür fest verschlossen war, drang das bedrohliche Grollen der Flugzeugmotoren in den Raum. Anfangs tauschten einige der anwesenden Männer – erfahrene Frontkämpfer – noch Scherze aus, geschuldet auch der kleinen Karnevalsfeier, die durch den Angriff jäh gestört worden war. Doch die Atmosphäre veränderte sich schlagartig, als die Erde unter ihren Füßen zu beben begann und der Putz von der Decke rieselte. Die kargen Glühbirnen warfen ein schummeriges Licht auf die nun von Angst verzerrten Gesichter der Patienten und Schwestern, die zwischen ein paar Feldbetten und medizinischen Gerätschaften eng aneinandergedrängt auf Bänken saßen.

»Wo bleibt denn die Flak eigentlich?«, fragte ein schlaksiger Mann, dem an einem Band eine rote Pappnase um den Hals hing.

»Es gibt keine«, brummte ein Kamerad in gestreiftem Bademantel, der seine Flasche Bier mit in den Keller genommen hatte.

»Gar keine?«, fragte ein junger Soldat, der komplett angezogen war und sich an seinem gepackten Koffer festklammerte. »Auch keine Abfangjäger?«

»Hörst du etwa welche?«

»Es gibt keine.«

»So eine verdammte Scheiße«, brüllte der mit der Faschingsnase, der jetzt aufgesprungen war und sich aus Verzweiflung an den eigenen Haaren riss. »Dresden sollte doch sicher sein.«

»Setzen Sie sich bitte hin, Herr Kampe.« Eine ältere Schwester war ebenfalls aufgestanden und versuchte, den Aufgebrachten auf seinen Platz zurückzubewegen. »Es wird schon alles gut gehen.«

»Das glaube ich nicht.«

»Ich auch nicht. Prost.«

»Ruhe!«

»Achtung! Achtung! Hier spricht die Örtliche Luftschutzleitung. Bombenabwürfe über dem Stadtgebiet. Volksgenossen, haltet Sand und Wasser bereit!«

Das batteriebetriebene Radio, das auf einem kleinen Tischchen im Keller stand, gab die Warnung trocken durch. Kurz darauf wuchs das Dröhnen der anfliegenden Bomber zu einem Crescendo an, das nicht nur die Ohren, sondern auch die Seelen der Anwesenden zu durchdringen schien, und wurde von den unaufhaltsam näher kommenden Explosionen begleitet. Jeder Einschlag erschütterte das Fundament des Gebäudes und ließ feinen Staub von der Decke rieseln. Die Glühbirnen flackerten ein letztes Mal auf und erloschen dann. Marta presste die Hände gegen ihre Ohren, unfähig zu entscheiden, wohin sie in der Dunkelheit blicken sollte. Plötzlich erschütterte ein so gewaltiger Schlag das Gebäude, dass Menschen wie Marionetten ohne Fäden von ihren Bänken stürzten. Staub und Rauch wirbelten durch den Luftschutzkeller. Hustend und nach Atem ringend suchte sie Hermanns schützende Hand. Im selben Moment erfolgte eine weitere laute Explosion, die eine der Stahlplatten, die die Kellerfenster schützten, herauskatapultierte. Im Schutzraum wurde es mit einem Schlag taghell. Nachdem sich die Menschen neu im Raum orientiert hatten, blieben alle Blicke wie erstarrt auf dem Soldaten im Bademantel stehen, dem die halbe Stahlplatte in der Stirn steckte. Seine Flasche Bier hielt der Tote noch in der Hand.

»Schnell, Brandbomben«, rief einer der Männer. »Wir müssen löschen.«

»Franz, die Eimer!«

»Die Patsche!«

»Wir werden alle verbrennen!«

»Die Spritze!«

»Nein«, schrie Hermann, »wir müssen raus.«

»Du spinnst wohl.«

»Ich bleib.«

»Die Eimer, Mensch.«

Hermann packte Marta am Arm und zerrte sie hinter sich her. Sie hasteten die Treppe hinauf, kämpften sich durch die Trümmer der zerstörten Gänge. Ein Teil der Decke war eingebrochen, und Marta spürte die flirrende Hitze, die sich über ihr ausbreitete. Keuchend und hustend schafften sie es auf die Straße. Andere, die sich doch noch entschlossen hatten, aus dem Gebäude zu laufen, blieben erschöpft auf dem Asphalt liegen oder rannten panisch in verschiedene Richtungen davon. Martas Blick fiel auf einen schnauzbärtigen Mann, der mit völlig verdrehten Beinen auf dem Boden lag, sein blutüberströmter Kopf war halb verborgen unter einem massiven Stein. Es war der freundliche Hauswart. »Nicht hinsehen«, rief Hermann, dessen

Gesicht rußgeschwärzt war. »Wir müssen hier weg, es kracht gleich alles runter.«

»Aber wo sollen wir denn nur hin?«, schrie Marta voller Entsetzen.

»Runter zum *Großen Garten*. Das ist unsere einzige Chance.«

Marta presste ein Stofftuch gegen ihren Mund, um den beißenden Rauch abzuwehren, der ihr die Luft zum Atmen raubte, und lief hinter Hermann her. Die Bomben zischten und sausten durch den glühenden Himmel. Sie rannten über das aufgebrochene Pflaster, vorbei an brennenden Häusern und Menschen, die wie Gespenster durch die Straßen irrten. Als sie auf Höhe des *Weißen Hirsches* ankamen, hörten die Detonationen plötzlich auf. Marta sah Lotte, die in Schlafrock und Mantel vor dem Eingang zum Ballsaal stand und die Flüchtlinge, die dort herausströmten, in Richtung *Großer Garten* schickte. Sie lief auf sie zu. »Lotte!«

»Marta, ein Glück, dass du da bist«, rief sie. »Ich glaube, es sind alle herausgekommen. Gott sei Dank. Den Saal hat es nicht erwischt.«

»Wo ist Eva?«

»Sie wollte Ursel holen, sie ist ins Hauptgebäude gerannt.«

»Was? Wieso?« Marta schaute zum Haupttrakt. Die Flammen schlugen aus den zerstörten Fenstern und loderten in den Himmel, der sich wie eine Leinwand aus Orange und Schwarz über dem Hoteldach auftat. »Da«, rief sie. »O mein Gott, Lotte, Hermann, tut doch was!«

»Meine Güte«, schrie Lotte nach oben. »Ursel, spring!«

Das ostpreußische Flüchtlingsmädchen stand vor dem offenen Fenster in Marta und Evas Zimmer, hinter ihr loderten die Flammen hell auf. Ihren Zweig hielt sie fest umklammert vor sich.

»Schnell, helft mir.« Hermann hatte die Situation schnell erfasst und eine der langen Hakenkreuzfahnen, die angesengt, aber weitgehend unbeschädigt auf die Straße gefallen war, aufgesammelt. »Haltet die andere Seite fest. So straff, wie ihr könnt.« Sie spannten die Flagge vor dem Gebäude auf und schauten hoch zu Ursel, die bewegungslos dastand.

»Ursel, spring!«, rief Lotte erneut.

»Spring doch!«

»Spring endlich!«

Aber Ursel bewegte sich nicht. Marta wusste, dass sie von den Flammen verschluckt werden würde, wenn sie sich jetzt nicht fallen ließ.

»Ich komme nicht weiter«, hörte Marta endlich Evas Stimme. »Das Treppenhaus steht in Flammen.« Mit einem Tuch vor der Nase rannte Eva auf sie zu und erkannte, dass alle zum Hotel hinaufschauten. Als sie Ursel sah, zögerte sie keine Sekunde. Während sie ein Ende der Fahne griff, schrie sie: »Ursel, spring. Jetzt musst du es tun. Es ist eine Ausnahme. Rette Arbors Blatt!«

Kaum hatte Eva die Worte gesprochen, ließ sich Ursel fallen und landete weich und sicher in der Fahne. Während Eva sie in die Arme schloss, fluchte Lotte: »Meine Güte, was haben wir nur verbrochen? Das ist doch alles nicht wahr. Erst rufen wir alle im Chor *Spring nicht, Ursel!* Und jetzt soll sie es tun. Und dann auch noch in des Führers Schoß. Es ist zum Verrücktwerden.«

»Kommt!«, rief Hermann mit Nachdruck. »Es ist jetzt keine Zeit zum Philosophieren. Die Flammen fressen sich durch alles – zum *Großen Garten* müssen wir, aufs freie Feld!«

Als Marta bemerkte, wie Feuerzungen nun auch aus dem Ballsaal schlugen, fiel ihr das Atmen noch schwerer.

»Einen Moment«, entgegnete Lotte, tauchte in den Rauchschwaden unter und kehrte mit zwei prall gefüllten Tornistern zurück. »Hab sie vorhin noch schnell mit Verbänden bestückt. Wir müssen helfen, wo wir können.«

»Ausgezeichnet, Schwester«, lobte Hermann. »Reichen Sie mir einen.«

»Ich schnalle mir den anderen um«, erklärte Marta entschlossen. »Du weißt am besten Bescheid – führe uns!«

Lotte nickte und setzte sich an die Spitze, Marta und Hermann folgten ihr mit den Tornistern auf den Rücken. Eva, die Ursel an die Hand nahm, trug bereits einen Rucksack. Sie bahnten sich ihren Weg durch die mit Asche und Trümmern bedeckten Straßen. Die Überlebenden standen jetzt alle vor ihren Häusern, räumten aus, was sie retten konnten, jagten mit Wassereimern und Feuerpatschen den Funken hinterher, um weitere Brandausbrüche zu verhindern. Vor einer Scheune blickte Marta auf drei nackte Leichen. Sie sah schnell wieder weg und konzentrierte sich auf die Beine der vor ihr laufenden Lotte. Einerseits fürchtete sie, die Orientierung zu verlieren, andererseits rechnete sie damit, jederzeit von herabfallenden Trümmern getroffen zu werden. Wenn Marta zögerte, ermahnte Hermann sie von hinten, schneller zu sein, und versicherte, dass er aufpasse. Das Knirschen zerbrochener Glasscherben unter ihren Füßen, das Zischen und Krachen der vorbeiziehenden Gebäude vermischte sich mit dem Stöhnen und Schreien der Verletzten, an denen sie vorbeieilen mussten.

»Helfen Sie mir«, rief eine Frauenstimme. Marta sah hinüber und erkannte eine Frau, bis zur Hüfte im aufgeweichten Asphalt versunken, kahl geschoren vom Feuer, ohne Wimpern, ohne Brauen. Instinktiv streckte Marta ihre Hand aus, doch Hermann drängte sie und Eva unerbittlich voran. »Wir können nichts für sie tun«, rief er, den Blick auf einen gefährlich schwankenden Balken über ihnen gerichtet. »Da bricht alles zusammen!«

Marta spürte einen Stich in ihrem Herz, als die Schreie der Frau in ein markerschütterndes Krachen übergingen und abrupt endeten. Die Hitze umklammerte sie wie eine zweite Haut, ihre Augen brannten, als hätte sie sie mit Seifenlauge ausgewaschen. Nach Luft schnappend presste sie das Tuch fester gegen ihr Gesicht, doch den beißenden Geruch von Rauch und verbranntem Fleisch konnte das nicht abhalten.

»Wir sind fast da«, rief Lotte, kam aber plötzlich an einer Kreuzung zum Stehen.

»Was ist los?«, fragte Marta.

»Da!«, rief die Schwester.

Marta blickte auf und konnte ihren tränenden Augen nicht mehr trauen. Mitten auf der Straße lag ein Löwe mit angesengtem Fell. Das Tier keuchte mit heraushängender Zunge, sein Brustkorb hob und senkte sich schnell.

»Weiter«, drängte Hermann, und sie liefen an der großen Katze vorbei.

»Ich habe noch nie einen lebenden Löwen gesehen«, hörte Marta Eva mit ruhiger Stimme sagen und dachte kurz, dass das auch für sie galt. Dann jagte plötzlich eine Affenhorde über die Straße, eines der Tiere mit brennendem Rücken. Jetzt erst begriff sie, dass die Tiere aus dem nahe gelegenen Zoo entkommen sein mussten.

Hermanns Vermutung bewahrheitete sich: Der *Große Garten* stand nicht in Flammen. Dem Dauerregen der letzten Tage geschuldet sprang das Feuer nicht auf die Vegetation über. Die Wucht der Detonationen aber hatte fast alle Bäume entwurzelt. Schon aus der Ferne hatte Marta ein konstantes schrilles Geräusch vom Park ausgehend wahrgenommen, das sich nun als das Ergebnis unzähliger Schreie und Rufe entpuppte. Es erinnerte sie auf makabre Weise an unbeschwerte Tage im Danziger Freibad – einzig, dass dieses Mal Gewissheit herrschte, dass es sich nicht um Lachen, sondern um Schmerzensrufe handelte. Wortfetzen erreichten sie nun – Mütter riefen nach ihren Kindern, Kinder nach ihren Müttern. Was Marta anfänglich aus der Distanz für Hügel oder Geäst gehalten hatte, entpuppte sich als Menschen: kauernd, kriechend oder liegend, einige entstellt, andere regungslos in grotesken Posen, die an umgestürzte Statuen erinnerten. Sie sah in eine Flut verängstigter Gesichter, verunstaltet von Blut und Ruß. Einige Schwestern kümmerten sich bereits um die Verletzten. Marta und Lotte setzten ihre Rucksäcke ab und begannen, mit dem, was zur Hand war, die Verwundeten notdürftig zu versorgen. Sie arbeiteten sich unermüdlich vorwärts, stolperten über gefällte Baumstämme und herausgerissene Äste von einem Verletzten zum nächsten, stillten Blutungen mit Verbänden, fanden zerrissene Kleidung, um Wunden abzudecken, und benutzten Alkohol aus zerbrochenen Flaschen zur Desinfektion. Eva kümmerte sich währenddessen um Ursel, die tapfer ihren Zweig festhielt und darauf achtete, dass dem Blatt nichts geschah. Hermann unterstützte, wo er nur konnte, half Verletzten auf, brachte Kinder in Sicherheit, ebnete den Weg für die Helfenden.

Marta unterdrückte ihre Trauer um jene, denen sie nicht helfen konnte. Während sie einer Frau den Arm verband, bat diese sie darum, ihre schreienden Babys mitzunehmen. Doch außer ein paar Worte des Trostes zu sprechen, konnte Marta nichts tun. Einige Meter weiter saß ein vielleicht fünfjähriger Junge, blass und stumm, hielt die Hand seiner leblosen Mutter und zitterte im Dreck. Sie konnte nicht mehr tun, als ihm eine Decke über die Schultern zu legen. Marta verlor jegliches Zeitgefühl, während sie sich immer tiefer in den Garten vorarbeiteten.

KAPITEL 12

Die Bomben

James' Geschwader war das erste, das die zweite Angriffswelle auf Dresden flog. Er saß fest in seinem Sitz, als er die Lancaster aus nordwestlicher Richtung auf die Stadt zusteuerte. Schon von Weitem sah er die Rauchschwaden und den rot-orangenen Feuerschein am Horizont – die Überreste der ersten Attacke, die die Stadt in Schutt und Asche gelegt hatte. Auch sein Co-Pilot Fred, der auf dem Klappsitz neben ihm saß, war nicht mehr in der Lage, seinen Blick auf die Instrumententafeln zu richten. Alle schauten entsetzt aus den Fenstern der Maschine.

Navigator Gordon meldete sich über den internen Bordfunk zu Wort: »Meine Güte, was ist das denn?«

»Das ist die Hölle auf Erden«, antwortete Funker William. »Merkt ihr, wie heiß es selbst hier drinnen wird?«

James schluckte, als sich das Ausmaß der Zerstörung vor ihnen enthüllte. Er sah, dass ganze Viertel der einst prachtvollen Stadt lichterloh brannten, eine gigantische Rauchsäule stieg in den Nachthimmel auf. Obwohl er sich vor dem Flug zwei Spritzen gesetzt hatte, zitterten seine Hände, und es gelang ihm in diesem Moment nicht, die Maschine gerade zu halten.

»Jungs, ich weiß nicht, ob ich das kann«, flüsterte Bordschütze Eugene, der sich im vorderen Teil des Flugzeugs unterhalb des Hauptcockpits befand. Er lag auf dem Bauch und blickte durch das Visier aus der großen Plexiglasblase und hatte die Aufgabe, auf Befehl die Bomben auszuklinken. »All die Menschen da unten. Ich habe so etwas noch nie gesehen in all den Jahren.«

»Ach was, die haben's nicht besser verdient!«, rief Funker William hasserfüllt. »Nach allem, was die Nazis uns angetan haben! Denk einfach an London und Coventry. Du hast doch deine Oma beim Angriff verloren, oder nicht?«

»Ich kann jetzt nicht an meine Oma denken«, brüllte Eugene in sein Funksprechgerät. »Das da unten sind doch nur Zivilisten. Ich sehe sie ganz deutlich. Es sind Frauen und Kinder, sie brennen.«

»Zivilisten, ja?«, fauchte William. »Wohl kaum, wenn die Stadt so ein Ziel ist! Hier wird Munition und Nachschub gelagert. Wir werden bezahlt, das zu vernichten und unsere eigenen Familien davor zu schützen!«

»Hast du keine Augen im Kopf? Da brennt die Altstadt, das sind Wohngebiete, keine Eisenbahnschienen oder Flugfelder. Es gibt keine Gegenwehr. Seht ihr denn nicht, dass keine einzige Flak schießt? Oder hört ihr was?«

»Er hat recht, es sind keine Abfangjäger in die Luft gegangen«, meldete sich Heckschütze Harry aus dem hinteren Teil des Flugzeugs. »Weit und breit keine deutschen Flieger zu sehen. Die Stadt ist unverteidigt.«

»Trotzdem müssen wir alles zerstören«, rief Clifford. »Wir haben die Pflicht, für den König und fürs Vaterland. Es sind Nazis, meine Güte. Es gibt auch Nazifrauen und Nazikinder. Das wisst ihr doch. Es sind die Hitlerjungen, die sonst auf uns ballern. Jetzt erwischen wir sie alle auf einmal. Sie werden keinen mehr von uns drankriegen.«

»Du verdammtes Arschloch«, rief Eugene. »Ich sehe hier Kinderwagen durch mein Visier. Hat Hitler eine Säuglingseinheit, von der ich nichts weiß?«

James biss die Zähne zusammen, während seine Crew sich in der Luft zu streiten begann. Er wagte nicht mehr, nach unten zu schauen, aus Angst, er würde die beiden blonden Mädchen aus seinem Traum auf irgendeinem Hügel finden. Natürlich wusste er, dass William log und ihr Einsatz keinen militärischen Sinn ergab. Aber durfte er es seinen Männern sagen? Würden sie dann noch den Befehl ausführen? Aber das wollte er ja auch gar nicht.

»... Ansage zur Bombenschachtöffnung!« Die abgeklärte Stimme des Masterbombers, der vor ihnen flog, ließ James zusammenzucken. »... Zielgebiet erreicht, alle Staffeln bereit machen zum Abwurf!«

Die Crewmitglieder verstummten, und die, die es konnten, blickten sich ratlos an. James schloss einen Moment die Augen und dachte an Marion und die Kinder. Dann ergriff er entschlossen das Funksprechgerät: »Hier spricht der Pilot. Ich befehle hiermit den sofortigen Abbruch der Bombardierung!«

»Was, zum Henker!«, schrie William ins Mikrofon. »Spinnst du, Fernsby?«

»Ich kann und werde auf keine Zivilisten mehr Bomben abwerfen!«, presste James mit schmerzerfüllter Stimme hervor. »Wer das tut, begeht Mord, kapiert?«

»Verräter! Du elender Feigling!«, brüllte William. »Los, Eugene, reiß die Schächte auf! Das ist ein direkter Befehl!«

»Ich weiß nicht«, stotterte Eugene.

»Flugingenieur an Leutnant Taylor«, sagte Fred. »Bombenschächte öffnen lassen, das ist ein Befehl.«

»Verstanden, öffne Schächte. Bereit zum Ausklinken.«

In diesem Moment riss James mit aller Kraft das Steuer nach links und zwang die Lancaster in eine Schräglage. Die Maschine kippte unkontrolliert ab und begann zu taumeln.

»Er bringt uns um, der Irre!«, schrie Clifford.

»Bomben ausklinken, sofort!«, rief Fred. »Eugene?«

Die Erschütterung der ersten Detonationen hallte durch den Bombenschacht. James musste alle Kraft aufbringen, um das Flugzeug einigermaßen unter Kontrolle zu halten.

»Nein, lasst das, Eugene!«, rief er. »Ich werde nicht noch mehr Unschuldige töten! Klappen schließen!«

Mit einem letzten, verzweifelten Manöver riss er die Lancaster nach oben, nur um im nächsten Moment einen ohrenbetäubenden Knall zu hören. Eine Explosion erschütterte das Flugzeug, Stahl splitterte um sie herum. Offenbar hatten die eigenen Bomben die Tragflächen getroffen, die Maschine ging in den Sturzflug über. Panisch umklammerte James das Steuer, zog mit aller Kraft an den Hebeln. Doch die Lancaster gehorchte nicht mehr, sie stürzte unkontrolliert und laut dröhnend ab. Der Funk war ausgefallen, aber er hörte die verzweifelten Schreie seiner Crewmitglieder. Durch die Frontscheibe sah James die Erde auf sich zurasen. Feuer und Qualm füllten die ruckelnde Kabine, überall sprangen Funken. Mit weit aufgerissenen Augen starrte er auf die Flammen der brennenden Stadt, die ihm immer näher kamen. Dann endlich entdeckte er den Hügel, auf dem seine zwei Kinder standen und Marion mit einem kleinen Kind im Arm. Sein Junge, er war geboren. James sollte er heißen. Sie lächelten ihm fröhlich zu. James' Herz ging auf, dann wurde es dunkel.

KAPITEL 13

Der Keller

Im *Großen Garten* blieb Marta irgendwann selbst erschöpft neben Lotte liegen. Hermann hatte eine Flasche Apfelsaft gefunden, reichte sie den Frauen und setzte sich zu ihnen.

»Ich hoffe, du wirst mir eines Tages verzeihen«, stöhnte er in Richtung Marta.

»Was?«, fragte sie. »Was soll ich dir verzeihen?«

»Ich konnte es nicht ahnen. Nie hätte ich das für möglich gehalten. Dass unsere Freu… dass die Briten das wagen. Es tut mir leid, dass du dich meinetwegen in Sicherheit gewogen hast in Dresden.«

»Das ist nicht wahr«, antwortete Marta und rüttelte ihn. »Du konntest es nicht wissen, niemand konnte das. Ich bin geblieben, weil wir heiraten wollen. Ich bin deine Frau.« Sie küsste ihn auf die Stirn. »Hermann, du verhältst dich vorbildlich. Ich bin so stolz auf dich. Versuch ein bisschen zu schlafen.«

Kaum hatte sie das gesagt, waren Hermann die Augen zugefallen. Er lehnte mit seinem Kopf an Martas Schulter und atmete langsam und flach. Marta schaute zu Eva, die begonnen hatte, Ursel eine Geschichte zu erzählen. Sie hütete weiterhin ihren Zweig wie ein Schatz und hörte aufmerksam zu. Ursel schien die Apokalypse um sie herum gar nicht mehr wahrzunehmen. Marta verstand, was Eva tun musste.

Sie hätte später nicht sagen können, wie lange sie dort, inmitten des Infernos, verharrt hatten, auch nicht, ob sie eingeschlafen war. Hermann lehnte aber nicht mehr an ihr. Sie kam zu sich, als sie das ihr nun bekannte, zunächst entfernte, aber schnell näher kommende Grollen der Flugzeugmotoren hörte. Marta richtete ihren Blick in den vom Feuerschein hell erleuchteten Himmel, der sich verdüsterte, als sich die Flugzeuge näherten. Sie flogen ganz tief, ihre dunklen Silhouetten waren wie Geier, die über einem Schlachtfeld kreisten.

»Sie kommen zurück«, rief Lotte. »Das kann doch nicht wahr sein.«

»Diese Dreckschweine!«, brüllte Hermann, sprang von der Wiese auf und zog Marta hoch.

»Die werfen doch hier keine Bomben ab, über den Menschen, über uns!«

»Doch, das werden sie tun«, brüllte Hermann. »Deswegen sind sie zurückgekommen. Genau deswegen. Es ist ihnen nicht nur scheißegal, sie wollen es.«

»Und jetzt?«, fragte Marta.

»Raus aus dem Garten!«

»Zurück ins Feuer?«

»Ja, dorthin, wo sie keine Bomben werfen«, rief Hermann ihr zu. »Und das so schnell wie möglich.«

»Das ist doch Wahnsinn!« Marta spürte, wie ihr Herz vor Angst und Wut raste.

Sie schafften es ein paar Hundert Meter in Richtung des Gartenausgangs, als das Brummen über ihren Köpfen immer lauter und bedrohlicher wurde. Plötzlich vernahm Marta dumpfe Schläge überall um sich herum, als ob jemand einen Kartoffelsack über ihnen ausschütteln würde. Lichter flackerten auf, der Boden fing Feuer. Vor ihr knickte Lotte einfach nach hinten um und blieb auf dem Rücken liegen. Als sie sie ansprechen wollte, bemerkte sie, dass der Kopf der Oberschwester nicht mehr auf ihrem Hals saß. In einer Blutlache neben ihr lag ein länglicher Metallgegenstand, aus dem Feuer schlug.

»Weiter, schnell!«, rief Hermann, der wieder hinter ihr lief. »Sie lassen Stabbrandbomben regnen!«

Marta rannte um ihr Leben. Dann brach die Hölle los. Das schrille Pfeifen der herabstürzenden Sprengbomben, gefolgt von den Detonationen, war so laut, dass sie sich reflexartig die Ohren zuhielt. Der Boden unter ihren Füßen bebte und vibrierte, als befände sie sich auf einem Schiff auf stürmischer See. Dreck peitschte in ihr Gesicht. Neben ihr riss der Boden auf, Baumstämme, Trümmerteile und menschliche Körper wirbelten durch die Luft. Immer wieder kam Marta zu Fall und kämpfte sich hoch, manchmal mit Hermanns Hilfe.

Schließlich vernahm sie die Detonationen leiser, dafür das Knistern und Zischen der Flammen lauter. Sie waren zurück in der brennenden Stadt, orientierungslos gefangen zwischen meterhohen Feuerwänden. Vor ihr begann ein Gebäude zu schmelzen – Phosphor, das Teufelszeug, das wie Lava vom Bau tropfte und den Asphalt in einen glühenden Fluss verwandelte. Sie hörte die Schreie, das Flehen um Hilfe, doch Marta wusste, dass sie niemandem mehr helfen konnte. »Wo sollen wir hin?«, schrie sie, ihre Stimme rau vor Verzweiflung. Irritiert bemerkte Marta in genau diesem Moment, wie Eva und Ursel etwas in den Flammen zu suchen schienen, während Hermann in die Ferne schaute und dabei mit sich selbst sprach. Während es surreal wirkte, was ihre Freundin und das Mädchen taten, sah es aus, als würde ihr Verlobter einen Fluchtweg berechnen. »Dort hoch!«, rief er. »Zur Elbe, nur dort können wir noch sicher sein!«

Weiter hinter Hermann herrennend, während sie durch die brennenden Gassen hetzten, bemerkte Marta, wie sie erst langsam, dann immer schneller von Funken eingeholt wurden. Sie wirbelten durch die Luft, und der Wind, nun ein Orkan aus Hitze und Asche, nahm immer mehr zu. Er trieb sie an, vorwärts, während Sand und kleine Trümmer ihre Haut trafen wie Nadelstiche. Reifen und Blechtonnen flogen vorbei, prallten gegen die Hauswände – die Welt schien zu einem einzigen tosenden Sturm geworden zu sein. *Kann jetzt wirklich ein solcher Orkan aufkommen?*, fragte sie sich, während sie gegen die wachsende Kraft des Windes ankämpfte. Auch Eva, Ursel und Hermann rangen mit dem Feuersturm, der durch die Gassen fegte und alles verschlang, was ihm im Weg stand. Marta rechnete damit, jeden Moment erschlagen, vom Wind weggetragen oder von den Flammen eingeholt zu werden. Verzweifelt schaute sie zu Hermann hinüber, dessen Blick einige Ratten verfolgte, die sich geschickt an einer Hauswand entlanghangelten und in einem Kellerfenster verschwanden. »Schnell«, rief er. »Die Tiere wissen, wo es sicher ist.« Er stürzte vor zu seinen Begleiterinnen, lotste sie in Richtung der Mauer. Dann trat er die Reste der Fensterscheibe ein und half den drei Frauen, hindurchzukommen. Als Marta unten war und ihrem Liebsten die Hand reichen wollte, zögerte er.

»Was ist?«, schrie Marta, ihre Stimme zitterte vor Angst und Verzweiflung. »Komm schon!«

Doch Hermann sah etwas, das ihr zunächst entgangen war. Sie folgte seinem Blick und erkannte auf der anderen Straßenseite, halb verborgen im Rauch und den Flammen, einen verletzten Soldaten, der sich an einen Laternenmast klammerte. Sein Gesicht war eine Maske aus Blut und Asche, seine Augen weit aufgerissen vor Panik, schrie er in Hermanns Richtung: »Hilf mir, Kamerad!«

»Bleib ruhig, Kamerad«, rief Hermann in den Sturm hinein. »Halt dich fest. Ich hol dich da raus.«

Marta fühlte, wie ihr Herz in ihrer Brust hämmerte. »Nein, Hermann! Du kannst ihm nicht helfen. Jetzt komm doch rein. Bitte! Ich flehe dich an!« Tränen stiegen in ihre Augen, vermischten sich mit dem Ruß auf ihren Wangen.

Er hörte sie nicht oder wollte sie nicht hören. Sein Blick wechselte unruhig zwischen dem Soldaten und dem schützenden Kellerfenster. »Verdammt«, fluchte er schließlich, entschlossen und doch gequält von der eigenen Entscheidung, die er in Sekundenschnelle hatte treffen müssen. Marta sah, wie ihr Verlobter sich zu einem Hauseingang durchkämpfte, wo er aus einem Schutthaufen ein langes Metallrohr zog. Marta konnte kaum atmen, ihre Hände zitterten unkontrolliert, als sie zusah, wie Hermann versuchte, dem Soldaten das Rohr über die Straße zu reichen.

Der Wind heulte um sie herum, trieb Funken und Trümmer wie Geschosse durch die Luft. Hermann strauchelte, streckte die Arme aus und wurde dann von dem unbarmherzigen Feuersturm erfasst. Ein Schrei entfuhr ihm, bevor er in den Flammen verschwand, die nur Sekunden später auch den Kameraden, dem er hatte helfen wollen, ansaugten und verschluckten.

»Nein!«, schrie Marta, deren Stimme sich vor Entsetzen überschlug. Sie wollte durch das Fenster zurückklettern, bereit, alles zu riskieren, um Hermann zu retten. Doch Eva hielt sie fest, ihre Hände umfassten Martas Arme wie eiserne Klammern.

»Lass mich los!«, flehte Marta, kämpfend gegen Evas Griff, doch ihre Freundin hatte mehr Kraft. »Er ist weg!«, schrie Eva. »Du kannst nichts mehr tun!«

Marta fühlte, wie ihre Kräfte sie verließen. Die Hoffnung, die sie noch für einen Moment am Leben gehalten hatte, zerbrach wie Glas in ihr. Sie ließ sich von Eva in den dunklen Keller ziehen, wo sie auf den kalten Betonboden sank. Apathisch verharrte sie da, nahm Evas Worte wie durch einen Schleier wahr, ihre Berührungen wie Watte. Für einen Moment war sie alleine, dann rüttelte Eva heftig an ihr und hielt ihr eine staubige Flasche Wasser vor die Nase.

»Trink, Marta.«

»Wo sind wir?«, fragte Marta benommen und hustete. »Warum brennt meine Lunge denn so fürchterlich?« Sie erkannte, dass sie sich in einem Keller befand, auf dem Boden neben ihr lag, eingehüllt in eine Decke, die schlafende Ursel.

»Du stehst unter Schock«, antwortete Eva mit ruhiger Stimme. »Ich habe mich umgesehen. Wir haben Glück, sollten für die Nacht hier sicher sein. Tief unter der Erde, alles aus Stein. Es gibt eine Zufuhr mit Frischluft von draußen. Ich habe zum Schutz gegen die Flammen von außen das Fenster mit nasser Pappe und einer Brandschutzdecke abgedeckt. Eine Eisentür schützt uns zur anderen Seite.«

»Hermann!« Marta schrie auf. »Wo ist er nur?«

Eva legte sanft die Hand auf die Schulter ihrer Freundin. »Ich weiß es nicht. Aber wir können jetzt nichts tun. Wir müssen hier unten bleiben, bis der Feuersturm vorüber ist.«

Marta verbarg ihr Gesicht unter den Händen und schluchzte bitterlich. »Er ist einfach mit dem Feuer davongeflogen. Ich hätte ihm nicht erlauben dürfen, zurückzugehen. Ich hätte ihn aufhalten sollen. Es ist so heiß hier drin.«

»Du konntest nichts tun«, sagte Eva. »Er hat das Richtige getan, wollte helfen.«

»Das war nicht richtig, er hätte bei mir bleiben müssen. Ich brauche ihn.« Sie sah Eva mit verheulten Augen an.

»Er wird sich bestimmt in Sicherheit gebracht haben.«

»Woher willst du das wissen?«

»Ich weiß es nicht, aber ich glaube es. Wir werden ihn morgen suchen. Er hat es bestimmt an die Elbe geschafft. Aber wir können jetzt hier noch nicht raus. Verstehst du das?«

Marta antwortete nicht.

»Bitte, trink etwas«, mahnte Eva eindringlich. »Dann wirst du klarer denken. Es gibt noch mehr Wasser in einer Kiste da drüben.« Sie griff hinter sich. »Und hier ist noch eine Decke, da können wir uns zusammen drauflegen.«

Von Weitem hörten sie eine Explosion, die Marta kurz zusammenzucken ließ. »Schmeißen sie schon wieder Bomben?«, fragte sie. »Geht das wieder los?«

»Zeitzünder«, antwortete Eva. »Das geht schon eine ganze Weile so.«

»Zeitzünder? Warum?«

Eva antwortete nicht. Ihr Blick fiel auf Ursel, die seelenruhig mit ihrem Zweig in der Hand schlief.

»Wozu?«

»Die Leute sollen glauben, dass das Bombardement zu Ende ist, und ihre Häuser verlassen.«

»Das ist doch feiger Mord. Schlimmer geht es doch einfach nicht.«

Erneut knallte es irgendwo in der Ferne.

»Da, schon wieder haben sie ein Leben ausgelöscht.« Marta nahm Evas Hände. »Warum tun uns die Engländer das an?« Dicke Tränen rannen ihr aus den Augen. »Die müssen doch wissen, dass die ganze Stadt voller hilfloser Menschen ist. Das ist doch ein Verbrechen. Ein ganz schlimmes. Sie werfen erst Sprengbomben, damit die Fensterscheiben zerspringen und Dächer herunterkrachen, und werfen dann ihre Tausenden von Brandbomben rein.«

»Ich weiß. Bitte, trink!« Sie drückte ihr die Flasche in die Hand. Marta nahm sie, nippte erst daran und merkte dann, wie durstig sie war. In einem Zug trank sie die Flasche aus. Danach fühlte sie sich etwas besser und legte sich auf die Decke vor Evas Füße. »Schlaf ein wenig«, sagte sie. »Ich passe auf.«

»Du bist so fürsorglich«, sprach Marta leise. »Und so mutig. Wie machst du das, Eva?«

»Wie mache ich was?«

»Ich habe dich beobachtet da draußen im Feuer. Du hast überhaupt keine Panik gehabt, nicht geschrien und konntest sogar Ursel beruhigen.«

Eva war einen Moment still, dann sagte sie: »Ich habe mir mit Ursel die ganze Zeit Brandomir Glutbart angeschaut.«

»Du hast was?«

»Brandomir, der Zwerg, der Hüter des Feuers. Hast du nie von ihm gehört? Er ist ein Vetter von Miraculo.«

»Nein«, antwortete Marta und kuschelte sich näher an ihre Freundin heran. »Erzähl mir von ihm!«

Eva strich sanft über Martas Haare und begann zu erzählen:

»Vor langer Zeit, als die Menschen noch in Höhlen wohnten, lebte in einem kleinen, verborgenen Wäldchen ein Zwerg namens Brandomir. Sein Bart war, wie die Glut, orangerot und seine Augen funkten wie feurige Kohlen. Brandomir interessierte sich nicht für Gold und Diamanten wie seine Brüder, und er arbeitete auch nicht in einer Mine. Seine Leidenschaft war das Feuer. Er konnte es entfachen, löschen und formen und damit tun, was immer er wollte.

Doch eines Tages entdeckten auch die Menschen sein Feuer, und weil es sie so schön wärmte, baten sie den Zwerg, ihnen etwas davon abzugeben. Da Brandomir ein guter Zwerg war, kam er der Bitte nach. Doch die Menschen waren zu unerfahren, sie konnten das Feuer nicht kontrollieren. Als sie es vor ihren Höhlen angezündet hatten, breitete es sich schnell aus und drohte den gesamten Wald zu verschlingen. Brandomir wusste, dass er eingreifen musste. Er rannte zum Feuer und begann die Flammen mit seinem Atem zu löschen. Er arbeitete unermüdlich, bis das Feuer endlich unter Kontrolle war. Die Menschen waren Brandomir dankbar, dass er ihr Leben gerettet hatte. Sie baten ihn, bei ihnen zu bleiben und ihnen zu helfen, das Feuer richtig zu nutzen. Brandomir stimmte zu, warnte die Menschen aber davor, dass er keinen weiteren Atem mehr habe, um noch einmal zu löschen, sie müssten achtsam damit umgehen. Die Menschen versprachen es, und der Zwerg lehrte sie, wie man Feuer macht und es sicher nutzt. Das Feuer erwies sich als ein mächtiges Werkzeug. Es wärmte die Menschen, kochte ihr Essen und beleuchtete ihre Häuser. Doch das Feuer hatte auch eine dunkle Seite. Es konnte zerstören und verwüsten. Und da es unter den Menschen nicht nur Gute gab, sondern immer auch viele Böse, entfremdeten sie den Zweck des Feuers und richteten ein Feuer der Zerstörung an. Sie nannten es Krieg.

Wie Brandomir verheißen hatte, war er nicht mehr dazu in der Lage, das von den Menschen entfachte Feuer noch einmal zu löschen. Das Einzige, was Brandomir tun konnte, war, das Feuer für das Gute einzusetzen. Seither taucht er immer dort auf, wo die Menschen ein Feuer der Zerstörung angerichtet haben. Dort sammelt er Flammen ein und trägt sie zu jenen Menschen, die nicht zerstören, die sich ein Feuer wünschen, weil sie sonst erfrieren würden. Bis heute trägt der kleine, gute Zwerg Brandomir seine Flammen in die Nacht, zu jenen armen Seelen, die in Finsternis und Kälte bangen, um ihnen Licht und Wärme zu spenden.«

Eva hielt inne.

»Und du hast Brandomir heute gesehen in Dresden?«

»Das habe ich und ihn Ursel gezeigt.«

»Stimmt das wirklich?«

»Es stimmt. Du kannst ihn auch sehen, wenn du genau in die Flammen schaust. Und weißt du, was das Beste ist?«

»Nein.«

»Die Legende besagt auch, dass dort, wo Brandomir Feuer wegnimmt, er gleichzeitig dafür sorgt, dass alles, was das Feuer zerstört hat, eines Tages wiederaufgebaut wird und in ganz neuem Glanz erstrahlt. So kehren dorthin, wo Brandomir Flammen gesammelt hat, stets die Tiere zurück, Flüsse fließen wieder, und die Wiesen erstrahlen in üppigerem Grün als je zuvor.

Häuser und Brücken, zerbrochen durch des Feuers Grimm, werden von Menschenhand unter Brandomirs verborgenem Einfluss neu errichtet – stabiler und oft von größerer Schönheit als zuvor. Und da ich ihn heute eindeutig erkannt habe, weiß ich, dass auch Dresden wieder aus der Asche auferstehen wird.«

»Das ist eine schöne Vorstellung.«

»Es ist die Wahrheit.«

»Und Brandomir Glutbart, kann er auch Hermann wiederauferstehen lassen, wenn das Feuer ihn zerstört haben sollte?«

»Das weiß ich leider nicht«, sagte Eva. »Aber wenn ich ihn noch mal sehen sollte, werde ich es ihm ausrichten.«

»Versprochen?«

»Brandomir-Eva-Ehrenwort.«

KAPITEL 14

Die Elbe

Als der Lärm der einstürzenden Gebäude und das Brüllen des Feuers am nächsten Morgen etwas nachließen, wagten sich die drei Frauen hinaus, hoffend, dass das Schlimmste vorüber war. Sie traten aus ihrem dunklen Schlupfloch und blinzelten gegen das fahle Licht, das durch den Rauchschleier drang. Marta wandte ihren Blick als Erstes in die Richtung, in die der Sturm Hermann fortgetragen hatte. Die Bilder, die sich ihr boten, waren entsetzlich: Am Boden lagen Gestalten, deren bloße Haut von der Hitze in groteske Muster aus Rot und Schwarz verwandelt worden war. Die Konturen von Ohren und Nasen waren ausgelöscht, sie sahen nicht mehr menschlich aus.

»Hermann ist nicht darunter«, rief Eva, ihre Stimme durchdrungen von einer Mischung aus Hoffnung und Angst. »Wir müssen weiter, zur Elbe. Dort wird er sein.«

Ihr Weg führte sie an einem Feuerwehrwagen vorbei, dessen Besatzung verzweifelt gegen die Flammen ankämpfte. Als einer der Brandbekämpfer die Frauen bemerkte, lenkte er für einen Moment seinen Wasserstrahl hoch über sie und ließ Tröpfchen auf sie regnen. Ein kurzer Augenblick der Erfrischung überzog Martas erhitzte

Haut, ein flüchtiger Schutz auf dem weiteren Weg durch die lodernde Hölle.

Sie kämpften sich voran durch ein Meer aus Trümmern, vorbei an den Überresten einer lebendigen Stadt, die es nicht mehr gab. Zerfetzte Bücher, deren Seiten im Wind flatterten wie die letzten Worte einer untergegangenen Welt, verkohlte Kleidungsstücke, die von vergangenen Tagen und verlorenen Träumen erzählten, zerbrochene Puppen, die in Martas Kopf quälende Fragen aufwarfen – waren es denn wirklich nur Spielzeuge?

Als sie schließlich die Elbwiesen erreichten, kehrte der Atem in Martas Lungen zurück. Die Elbe floss unbekümmert weiter, ein steter Fluss des Lebens inmitten des Todes. Auf dem angesengten Gras waren überall Menschen versammelt, einige rührten sich schwach, andere verharrten reglos. Sie alle waren hierher geflüchtet, in der Hoffnung, die offene Fläche würde ihnen Sicherheit bieten. Sie bildeten die Überlebenden des Infernos. Doch wie viele hatten es nicht durch die Flammen geschafft? Hatte Hermann überlebt? Marta machte sich auf durch die Menschenge, um ihn zu suchen, rief zwischendurch seinen Namen, wie es viele um sie herum mit den Vornamen ihrer Liebsten taten. Kinder weinten um ihre Eltern, Männer und Frauen starrten mit leerem Blick in die Ferne, unfähig, zu begreifen, wie ihre Welt in wenigen Stunden zu Staub zerfallen konnte. Marta sah, wie Menschen verzweifelt versuchten, die Verwundeten zu trösten – mit tränennassen Gesichtern, die in der Asche verschwommen waren. Sie hörte das Stöhnen der Verletzten, das Schluchzen der Trauernden und die steten Rufe nach Hilfe. Inmitten der Hilflosen erkannte Marta einen älteren Mann in verrußtem Bademantel. Er stand neben einem halb verbrannten Cello und teilte Umstehenden kleine Bröckchen Gebäck aus, die er aus einem rosafarbenen Karton nahm. Voller Hoffnung eilte sie auf ihn zu.

»Hermann«, rief sie zu ihm hinüber. »Haben Sie ihn gesehen?«

»Entschuldigen Sie, junge Frau«, antwortete der Mann. »Ich kenne leider keinen Hermann.«

»Aber …« Marta überlegte. »Sie haben doch das Essen da von ihm? Sie sind doch ein berühmter Cellist, der mal im Radio gearbeitet hat?«

»Bedaure, Sie müssen mich verwechseln, gnädiges Fräulein.« Er drehte sich mit einem mitleidigen Blick um und ging mit seiner Schachtel ein Stück weiter, als wäre sie ihm peinlich.

»Marta, unsere helfenden Hände werden gebraucht«, rief Eva, die ihr mit Ursel im Arm hinterhergelaufen war. »Da oben!« Sie deutete auf eine der Brücken, die Marta nicht beim Namen kannte. Menschen, die aus der brennenden Stadt strömten, begegneten darauf den Rettungsfahrzeugen aus der Vorstadt. Schwestern, Feuerwehrleute und Soldaten luden Kisten von den Wagen und brachten sie zu einem provisorischen Lager unter einem der Brückenpfeiler. Ohne zu zögern, setzten sie sich in Bewegung, gaben sich als Krankenschwestern zu erkennen und packten tatkräftig mit an.

»Wir fahren in die Vorstadt und holen eine neue Ladung«, hörte Marta wenig später einen der Fahrer sagen.

»Na los«, sagte Eva und umarmte Ursel.

»Und du hältst dein Versprechen?«, fragte das Mädchen. »Du kommst ganz sicher nach, ja?«

»Natürlich, Ursel. Arbor-Eva-Ehrenwort. Pass du nur immer gut auf deinen Zweig auf.«

»In Ordnung«, sagte Ursel, drückte Eva noch einmal und ging mit dem Fahrer mit. Als Eva Martas erstaunten Blick sah, erklärte sie ihr, dass sie, während Marta nach Hermann gesucht hatte, eine Absprache mit dem Helfer und Ursel getroffen hatte. »In der Vorstadt haben sie nicht bombardiert. Sie muss sich in Sicherheit bringen. Ich weiß, wo der Mann sie hinbringt. Es ist alles geklärt und in Ordnung.«

Nachdem Marta und Eva selbst den Durst in ihrer Kehle gestillt hatten, verteilten sie Wasser unter den Verzweifelten, besorgten Decken oder Kleidungsstücke, mit denen sie die unter Schock stehenden Dresdner und Flüchtlinge einhüllten, und versorgten Brandwunden so gut wie möglich. Immer wieder mussten sie den Männern Bescheid geben, die damit beschäftigt waren, mittels Handkarren und Tragen die Toten beiseitezuschaffen – manchmal unter dem lauten Wehklagen ihrer Angehörigen, die bis zuletzt auf Rettung gehofft hatten. Mitten in der Zerstörung fanden die beiden Frauen eine innere Stärke, die vielleicht ohne das Erlebte nie entfacht worden wäre. Es schien jetzt, wo Ursel in Sicherheit gebracht worden war, als setzte Eva noch mal alles daran, so vielen anderen Menschen wie möglich zu helfen. Marta konnte kaum mithalten. Sie arbeiteten Seite an Seite, jeder neue Atemzug ein Trotzen gegen das Unfassbare, das sie umgab. Stunden vergingen, ohne dass die Freundinnen eine Vorstellung davon hatten, wie spät es sein mochte. Nur hin und wieder durchbrachen Sonnenstrahlen die rußgeschwärzte Wolkendecke, sodass sie wussten, dass die Nacht vorbei sein musste oder noch nicht angebrochen war.

Als zwei Sanitätssoldaten in zerrissenen Uniformen aus

dem Nebel traten, die zwischen sich einen halb nackten Toten transportierten, hörte Marta hinter sich einen hellen Aufschrei: »Stanley?« Ein Mann in grauem Anzug eilte auf die Totenbahre zu. Er hatte eine Schiebermütze auf dem Kopf, sein voller Bart war von roter Farbe wie Martas und Evas Haare. »Stanley, o Stanley«, jammerte er und sank vor der Trage nieder. Die robusten Soldaten, die ihre Uniformärmel hochgekrempelt hatten, setzten überrascht von der Situation die Bahre ab, während der Mann sich über den Toten beugte, dessen Gesicht streichelte und immer wieder seinen Namen flüsterte. *»Stanley, no. That can't be true. Not you.«*

»Ist das ein Tommie?«, fragte Eva erstaunt.

»Es scheint so«, antwortete Marta.

»Aber was macht er hier?«

Der Fremde sprang auf und stieß einen entsetzlichen Schrei aus. Die Umstehenden schauten ihn irritiert an, einige wichen zurück, während andere aus Neugier näher kamen. »Wer ist dieser Mann?«, hörte Marta eine weibliche Stimme flüstern. »Warum spricht er so fließend die Sprache des Feindes?«

»Fuck you, Bomber Harris«, rief der Mann und richtete sein von Ruß geschwärztes Gesicht gen Himmel. *»What are you doing here? This is murder!«*

Marta beobachtete, wie sich ein älterer Mann aus der Menge schälte. Er lief barfuß über das Gras und hielt krampfhaft einen Stock in seinen Händen. »Du verfluchter Hund«, schrie er und näherte sich drohend dem auf dem Boden Kauernden.

»Stehen bleiben!«, rief Marta. »Was tun Sie denn? Was haben Sie vor?«

»Sehen Sie denn nicht, dass der Mann trauert?« Auch Eva machte sich Sorgen und versuchte, auf den Aufgebrachten einzureden. Doch dann zogen ihn zum Glück zwei Frauen mit umgelegten Wolldecken zurück in die Menge.

»Are you Engländer?« Ein weiterer älterer Mann in halb zerrissenem, gestreiftem Pyjama trat näher heran, um Klarheit zu gewinnen. *»You Spion?«*

»I am British but from Wales«, antwortete der Mann mit tränenverschmiertem Gesicht. *»I am not a spy. I was in a prisoner-of-war camp, close to the station. There were two thousand prisoners. Everything collapsed. Like Boom. I don't think many got out.«*

Verzweifelt stöhnte er. *»I escaped with Stanley. He was my best comrade.«*

Marta empfand tiefes Mitleid und überlegte angestrengt, welche Worte des Trostes sie sprechen könnte, als sie plötzlich ein Schuss aufschrecken ließ. Sekunden später brach der Brite zusammen, und auf seinem schwarzen Mantel breitete sich ein rasch wachsender Blutfleck aus. Dann stürzte er nach vorne, und sein Gesicht schlug hart auf dem Gras auf.

»Nein«, fluchte Marta. »Warum denn auch das noch?«

»Da, schau!« Eva deutete in Richtung Stadt, wo Marta eine Gruppe von Jugendlichen in Hitlerjugenduniformen auf sie zumarschieren sah. Einer von ihnen hielt eine deutsche Luger in der Hand. Es war Friedrich. Lachend gingen die Jungen auf den Toten zu, und während seine Freunde die Taschen des Engländers durchwühlten, drehte Friedrich sich um und schien überrascht, als er Marta und Eva erkannte.

»Eva«, sagte er, lief rot an und grinste schelmisch. »Ich freue mich, zu sehen, dass auch ihr diesen Horror überlebt habt. Ich wünschte, ich hätte mehr von diesen Bastarden erwischen können, die sich feige in ihren Flugzeugen verstecken.«

Marta sah, dass Evas Hand zitterte. Dann holte sie aus und verpasste ihrem einstigen Stadtführer eine Ohrfeige, sodass sie laut klatschte. Als Friedrich sein Gesicht hob, zeichnete sich deutlich ein weißer Abdruck auf seiner erröteten Wange ab. Sein Grinsen war verschwunden, stattdessen las Marta Verwirrung in seinem Ausdruck.

»Was habe ich denn gemacht? Er war doch bloß ein dummer Tommie.« Friedrich und rieb sich die Wange. »Eva, was soll das?«, stammelte er bestürzt und blickte sie an.

Eva sagte nichts.

»Das weißt du nicht?«, raunte Marta ihn an.

»Wegen dem da?« Er zeigte auf den Engländer, von dem seine ebenfalls irritierten Kameraden abgelassen hatten. Einer steckte sich gerade noch eine Schachtel Zigaretten ein, der andere betrachtete einen goldenen Ring, den er dem Toten vom Finger gezogen hatte.

»Das war doch nur ein Klippenpisser, kein Mensch.«

»Verschwinde, Friedrich, du bist der Pisser«, schimpfte Marta. »Bevor ich mich auch noch vergesse. Ihr solltet euch schämen. Alle!«

Friedrich schüttelte den Kopf, und seine Stimme klang kalt und befehlend. »Kommt, Kameraden, wir gehen weiter. Wir müssen die Drückeberger und Defätisten aufspüren, haben keine Zeit für solche hysterischen Weiber, denen der Qualm zu tief in den Kopf eingedrungen ist.« Mit einem letzten verächtlichen Blick auf Marta wandte er sich ab und marschierte davon, dicht gefolgt von seinen Kameraden. Einer von ihnen reichte ihm flüsternd etwas, und Friedrich hielt inne. Er drehte sich mit einer theatralischen Geste um und schleuderte einen Ausweis in ihre Richtung. »Kannst ja seiner Mutti schreiben«, höhnte er mit einem sarkastischen Grinsen. Gelächter erfüllte die Luft, als die Gruppe der Hitlerjungen sich schnell entfernte. Eva nahm Marta in den Arm, während die Träger den Toten zu seinem Freund auf die Bahre hievten.

»Ganz schön schwer jetzt«, sagte einer der Männer.

»Stell dich nicht so an, Horst«, antwortete der andere.

»Ich hätte ja auch nicht gedacht, dass wir mal den Feind beerdigen müssen.«

Dann verschwanden sie in den Nebel auf der anderen Seite. Marta kniete nieder und griff nach dem Ausweis, der einsam auf dem verwüsteten Boden lag. Sie betrachtete ihn einen Moment lang und las leise: »Percy Jenkins war sein Name.« Behutsam wischte sie mit ihrem Ärmel den Schmutz von dem Dokument und steckte es in dem Vorhaben, das Andenken des so traurig verstorbenen Percy zu wahren, in ihre Manteltasche.

Martas Körper fühlte sich an, als wäre er mit Blei gefüllt, jeder Muskel schmerzte vor Erschöpfung. Nach dem Schock hatte sie sich setzen müssen. Ihr Rücken lehnte an einem kühlen, rauen Stein, der einer der wenigen verbliebenen intakten Reste einer einstigen Mauer war. Sie hielt eine trockene Brotscheibe, die beinahe zerbröckelte, in ihrer Hand. Eine mitfühlende Schwester hatte sie ihr gereicht. Von ihrem Platz aus beobachtete Marta, wie die unermüdliche Eva, die ihre spärliche Mahlzeit schon beendet hatte, sich den Schwerverletzten zuwandte, die auf der Erde lagen. Sie war stolz und froh, dass sie Eva gefunden hatte, dass sie sich dafür entschieden hatte, ihr zum Hauptbahnhof nach Allenstein zu folgen, und dass Eva es geschafft hatte, nach Dresden zu kommen. Martas Blick schweifte gen Himmel, wo trotz der düsteren Wolken immer noch vereinzelt Sonnenstrahlen hindurchbrachen. Ob die Nacht bereits wieder angebrochen war, vermochte sie nicht zu sagen. Die Müdigkeit steckte ihr so tief in den Knochen, dass es auch schon zwei Nächte hätten sein können, die inzwischen vergangen waren.

Gerade als sie von ihrem Brot abbeißen wollte, bemerkte sie einen sich schnell bewegenden Schatten am Himmel. Ein Motorengeräusch ließ sie aufhorchen, und dann erkannte sie ein grün schimmerndes Jagdflugzeug, das bedrohlich niedrig flog. Es schien so tief zu ziehen, dass Marta zunächst dachte, es würde an einer der Elbbrücken zerschellen. Doch plötzlich wurde ihr die Gefahr bewusst.

»Achtung, Tiefflieger!«, rief da schon ein Mann in ihrer Nähe. Marta sah, wie sich die stehenden Menschen panisch zu Boden warfen. Rasend vor Angst suchte sie die Wiese nach Eva ab. Ihr Herz schien auszusetzen, als sie ihre Freundin auf sich zulaufen sah.

»Leg dich hin!«, schrie Marta. »Runter! Schnell!« Doch es war zu spät. Das Rattern der Bordkanone erfüllte die Luft, und Marta erkannte, wie die Kugeln ins Wasser schlugen, die Wiese pflügten und die am Boden liegenden Menschen trafen, bevor das Flugzeug abdrehte und in der Dunkelheit verschwand.

»Nein, Eva!«, rief sie in schierer Verzweiflung, als sie mitansehen musste, wie ihre Freundin sich an die Brust griff, in die Knie ging und vornüberfiel. Hektisch warf Marta ihr Brot weg, sprang auf und rannte zu ihr. Neben

Eva kniend drehte sie ihre Freundin zur Seite, hob ihren Kopf an, legte ihn sanft in ihren Schoß. Blut strömte aus Evas Mund und Nase. Ihre Augen waren leer, als sie Marta ansah. In letzter Hoffnung drehte sie sich nach allen Seiten zu den noch am Boden liegenden Menschen um. Sie rief um Hilfe, nur um ihren Blick schnell wieder auf ihre Freundin zu richten. Marta strich ihr das Haar aus dem Gesicht, küsste ihre Stirn. Eva röchelte, hustete Blut und versuchte zu sprechen, doch Marta verstand sie nicht. »Nein, Eva, bitte geh nicht«, schluchzte sie. »Nicht du. O bitte, nicht auch noch du.« Sie merkte, wie langsam das Leben aus ihrer Freundin wich. Dann, schwach, hörte sie ein Wort, mehr las Marta von Evas Lippen ab: »Ursel …«

Jetzt fiel es Marta ein. Sie hatte sich nicht erkundigt, wo das Mädchen war. »Wo ist Ursel?«, fragte sie hastig, doch Evas Augen waren schon zugefallen und ihr Kopf zur Seite gekippt.

»Nein, nein, nein …«, stammelte Marta, während sie die Tränen zurückzudrängen versuchte. »Du darfst nicht, Eva. Du musst bleiben, mir weiter von Miraculo und Brandomir erzählen. Und Ursel, sie muss die Geschichten von Arbor hören. Das geht nicht, dass du uns alleine lässt, hörst du?« Sie riss Evas Mantel auf und probierte verzweifelt, durch festen Druck auf den Brustkorb und Mund-zu-Mund-Beatmung ihrer Freundin Leben einzuhauchen. Doch sie regte sich nicht mehr.

»Die Frau ist tot«, hörte sie eine Stimme hinter sich sagen. »Stehen Sie auf, Schwester!«

Marta blickte hoch, ihre Hände zitterten, und ihr Herz schmerzte vor Trauer und Verzweiflung. Sie wollte es nicht glauben, konnte es nicht akzeptieren. »Nein, Eva!«, schrie sie nochmals, als ob ihre Stimme sie wieder zum Leben erwecken könnte.

»Stehen Sie auf, Schwester!«, wiederholte die Stimme, diesmal eindringlicher. Eine Hand legte sich sanft, aber bestimmt auf ihre Schulter. Marta hob den Kopf und sah in das ernste Gesicht eines älteren Soldaten. Seine Augen waren voller Mitgefühl, aber auch Entschlossenheit.

»Sie können ihr nicht mehr helfen. Wir müssen den anderen beistehen.«

»Ich kann einfach nicht mehr«, stotterte Marta, als sie nur kurz darauf hörte, dass schon wieder Bomben in der Stadt einschlugen. »Das ist doch keinem Menschen zuzumuten.« Noch immer beließ sie den leblosen Kopf ihrer Freundin auf ihrem Schoß. Als sie sich ihre Hände ansah und das frische Blut darauf bemerkte, spürte sie plötzlich, wie die Traurigkeit einer unbändigen Wut wich. Diese Ungerechtigkeit durfte sie nie vergessen, nicht ungesühnt lassen. Es war die Wut, die sie auch schon auf die Nazis verspürt hatte, doch die waren ihr nun egal. Der Mann im Flugzeug war Brite gewesen, und er hatte gesehen, auf wen er schießt. Er hatte unschuldige Frauen und Kinder töten wollen und genau das getan. Er war böse. Die Engländer, sie waren noch schlimmer als die Deutschen. Sie würden dieses Land niemals befreien, sie zerstörten alles Leben in Deutschland. Marta nahm sich vor, zu kämpfen – für Eva, für alle, die ihre Hoffnung und ihr Leben an diesem Ufer verloren hatten, deren Stadt dem Erdboden gleichgemacht worden war. Marta wusste noch nicht, wie, doch sie schwor bittere Rache.

Mit zitternden Händen legte Marta Evas Kopf behutsam auf den Boden, wischte sich die Tränen aus dem Gesicht und stand schwerfällig auf. Der Schmerz in ihrem Herzen war überwältigend, doch sie wusste, dass sie weitermachen musste.

KAPITEL 15

Die Asche

»Soll ich lieber aufhören?«, fragte Marta, als sie bemerkte, dass Bianca laut angefangen hatte zu schluchzen. Doch diese schüttelte nur den Kopf. »Nein.« Ihre Stimme bebte, als sie fortfuhr: »Aber ich glaube, ich nehme jetzt doch ein Taschentuch.«

Marta nickte mitfühlend und holte die Packung aus ihrer Handtasche. In den vergangenen drei Stunden, während Bianca Martas Geschichte gelauscht hatte, waren ihr immer wieder Tränen über die Wangen gelaufen. Doch das hatte sie nicht daran gehindert, einige ihrer Grundsätze als Punk aufrechtzuerhalten. Eigentlich weinte man nicht und benutzte schon gar keine Taschentücher – höchstens das Shirt zum Trocknen der Tränen.

Doch nun, da Marta von Evas qualvollem Ende erzählt hatte, waren bei Bianca alle Dämme gebrochen. Sie nahm das Taschentuch und prustete laut hinein. Dann griff sie nach einem zweiten, um ihre geröteten Augenwinkel zu trocknen, während sie verzweifelt versuchte, die Trauer und den Schmerz, die sie überkommen hatten, wegzulächeln.

»Geht es wieder?«, fragte Marta behutsam.

»Ja«, antwortete Bianca, holte tief Luft und kicherte noch einmal verlegen, um ihre Fassung wiederzuerlangen. »Es ist nur …« Sie schluckte schwer. »Es ist übelst krass traurig, was mit Eva passiert ist.«

Marta nickte mitfühlend. »Das ist es. Auch für mich. Immer noch und jeden Tag. Sie war eine meiner besten Freundinnen, die ich je hatte.«

»Und es hat mich an etwas erinnert«, fuhr Bianca fort, während neue Tränen in ihren Augen glitzerten. »So, wie du Eva da in deinen Armen gehalten hast, wie sie dalag, das ganze Blut, wie sie gestorben ist – genauso war das damals mit meinem Bruder.«

»Du hast mir nie von einem Bruder erzählt.«

»Sie haben ihn umgebracht, die Skinheads. Und diese Wut, die du beschreibst, genau die habe ich auch gespürt. Mir Rache geschworen. Es waren nur keine Briten, sondern Nazis, die ich hasse. Aber Mörder sind Mörder. Es ist das Gleiche.«

»Und deswegen hast du einen Hass auf alle Deutschen, richtig?«, fragte Marta nach. »Und somit auch auf dich selbst.«

»Ja. Das ist so, war so. Ach, ich weiß auch nicht.«

»Weißt du, ich habe mir damals auch lange eingeredet, dass die Briten Monster sind. Als sie dann nach Deutschland kamen, habe ich nie mit einem geredet. Ich mochte sie nicht, wollte ihnen das nicht verzeihen. Später, als ich längst gemerkt hatte, dass es nur meine Vorurteile waren, die ich auf ein ganzes Volk projiziert habe, da waren schon keine Briten mehr hier. Und ich war nie in England. Ich habe also in meinem ganzen Leben nie mit einem gesprochen. Deswegen kann ich auch kein Englisch.« Marta überlegte. »Das ist schon wirklich merkwürdig, jetzt, wo ich noch mal darüber nachdenke. Eigentlich hätte ich mich gar nicht für die Queen und das Königshaus interessieren dürfen. Aber ich habe immer alles genau verfolgt. Nicht den Klatsch und Tratsch, aber die besonderen Geschichten. Ach, was habe ich vor drei Jahren mit William und dem kleinen Harry gelitten.«

»Ich auch«, sagte Bianca und ließ ihren Blick gen Himmel schweifen. Dabei bemerkte sie, dass die Sonne sich schon hinter den Apfelbäumen zurückzog. Ihr wurde klar, dass sie keine Ewigkeit zusammen mehr hatten und die Besuchszeit irgendwann enden müsse. Sie wollte, dass Marta weitererzählte. »Wie ist es weitergegangen, nachdem Eva gestorben war?«, fragte sie daher.

»Einen Moment.« Marta sammelte sich kurz, schloss die Augen, bis sie die grausamen Szenen von damals wieder vor sich sah. Dann fuhr sie fort:

»An der Elbe hat mich nichts mehr gehalten. Meine Wut über das Erlebte hatte sich kurzfristig gelegt und einer dumpfen Leere Platz gemacht. Wie ferngesteuert schritt ich durch die rauchenden Ruinen, getrieben von einer unsichtbaren Kraft zurück in Richtung Altstadt. Ich hatte kein Ziel, keine Gedanken, keine Hoffnung, wanderte planlos durch die Trümmerlandschaft von Dresden. Ich hatte jegliches Zeitgefühl verloren und wusste nicht einmal, dass wir schon den 15. Februar hatten. Ich taumelte an den Überresten der eingestürzten Häuser vorbei, ließ meinen Blick über die Fragmente streifen, die der Feuersturm verschont hatte. An den Geruch von verbranntem Holz und Menschenfleisch hatte ich mich längst gewöhnt. In den Straßen lagen

Tote, entstellt und reglos. Immer wieder warf ich einen flüchtigen Blick auf die Leichen. Als ich einen pinkfarbenen Fleck unter einem Haufen Asche entdeckte, bückte ich mich, zog an einem Fellbüschel und befreite einen rosa Plüschaffen aus dem Schutt. Den hatte ich irgendwo schon einmal gesehen, doch wo, das fiel mir nicht mehr ein. Es erschreckte mich, wunderte mich jedoch zugleich, dass fast alle Toten, die ich sah, Kinder waren. Bald aber realisierte ich anhand von Überresten der Kleiderfetzen, die die Menschen an ihren Körpern trugen, dass auch die Erwachsenen auf Kindergröße geschrumpft waren.

Irgendwann bin ich wohl auf dem Altmarkt gelandet. Wie in Trance schwebte ich über den Platz, der ebenfalls gepflastert war mit verkohlten Leichen, die von Helfern auf Holzpaletten gestapelt wurden. Plötzlich hörte ich dieses Ticken und meinte, es müsse meine Uhr sein. Fieberhaft suchte ich nach der Quelle des Geräuschs, rief Hermanns Namen und warf mich zu Boden, um unter den Trümmern nach ihm zu graben.

Doch was ich fand, waren Uhren – viele Uhren. Ich erkannte, dass ich in der Münzgasse angekommen war, vor den Überresten der Frauenkirche. Die Zeiger von Meister Ignis' Uhren tickten noch, als wollten sie mich an etwas erinnern.

Plötzlich flackerte neue Hoffnung in mir auf. Wenn Hermann noch lebte, würde er dort oben auf mich warten. Ich schaute wie damals Ignis durch sein Fenster hoch. Das Skelett der Kirche erhob sich vor mir, und ich hastete auf die ausgebrannte Ruine zu, ohne auf die dringenden Warnrufe von Feuerwehrleuten und Polizisten zu achten, die vor Einsturzgefahr warnten. Wie ferngesteuert schlich ich mich an den Einsatzkräften vorbei, die mit Aufräumarbeiten beschäftigt waren, bahnte mir einen Weg durch die Trümmer. Über Glasscherben und Steine stolpernd kämpfte ich mich die Treppe zur Aussichtsplattform empor. Sie war an mehreren Stellen eingebrochen und kaum begehbar. Ich klammerte mich an die bröckelige Wand, zog mich mühsam daran nach oben, Stufe um Stufe, getrieben von der Vorstellung, er würde mich gleich in die Arme schließen. Oben angekommen war von meinem Verlobten jedoch keine Spur, doch ich war schon so traurig, dass das Gefühl der zerplatzten Hoffnung diese nicht noch weiter steigern konnte. Ich erinnerte mich an seinen Heiratsantrag, als hätte er ihn gerade eben erst gemacht, doch erkannte den Ort nicht wieder. Es war ein einziges Panorama der Zerstörung, das unter mir lag, eine qualmende graue Masse. Tränen mischten sich mit dem Ruß auf meinem Gesicht, als ich mich auf den kalten Steinen niederließ. Ich fühlte mich verloren, all meine Kraft schien mit der Asche zu verschmelzen, die sanft vom Himmel rieselte. Doch nach einer Weile merkte ich, dass mich etwas antrieb, es war, als würde Hermann mich in meinem Herzen dazu anspornen, nicht aufzugeben, als würden Miraculo, Glutbart und Arbor mich gleichzeitig davon abhalten, mich einfach in die Tiefe zu stürzen. Eva hatte ich für immer verloren, doch ich spürte *seine* Liebe noch. Daraus schöpfte ich neue Hoffnung, um weiterzumachen, um ihn zu suchen. Hermann war da draußen, irgendwo, und ich würde ihn finden – koste es, was es wolle. Mit diesem Funken Entschlossenheit in meinem trauernden Herzen stand ich auf und lief die Treppe wieder hinunter. Ich überquerte den Altmarkt, vorbei an Toten und Helfern, vielleicht hundert Meter weit, als ich plötzlich dieses Grollen vernahm – tief und unheilvoll, ein Donnern, das aus dem Inneren der Erde zu kommen schien. Es war ein Geräusch, das mich bis ins Mark erschütterte. Hinter mir durchschnitten Schreie die Luft. Doch ich drehte mich nicht um. Etwas in mir wusste sofort, was geschehen war, ohne dass ich es sehen musste. Die Frauenkirche hinter mir war eingestürzt, eine jahrhundertealte Ikone, die nun den Gesetzen der Schwerkraft nachgegeben hatte. Ob ich Hermann finden würde oder nicht, nie wieder würden wir dort oben, wo wir uns einst ewige Treue versprochen hatten, aneinanderschmiegen können, um wenigstens die Erinnerung an unseren intimsten Moment zu spüren. Das war zu viel. Erst die Verzweiflung, dann die Hoffnung, und im nächsten Moment zerplatzte alles. Ich blieb stehen, sank auf die Knie, mitten auf dem Platz, und erstarrte zu einer, zu einem ...« Marta überlegte.

»Nichts«, sagte Bianca.

»Ja, genau«, antwortete Marta. »Daran habe ich gedacht, so habe ich mich gefühlt, als wäre ich mit eingestürzt, als wäre da nichts mehr.«

»Wie eine leere Hülle.«

»Wie eine leere Hülle.«

»Ich weiß«, sagte Bianca. »So habe ich mich oft gefühlt, ich kenne diese Hülle. Übelst. Ich war diese Hülle, als Ronny starb, und ich habe lange Zeit in ihr verbracht.« Bianca schaute Marta ernst und eindringlich an. »Erzähl weiter! Wie hast du herausgefunden, dass ...?«

»Da gibt es eigentlich nicht mehr so viel zu erzählen, Schätzchen. Der Krieg war aus, und ...«

»Ich meine, Hermann. Hast du ihn wiedergefunden?«

Marta zögerte, nahm sich ein Taschentuch. »Weißt du,

mein Hermann war so ein guter Mann. Die Befreiung der Jüdinnen in Stutthof, das wäre ohne ihn nicht gegangen. Er hat das vorbereitet. Sein Weg, der uns durchs Feuer geführt hat.« Sie schnäuzte sich die Nase. »Ich möchte, dass du das verstehst. Er war zwar Soldat der Wehrmacht, aber nicht die einzelnen Soldaten waren die Verbrecher. Sie hatten keine Wahl. Und Menschen wie mein Hermann, die haben das Beste draus gemacht. Nie hätte er einer Fliege etwas zuleide tun können. An der Front hat er immer danebengezielt. Er hat nie einen Menschen getötet, das hätte er gar nicht gekonnt.«

»Ich glaube dir«, sagte Bianca leise. »Aber sag mir doch bitte. Hat Hermann überlebt? Hast du ihn wiedergesehen?«

Marta schüttelte den Kopf. »Ich kann nicht …«

»Shit, es tut mir übelst leid«, sagte Bianca, während sie einen heftigen Stich in ihrem Herzen verspürte. »Das alles hast du nicht verdient, das ist nicht korrekt. Das hätte nicht passieren dürfen.«

Marta seufzte. »Ich glaube, ich bin gerade zu erschöpft, um weiterzusprechen.«

»Willst du gehen?«, fragte Bianca. Sie spürte, dass sie das nicht wollte, schaute auf ihre Retro-Uhr am Handgelenk.

»Nein, nicht, bevor ich nicht rausgeschmissen werde.« Marta lächelte sanft. »Es ist doch dein letzter Tag, da bleibe ich, solange du willst oder ich eben kann.«

»Danke.«

»Wir brauchen ja auch nicht zu reden. Oder du erzählst mir noch etwas. Vielleicht etwas Schönes, an das du dich gerne erinnerst. Gibt es denn da gar nichts, Schätzchen?«

Bianca musste nicht lange überlegen. Vor ihrem inneren Auge tauchten plötzlich Bilder aus ihrer Kindheit auf, die sie lange verdrängt hatte. Mit zittriger Stimme begann sie zu erzählen – direkt aus ihrem Herzen heraus. Sie sprach von den Weihnachtsfesten mit ihren Eltern, von der Fürsorge ihrer Mutter und den langen Spaziergängen mit ihrem Vater. Wie sie sich als kleines Mädchen glücklich und geborgen gefühlt hatte, bevor alles so schrecklich in die Brüche ging. »Ja, und dann bin ich irgendwann auf die schiefe Bahn geraten«, sagte sie irgendwann, ihre Stimme kaum mehr als ein Flüstern.

»Schiefe Bahn?«, wiederholte Marta ihre Worte in voller Absicht.

In diesem Moment bemerkte Bianca, dass sie sich gerade zum ersten Mal eingestanden hatte, selbst nicht alles richtig gemacht zu haben. Dieser Tag im Garten des offenen Vollzugs, im Gespräch mit einer so viel älteren Frau, die dazu noch im BDM gewesen war – sie hätte das alles selbst nie für möglich gehalten. Doch dieser Tag, dieser Moment mit Marta, er öffnete Biancas Herz und machte Platz für Gefühle und Ideen, die sie ebenfalls nie erwartet hätte. Sie spürte bereits in ihrem Unterbewusstsein, dass dieser Austausch ihr Leben umkrempeln würde, und Marta erkannte das im selben Augenblick ebenfalls.

»Es hat mit deinem Bruder zu tun, nicht wahr?«, wollte Marta wissen. »Wie hieß er eigentlich?« Sie räusperte sich. »Falls du mir das überhaupt erzählen möchtest.«

»Ronny hieß mein Bruder«, antwortete Bianca und spürte zum ersten Mal seit Ewigkeiten das innige Bedürfnis, von dem zu erzählen, was im Sommer 1998 geschehen war.

Dresden, 2. August 1998

Im schummrigen Licht des späten Nachmittags war der Hinterhof des besetzten Gebäudes in der Dresdner Neustadt wie verwandelt. An den Wänden der alten Fabrikhalle prangten bunte Graffiti, und Lichterketten spannten sich von Fenster zu Fenster. Das Fest der antifaschistischen Gruppe »Neustadt Antinational« hatte Hunderte junge Punks, hartgesottene Linksradikale und sogar ein paar Altkommunisten aus ganz Sachsen angezogen. Die Punkrock-Band »Dresdner Rebellion« spielte auf einer improvisierten Bühne, und die dröhnenden Gitarrenriffs und rauen Gesänge hallten zwischen den Gebäuden wider. Die Menge tobte, tanzte und sang lauthals mit. Der Geruch von Bier, Schweiß und Zigaretten lag in der Luft, vermischt mit dem rauchigen Aroma eines Lagerfeuers, das in der Mitte des Hofes brannte.

Die fünfzehnjährige Bianca und ihre Freundin Nancy waren gerade angekommen und hatten sich etwas abseits gestellt, um die tobende Menge zu beobachten. Beide hatten schon ordentlich vorgeglüht. Bianca hielt eine Flasche Bier in der Hand und ließ ihren Blick über die Menge schweifen, suchte immer wieder Sichtkontakt zu ihrem drei Jahre älteren Bruder Ronny, der sie auf die Party, die er mitorganisiert hatte, eingeladen hatte. Er stand in seinem ärmellosen schwarzen Shirt, das seine muskulösen Oberarme richtig gut zur Geltung kommen ließ, vor einem der abgewetzten Sofas, auf dem sich einige Punks lümmelten, und unterhielt sich mit einem großen Kerl mit blauem Irokesenschnitt und einem älteren Mann, der einen langen, grauen Mantel und eine Mütze mit Sowjetstern auf dem

Kopf trug. Neben ihnen saß Ronnys neue Freundin Mona in einem zerrissenen T-Shirt und malte sich mit einem dicken schwarzen Edding ein anarchistisches Symbol auf ihren Unterarm.

Endlich schaute Ronny zu ihnen herüber, grinste breit und kam auf sie zu. »Bianca, megacool, dass ihr gekommen seid«, sagte er, während er seine Schwester umarmte. »Sorry, dass ich so busy bin. Ich führ euch später rum und stell euch ein paar Leute vor, okay?«

»Klar, kein Problem.«

»Hi«, sagte Nancy.

»Hi«, sagte Ronny, der schon wieder in eine andere Ecke des Hofes schaute, wo er jemanden grüßte. »Wie gefällt euch die Mucke?«, fragte er, als er sich erneut den Mädchen zugewandt hatte.

»Ultracool«, antwortete Nancy wie aus der Pistole geschossen. »Aber Bianca interessiert sich mehr für den Gitarristen.«

»Stimmt doch gar nicht, Mann«, rief Bianca.

Ronny lachte. »Jau, Müsli hat es voll drauf. Auf den haben viele Frauen ein Auge geworfen, wisst ihr ja selbst schon.« Er strich seiner Schwester über die Wange. »Sorry, ich muss da kurz rüber. Ich glaube, da läuft noch was heute Abend. Trinkt, so viel ihr wollt, ist alles umsonst. Wir sehen uns später.« Dann zog er sich seine Baskenmütze etwas tiefer in die Stirn und verschwand in der Menge.

»Laber doch nicht immer so 'ne Scheiße, Nancy«, raunte Bianca. »Müsli finde ich nur nett, und er ist ein toller Musiker. Die Anspielungen machst du doch nur, weil du selbst bis über beide Ohren in meinen Bruder verknallt bist.«

»Vielleicht.«

»Vergiss es. Keine Chance, der steht auf ältere Frauen.«

»Haha, ja, solche, die sich mit Edding vollsauen.«

»Komm, lass mal pogen gehen jetzt«, fuhr Bianca fort. »Ich habe schon ordentlich einen im Kahn.«

»Ich auch.«

Bianca und Nancy, die sich zu späterer Stunde auf eines der Sofas gesetzt hatten und eingeschlafen waren, erwachten gleichzeitig. Von der Straße her hörte Bianca lautes Geschrei. Verwirrt rieb sie sich die Augen und bemerkte, dass sich vor ihr ein Tumult ausbreitete. Die Gäste, die zuvor noch tanzten und lachten, griffen nach allem, was sie zur Verteidigung verwenden konnten, und eilten nach draußen.

»Was ist los?«, fragte Nancy noch halb verschlafen, während Bianca sich umblickte.

»Ich weiß nicht, aber es klingt nicht gut.« Bianca versuchte, einen klaren Kopf zu bekommen.

»Was ist da los?«, rief sie einem Punk zu, der mit einer Holzlatte in der Hand an ihnen vorbeilief. Er drehte sich kurz um und schrie zurück: »Die Neonazi-Bastarde greifen an! Wir müssen uns verteidigen! Frauen bleiben hier.«

Bianca und Nancy blieben wie erstarrt sitzen, unsicher, was sie tun sollten. Die Geräusche von Schlägen, Schreien und zerbrechendem Glas hallten durch den Hof. Nach etwa einer Viertelstunde war der Spuk dann aber so plötzlich vorbei, wie er ausgebrochen war. Die Partygäste kehrten allmählich zurück, schnappten sich ihr Bier und tanzten weiter, als wäre nichts geschehen. Die Band hatte längst aufgehört zu spielen, und der Punkrock dröhnte nun via CD-Anlage über die Boxen.

»Haben sie ganz schön auseinandergenommen«, hörte Bianca den Typen mit blauem Irokesenschnitt sagen. »Die kommen so schnell nicht wieder.«

Nancy, die sich sichtlich unwohl fühlte, stand auf. »Ich glaube, ich gehe nach Hause«, sagte sie. »Mir reicht's für heute. Kommst du mit?«

»Nein, ich bleibe noch. Ich muss Ronny finden«, antwortete Bianca entschlossen.

»Okay, pass auf dich auf.« Nancy lief leicht torkelnd zum Ausgang.

Bianca fand Ronny nicht auf der Party. Sie überquerte den Hof und sprach die Leute an, die sie zuvor mit ihm gesehen hatte, aber niemand schien zu wissen, wo ihr Bruder war, und so wirklich schien es auch keinen zu interessieren.

»Der kommt schon wieder«, sagte einer.

»Schiebt sicherlich irgendwo ein Nümmerchen mit seiner neuen Alten«, meinte ein anderer.

Bianca jedoch war besorgt, verließ aber schließlich, frustriert und enttäuscht, selbst die Party, um mit der letzten Straßenbahn nach Hause zu fahren.

Der Nachthimmel über Dresden war dunkel, und eine unheimliche Stille lag in der Luft, als Bianca an der Straßenbahnhaltestelle ankam.

Biancas Gedanken kreisten um die Ereignisse der letzten Stunden, als plötzlich ein leises Wimmern ihre Aufmerksamkeit erregte. Sie fröstelte und drehte sich um, ihre Augen suchten die Umgebung ab. Das Schluchzen verstärkte sich, und mit einer bösen Vorahnung folgte sie dem Geräusch den Bahndamm hinunter.

Voller Entsetzen sah sie ihren Bruder Ronny auf den Gleisen liegen. Das Mondlicht warf einen bläulichen Schimmer auf seine blutüberströmte Gestalt. Ein Arm war ihm abgetrennt worden, und seine Beine waren in unnatürlichen Winkeln verdreht. Bianca spürte, wie ihr Herz in ihrer Brust raste, und ein Schrei steckte ihr im Hals, unfähig, sich zu lösen.

Mit aller Kraft zerrte sie Ronny von den Gleisen, ihre Hände zitterten und rutschten immer wieder in seinem Blut aus. »Ronny!«, schrie sie, ihre Stimme voller Panik und Verzweiflung, als sie sich mit ihm am Bahndamm niederließ. »Ronny, bitte, sag etwas!«

Ronny brachte kein Wort mehr heraus. Blutschaum sammelte sich an seinen Lippen, und seine Augen, weit aufgerissen, suchten den Himmel. Bianca streichelte sein Gesicht, ihre Tränen mischten sich mit seinem Blut. »Was ist passiert? Wer hat dir das angetan?«, schluchzte sie, doch ihr Bruder konnte nicht antworten. Sein Atem wurde immer flacher, und Blut lief aus seinem Mund, während er versuchte, zu sprechen.

»Nicht sterben, bitte nicht sterben«, murmelte Bianca verzweifelt und hielt ihn fest umklammert. Sie spürte, wie die Kraft aus seinem Körper wich, und ein kalter Schauer überlief sie. Ihre Hände waren blutverschmiert, und sie fühlte sich hilflos, gefangen in einem Albtraum, aus dem sie nicht erwachen konnte.

Ronny starb in ihren Armen, sein letzter Atemzug hallte als raues Keuchen in der nächtlichen Stille wider. Bianca stieß einen Schrei der Verzweiflung und des unendlichen Schmerzes aus, als das Leuchten in den Augen ihres Bruders erlosch. Ihre Welt brach in diesem Moment zusammen, und sie fühlte sich, als wäre ein Teil von ihr mit ihm gestorben.

Endlich hörte sie die Sirenen in der Ferne, das grelle Blaulicht, das die Dunkelheit durchbrach. Doch Bianca wusste, dass es zu spät war. Ronny war tot. Sie stieß einen weiteren lauten Schrei aus, ihre Seele zerrissen von Trauer und Wut. Tränen strömten über ihr Gesicht, und sie hielt ihren Bruder fest, als ob sie ihn so vor dem Unvermeidlichen schützen könnte.

Während die Rettungskräfte näher kamen, saß Bianca inmitten dieses chaotischen Schreckens, unfähig, sich zu bewegen, unfähig, zu begreifen, was geschehen war. Ihr Herz war schwer von Schmerz und Zorn, und in diesem Moment schwor sie sich, dass sie denjenigen, die Ronny das angetan hatten, niemals vergeben würde. Und sie ahnte bereits, wer dafür verantwortlich war.

»Bianca, das ist wirklich unglaublich tragisch«, sagte Marta, der nun selbst eine Träne über die Wange rann, weil sie das, was Bianca ihr anvertraut hatte, an die Situation erinnerte, die sie mit ihrer Freundin Eva erleben musste. So wie Bianca sich zuvor durch ihre Schilderung von Evas Tod an den schlimmsten Tag ihres Lebens erinnert gefühlt hatte. »Ich kann deine Trauer und deine Wut sehr gut nachvollziehen.«

»Ich weiß«, antwortete Bianca leise. »Deswegen musste ich es dir auch erzählen.«

Marta strich sanft über Biancas Hand, um ihr Trost zu spenden. »Dann erzähl aber auch du bitte zu Ende. Wie ist es weitergegangen? Wer hat Ronny das angetan?«

»Die Nazis.«

Marta holte tief Luft. »Ich hoffe, sie wurden verurteilt.«

Bianca schüttelte den Kopf. »Nein, wurden sie nicht. Das ist ja das Schrecklichste überhaupt an der Geschichte.«

»Wie ist das denn möglich?«

»Ich habe damals Tage gebraucht, um überhaupt wieder sprechen zu können«, fuhr Bianca mit ihrer Erzählung fort. »Die Polizei hat ermittelt und natürlich, so wie ich, den Zusammenhang mit der Schlägerei auf dem Sommerfest in Erwägung gezogen. Aber offensichtlich hat niemand Ronny während des Kampfes gesehen.«

Marta runzelte die Stirn. »Und das stimmte mit den Aussagen der Gäste überein?«

»Nein. Also ja, die meisten hatten ihn nicht gesehen. Aber Müsli, der gut aussehende Gitarrist, und sein Kumpel Stinker, die dabei waren, haben angegeben, dass die Nazis Ronny verfolgt haben. Das haben sie mir jedenfalls so erzählt.«

»Und das haben sie natürlich auch den Ermittlern geschildert.«

Bianca nickte. »Das nehme ich an«, sagte sie. »Ich habe dann ja angefangen, viel mit den beiden rumzuhängen, und mit Müsli bin ich dann auch zusammengekommen. Allerdings ist das mittlerweile wieder aus.«

»Und sie haben die Täter auch erkannt?«

»Nicht wirklich, Glatzen halt, haben sie gesagt. Die Bullen haben aber herausgefunden, wer alles an dem Abend beteiligt gewesen ist.«

»Und?« Marta sah Bianca tief in die Augen.

»Alle haben Alibis, waren angeblich danach auf einer anderen Party in einem anderen Stadtteil und wurden da gesehen. Aber das glaube ich nicht. Die stecken unter einer Decke, die Bullen und die Nazis. Weil die Bullen uns Punks hassen.«

»Ich glaube, nicht alle Bullen sind so.«

Bianca schnaubte verächtlich. »Nein, nur die Nazi-Bullen, das weiß ich selbst«, sagte sie. Kurz schaute sie auf ihre Uhr, fuhr sich durch die Haare und ergänzte: »Und du hattest ja vorhin recht, ich hätte meine ganze Wut nicht auf alle Deutschen übertragen müssen. Ich habe ganz verdrängt, dass ich ja selbst Deutsche bin, und Ronny auch und all die ganzen Kämpfer.«

»Das ist gut, dass du das jetzt schon so sehen kannst«, sagte Marta sanft. »Das ist nicht selbstverständlich, aber richtig und wichtig. Du machst den gleichen Prozess durch wie ich mit den Briten.«

Die Vögel, die sich schon einen Schlafplatz suchten, zwitscherten über ihnen im Apfelbaum, und Bianca versuchte ihre Erzählung zu einem Abschluss zu bringen. »Jedenfalls wurde uns Ronnys Tod dann auch als Unfall verkauft. Und das Schlimme ist, meine Mutter hat es geglaubt.«

Marta nickte verständnisvoll. »Es ist dann ja ganz klar, dass dieses Ereignis zu einem Bruch zwischen euch führen musste.«

Bianca Augen wurden erneut feucht. »Ja, deswegen bin ich wohl so geworden, wie ich bin.«

Marta, die noch immer ihre Hände hielt, verstärkte den Druck darauf. »Du bist gut, wie du bist, Bianca.«

»Ich muss einfach einsehen, dass Ronny tot ist«, seufzte Bianca. »So oder so. Auch wenn die Täter verurteilt worden wären, hätte mir ihn niemand wiedergebracht. So wie auch dir niemand deinen Hermann wiederbringen konnte.«

Marta zögerte, bevor sie sprach. »Ja, und auch kein Bomberpilot dafür verantwortlich gemacht worden ist. So wie für viele, viele schreckliche Verbrechen und Morde, die gerade auf deutscher Seite passiert sind, auch nicht. Krieg ist das schlimmste Übel, und auch der Frieden bringt niemals Gerechtigkeit.«

Bianca nickte.

»Es wird noch seine Zeit brauchen«, sagte Marta.

»Das weiß ich, und ich weiß auch, dass ich das alleine machen muss, für mich. Ich habe jetzt viel Zeit dafür. Und bin sehr dankbar, dass ich dich getroffen habe.«

»Und ich bin genauso dankbar dafür. Du wirst wie ich deinen Weg finden und gehen.«

Die beiden Frauen saßen noch eine Weile schweigend da, während sich der Schatten, der von den Bäumen fiel, weiter über dem Garten des Gefängnisses ausbreitete. Sie schauten sich einfach nur an, jede in ihre eigenen Gedanken versunken. Eine tiefe Verbundenheit schien sich zwischen ihnen aufgebaut zu haben. Erst Stephan, der von beiden unbemerkt an ihren Tisch gekommen war, beendete ihre Zweisamkeit. »Es ist wirklich Zeit, zum Ende zu kommen«, sagte der Betreuer. »Ich kann die von der Arbeit zurückgekehrten Bewohner auch nicht mehr länger davon abhalten, in ihren Garten zu gehen.«

Bianca und Marta blickten auf, aus ihrer stillen Zwiesprache gerissen. Beide spürten, dass in diesem Moment etwas Besonderes zwischen ihnen entstanden war. Doch beide ahnten zugleich, dass der Abschied, der nun vor ihnen lag, ein langer werden würde – werden musste.

KAPITEL 16

Der Besucher

Dresden, 15. Juni 2000

Endlich angekommen, dachte der alte Mann, der mit einem Blumenstrauß und einer weißen Plastiktüte auf der gegenüberliegenden Seite von Martas Haus stand. Seine Hutkrempe hatte er tief ins Gesicht gezogen, um vor den intensiven Sonnenstrahlen geschützt zu sein. Seit jenem schicksalhaften Tag im Februar 1945 war seine Haut extrem empfindlich. Er schaute nach der Uhrzeit auf seiner Armbanduhr, die er in seinem gesamten Leben nur drei Mal abgenommen hatte. Er brauchte das Geräusch der Zeiger immer nah bei sich wie seinen eigenen Herzschlag. Es war so weit. Sein Herz klopfte in diesem Moment vor Aufregung viel schneller als die Uhr an seinem Handgelenk. Wie würde Marta wohl reagieren nach all der Zeit? Würde sie ihn in die Arme schließen? Oder könnte sie sogar böse sein, weil er sie so überraschte, ohne sich vorher anzukündigen?

Trotz seiner Zweifel hatte der alte Mann seine Entscheidung getroffen. Nun musste er nur noch den Mut aufbringen, die Straße zu überqueren und zur Haustür hochzugehen. Mit jedem Schritt über das Pflaster wurde aber sein Herz ein wenig leichter bei dem Gedanken, Marta gleich zu sehen. Mit zitternden Fingern betätigte er die Klingel und wartete. Als sich die Tür öffnete, vermischte sich sofort der Duft seiner Blumen mit dem von frisch aufgebrühtem Kaffee, kaltem Zigarettenrauch und gebackenem Kuchen. Unverkennbar dazwischen legte sich ihr süßliches, aber edles Parfüm. Der alte Mann wurde immer schwächer. Wie sehr hatte er diesen Moment herbeigesehnt! Endlich war er wieder bei seiner geliebten Marta, nach einer Ewigkeit der Trennung.

»Hermann?« Marta schaute ihn mit aufgerissenen Augen an. »Das gibt es ja nicht. Was machst du denn hier?«

»Alles Gute zum siebenundsiebzigsten Geburtstag, meine Liebste.«

»Du solltest doch gar nicht hier sein.«

»Ich wollte dich nicht alleine lassen an deinem Ehrentag, und ich habe dich eine ganze Ewigkeit nicht gesehen.« Hermann fiel ein Stein vom Herzen, denn was immer sie noch sagen würde, an dem Funkeln in ihren grünen Augen hatte er bereits erkannt, dass sie sich freute.

»Mein Liebster, wir haben uns nur drei Wochen nicht gesehen, auch nur aus dem Grund, weil Professor Hambacher uns doch gebeten hat, dass du in der Kurklinik mal deine absolute Ruhe haben sollst. Ich hoffe, dein Besuch hier ist mit dem Professor abgesprochen.«

»Ist er«, sagte Hermann und hielt Marta den Blumenstrauß unter die Nase. »Es sind leider nur zweiundvierzig Rosen und nicht siebenundsiebzig, sie hatten einfach nicht mehr am Bahnhof.« Er drückte ihr den riesigen Strauß in die Hand, küsste Marta auf die Wange und flüsterte ihr dann ins Ohr: »Aber du siehst, ehrlich gesagt, auch eher aus wie zweiundvierzig. Obwohl siebenundsiebzig natürlich ein tolles Alter ist.«

»Hermann«, sagte Marta, während sie leicht verlegen ihren grauen Dutt zurechtrückte. »Wie charmant. Ich bin zwar nicht ganz einverstanden damit, aber ... Oh, lass dich drücken.« Sie umarmte ihren Mann. »Ich kann natürlich nicht lange so tun, als sei ich böse. Ich freue mich sehr, dass du hier bist. Komm rein und koste ein Stück Apfelkuchen.«

»Pommersche Art, nehme ich an«, sagte Hermann, als er hinter Marta eintrat und ihren Po in ihrem hellblauen, mit Blümchenmotiven gespickten Sommerkleid bewunderte.

»Natürlich nach Mutters Rezept«, antwortete Inge, die mit einem silbernen Tablett in der Küchentür stand und sich freute, ihren Bruder zu sehen. »Habe ich schließlich gebacken. Immerhin bist du pünktlich.«

»Du wusstest es?«, fragte Marta in Richtung ihrer besten Freundin. »Unterstehe dich, Inge. Seit wann haben wir Geheimnisse voreinander?«

»Habe es mit Hermann zusammen ausgetüftelt, ihn trifft also nicht die alleinige Schuld.«

»Hallo, Schwesterherz«, sagte Hermann und küsste auch Inge auf ihre mit viel Rouge gepuderten Wangenfältchen.

»Wie du weißt, bin ich euch zwar nach dem Krieg nach Dresden gefolgt, habe aber nie die Familienrezepte vergessen, schon gar nicht an einem so wichtigen Tag.« Sie lachte. »Und jetzt ab in den Garten, es ist alles gedeckt, musste nur das zusätzliche Geschirr für unseren Überraschungsgast zurückhalten.«

Die sommerliche Nachmittagssonne tauchte Martas Blumenmeer auf ihrer Veranda in ein warmes, goldenes Licht. Ein leichter Wind strich durch die Blätter der alten, an ihren Garten grenzenden Eiche, die einen angenehmen Schatten auf die Terrasse warfen. Das Zwitschern der Vögel und das ferne Summen von Bienen vervollständigten die idyllische Sommergeburtstagsatmosphäre. Unter einem üppigen Rankgewächs, das sich um ein Gittergeländer schlängelte, saßen die drei sich so lange Vertrauten an Martas Tisch, den Inge liebevoll gedeckt hatte. Neben ihrem Apfelkuchen mit Sahne gab es frisch gepflückte Beeren mit noch mehr Sahne und ostpreußische Quarkpinseln mit Kirschkompott. Dazu hatte Inge einen Teller Armer Ritter – knusprige, in Ei, Salz und Pfeffer gebratene Brotscheiben, die allen dreien schon beim Anblick ein Gefühl von Heimat vermittelten – serviert. Während sich Hermann ein Glas Rotwein eingoss und sich damit in seinem unter einem extra Sonnenschirm stehenden, geliebten Korbsessel niederließ, schenkte Inge dem Geburtstagskind und sich selbst eiskalten Prosecco in die Sektgläser.

»Dann also«, sagte Inge mit einem breiten Lächeln im Gesicht, nachdem sie sich etwas abseits von den anderen an den Tisch gesetzt hatte, »auf dich, meine Gute.«

»Auf dich, meine Liebste.«

»Danke, ihr meine beiden Liebsten.« Marta unterdrückte eine Träne und trank einen großen Schluck. »Im Herbst werde ich mich revanchieren, wenn du deinen Siebenundsiebzigsten feierst, Inge.«

Während sie aßen, bemerkte Marta, dass Hermann mehr Wein trank als sonst, machte ihm aber deswegen keine Vorwürfe. Erst als er nervös ansprach, dass er noch ein spezielles, persönliches Geschenk für sie habe, erkannte sie die Zusammenhänge. Mit tattrigen Händen griff er in seine mitgebrachte Plastiktüte und holte daraus eine Mappe in einem hellbraunen Ledereinband.

»Oh«, sagte Marta. »Ein Tagebuch?«

»Eher ein abgeschlossenes Kapitel.« Hermann goss sich noch einen Schluck ein.

»Du hast doch nicht? Hast du etwa?« Marta hielt sich die Hand vor den Mund. Ihr Mann blieb stumm und trank.

»Hat er«, warf Inge ein. »Und er liest es dir jetzt selbst vor. Das haben wir so ausgemacht unter Geschwistern.«

»Ja«, antwortete Hermann. »Aber wenn du es lieber selbst für dich lesen willst, in Ruhe …«

»Es ist doch das, was ich denke?«

Hermann nickte, und Marta wusste da längst, dass er nach all den vielen Jahren endlich seine Geschichte aufgeschrieben hatte. Zumindest den Teil, den sie nicht kannte – jenen Abschnitt, der sich zwischen ihrer Trennung im Feuer und ihrem Wiedersehen im Juli 1945 ereignet hatte.

Damals, als Hermann plötzlich mit einem Blumenstrauß und einem weißen Beutel mit seinen wenigen Habseligkeiten vor ihrer damaligen Unterkunft aufgetaucht war, fast so wie heute vor ihrem Haus, war ihre Freude grenzenlos gewesen, dass er überlebt hatte. Doch bereits sein Zustand hatte ihr damals verraten, dass er in den Monaten, in denen er verschollen gewesen war, das Schlimmste durchgemacht haben musste. Zunächst hatte Hermann seiner Frau nur flüchtig von seiner Gefangenschaft berichtet, ohne die quälenden Details preiszugeben. Reuevoll hatte er sich entschuldigt und ihr versprochen, ihr eines Tages alles zu erzählen, wenn er dazu bereit sei. Doch dann hatten sie geheiratet, eine Tochter bekommen und sich im Alltag eingerichtet. Hermanns Erlebnisse waren in den Hintergrund getreten, unausgesprochen zwischen ihnen. Marta hatte nicht weiter nachgefragt, da sie spürte, wie sehr ihn die Erinnerungen belasteten. Sie dachte, es sei besser, die Vergangenheit ruhen zu lassen.

Nur in seinen Albträumen, von denen Marta in all den Jahrzehnten oft genug Zeugin wurde, offenbarte sich ihr hin und wieder ein kleiner Einblick in jene schreckliche Zeit. Doch ihr Mann schwieg beharrlich, als wollte er die Dämonen in sich selbst verschließen. Hermann hatte bis zu seiner Pensionierung als Redakteur einer Tageszeitung gearbeitet und seinen Beruf stets mit Sorgfalt und Hingabe ausgeübt. Auch wenn er als Lokalreporter nichts mit der großen Weltpolitik am Hut gehabt hatte, war er doch immer ein bisschen Widerständler geblieben, hatte sich gegen Ungerechtigkeit gestemmt und gegen unverständliche Maßnahmen und Entscheidungen Dresdner Politiker angeschrieben. Doch immer wieder hatten ihn körperliche Beschwerden zurückgeworfen, für die sich keine eindeutige medizinische Erklärung finden ließ.

Eine Therapie, um diese Leiden zu behandeln, hatte er strikt abgelehnt. So war Marta in all den Jahren nur geblieben, ihm hin und wieder durch die Blume zu vermitteln, er, der in seinem Beruf so packende Berichte zu verfassen vermochte, solle doch einmal all jene Erlebnisse niederschreiben. Vielleicht würde ihm das die Heilung schenken, die auf schulmedizinischem Wege nicht möglich war.

»Ich weiß wirklich nicht, ob das an deinem Geburtstag der richtige Zeitpunkt ist«, sagte Hermann zögernd. »Ich meine, es ist ein Tag der Freude, sollte es sein. Und was ich zu erzählen habe, ist …«

Marta legte behutsam ihre Hand auf die seine. »Das

weiß ich, mein Liebster«, erwiderte sie sanft. »Was auch immer du aufgeschrieben hast, die Freude für mich ist, dass du es mir jetzt erzählen kannst, dass du endlich bereit dazu bist.« Sie schenkte ihm ein aufmunterndes Lächeln. »Lies es mir einmal vor, dann brauchen wir auch nie wieder darüber zu sprechen, wenn du das nicht willst.«

Marta wandte sich kurz Inge zu, die ihr stumm zunickte. »Wir haben es ausgemacht«, sagte Inges Schwester. »Er möchte, dass ich dabei bin – ich wäre sonst auch gegangen.«

»Na gut«, seufzte Hermann. Er warf Marta noch einen letzten unsicheren Blick zu, bevor er die Mappe öffnete, sich räusperte und seine Geschichte zu erzählen begann. Eine Geschichte, die er – nach langem Suchen nach einem passenden Titel – *Drei Tage im Feuer und drei Monate im Regen* nannte.

Martas Herz schlug schneller, als sie die ersten Worte vernahm. All die Jahre hatte sie darauf gewartet, dass ihr Gatte bereit sein würde, ihr diese Tiefen seiner Seele zu offenbaren. Nun endlich war der Moment gekommen, in dem er ihr Einlass in jene dunkle Zeit gewähren würde, die sein Leben für immer verändert hatte. Er begann damit, wie sie sich im *Weißen Hirsch* wiedergetroffen hatten, und schilderte ihre kurze gemeinsame Zeit im friedlichen Dresden. Dies alles noch einmal aus seiner Perspektive zu hören und dabei festzustellen, dass er offenbar noch früher Gefühle investiert hatte als sie selbst, jagte Marta eine Gänsehaut über ihren Körper. Tränen der Rührung konnte sie nicht zurückhalten, als Hermann von seinem Heiratsantrag auf der Frauenkirche berichtete und schließlich noch einmal, während er weiterlas, die Armbanduhr ihrer Mutter an sein Ohr haltend. Schmerzlich kamen ihr die Erinnerungen zurück, als ihr Ehemann eindringlich seine Ängste schilderte, als sie, nachdem die Bombardements begonnen hatten, durch die brennende Stadt geflohen waren. Danach folgten in Hermanns Erzählung die Momente, die Marta größtenteils unbekannt waren und ihr zugleich merkwürdig surreal anmuteten. Mit bebender Stimme las ihr Mann vor, wie er sich nach dem Feuersturm, der ihn fortgeschleudert hatte, orientierungslos in einem Trümmerfeld wiedergefunden hatte.

»Mir war so unglaublich heiß, meine Haut brannte wie Feuer, und ich war nicht in der Lage, aufzustehen oder mich zu bewegen«, las Hermann. »Ich starrte in den Nachthimmel und wünschte mir in diesem Moment nichts sehnlicher, als dass es regnen würde. So sehr schmerzte meine Haut. Was vorher passiert war, kam erst viel später wieder in meinen Sinn.«

Nach einer dreitägigen Ohnmacht erwachte Hermann in einem mit verletzten Soldaten überfüllten Wehrmachtslazarett im westfälischen Hamm. Die Verwundeten kamen von allen umkämpften Fronten, und offenbar war vorgesehen, sie, sobald sie halbwegs einsatzfähig waren, wieder an die Front zu schicken. Hermann war nicht lebensgefährlich verletzt, und glücklicherweise würden seine Verbrennungen zweiten und dritten Grades ihn nicht für immer entstellen. Die Schmerzen blieben zwar, doch er erholte sich in den nächsten sechs Wochen einigermaßen. Bevor er jedoch wieder in den Kampf geschickt werden konnte, nahmen die Amerikaner Hamm am 6. April ein – und damit auch das Wehrmachtslazarett. Hatten die Soldaten noch gehofft, die Amerikaner würden sie besser behandeln als die Russen, so sollten sie nun eines Besseren belehrt werden.

Bevor Hermann weitererzählte, trank er einen großen Schluck von seinem Rotwein. Er zitterte wie Espenlaub. Erst als Marta aufgestanden war und ihn in den Arm genommen hatte, erlangte er wieder die Fassung zurück, von dem Horror zu berichten, den er erlebte, nachdem er mit Hunderten anderen per Lkw in ein Gefangenenlager der Amerikaner in Sinzig gebracht worden war.

»Wir waren Tausende, Zehntausende. Nachdem die Wachen uns mit Gewehrkolben durch die Tore des Lagers getrieben hatten, überkam mich die schiere Panik. Was zur Hölle war das? Warum waren wir hier, und wie lange sollten wir es hier aushalten? Der Anblick, der sich mir bot, war grauenhaft. Überall lagen deutsche Soldaten, erschöpft und ausgemergelt, auf dem harten Boden. Es waren Verletzte, Alte und halbe Kinder aller Waffengattungen. Baracken gab es nicht und auch keine Zelte. Weit und breit war kein Sanitäter zu sehen, der sich um die Schwerverletzten kümmerte, man konnte nicht erkennen, ob man über Tote oder Schlafende stolperte.

Als ich zwei Gefangene ansprach, wo und wann es etwas zu essen gebe, lachte der eine apathisch, der andere fing an zu weinen. Ich konnte es nicht fassen – das war die völlige Missachtung der Vorschriften zur Behandlung und Versorgung Kriegsgefangener nach der Haager Landkriegsordnung und den Genfer Konventionen. In meiner Verzweiflung beobachtete ich, was andere Insassen getan hatten, um hier zu überleben, und buddelte mir mit dem Löffel eines Essgeschirrs, das ich aus dem Lazarett mitgenommen hatte, ein Loch in die Erde. Der einzige freie Platz, den ich überhaupt noch ergattern konnte, war der neben einer Latrine.

Nachdem ich mir mein vielleicht zukünftiges eigenes Grab gebuddelt hatte, legte ich mich hinein und blieb fast drei Monate dort drinnen. Wie in Trance wankte ich nur dort hinaus, wenn ich mich erleichtern musste oder wenn ich mitbekam, dass die Lkws ins Lager fuhren, um Wasser und Kekse zu verteilen. In den ersten zwei Wochen gab es jedoch gar nichts zu essen. Als ich im Lager war, waren bereits alle Ratten und Mäuse, die sich zu Beginn der Tortur noch ins Lager verirrt haben sollen, aufgegessen. Wir aßen Brennnesseln und Gras, und wenn wir großes Glück hatten, einen Käfer oder Regenwurm.

Der Hunger machte mich verrückt, machte alle verrückt. Das Zweitschlimmste war der Regen. Hatte ich mir in der Feuersbrunst in Dresden nichts sehnlicher gewünscht, als kalten, nassen Regen auf meiner geschundenen Haut zu spüren, verfluchte ich denselben nun, der Tag und Nacht ohne Schutz auf uns niederprasselte. Ich sah die Männer rechts und links neben mir in ihren vollgelaufenen Löchern ertrinken. Sie waren zu schwach, es noch raus zu schaffen, und ich konnte nichts dagegen tun. Jeder dachte nur an sich selbst und ans Essen. Ich erwartete jeden Tag zu sterben wie die Männer, die vor mir vor Schwäche in die Latrine fielen und in der Gülle absoffen. Das nächtliche Stöhnen und Wimmern der Sterbenden war erbarmungslos.

Vor Dieben musste man sich in Acht nehmen, nachts kamen sie und stahlen alles, was sie meinten, gebrauchen oder bei den Wachen gegen Essbares eintauschen zu können. Oft waren aber die Langfinger selbst zu schwach und wurden von denen, die sie beklaut hatten, erschlagen, manchmal starben beide. Ich habe oft darüber nachgedacht, wie es mir gelungen ist, diese Hölle zu überleben.«

Hermann machte eine Pause, nahm Martas Hand und blickte ihr tief in die Augen, in seinem Gesicht spiegelten sich Dankbarkeit und Erleichterung wider. Dann sagte er laut und deutlich: »Du warst es, du hast mich am Leben gehalten. Der Herzschlag, den du in der Uhr für mich bewahrt hast.« Martas Augen waren voller Liebe und Mitgefühl. Ihre zarten Hände umschlossen seine beschützend. Sie schaute auf die Armbanduhr an seinem Handgelenk, die zu ihm gehörten wie die Brandnarben auf seinem Oberkörper und an den Oberschenkeln, die sie auch in- und auswendig kannte.

Hermann beugte sich wieder über seine Notizen und las weiter:

»Ich hütete die Uhr wie meinen Augapfel, niemand sollte sie je zu Gesicht bekommen. Wo ich sie versteckte, möchte ich in diesem Manuskript nicht schreiben. Ich nahm sie nur nachts heraus, wenn ich sicher war, dass keine Gefahr drohte. Und dann hörte ich mir das leise Ticken an und schöpfte daraus die letzte Kraft, die ich brauchte, um zu überleben. Es war mein unbändiger Wunsch, dich wiederzusehen, und gleichzeitig mein ungebrochener Glaube daran, dass meine Marta die Feuerhölle in Dresden überlebt hatte.«

Hermann klappte sein Büchlein zu, schaute erst seine Schwester, dann seine Frau an und sagte: »Marta, wenn du nicht gewesen wärst, wäre ich gestorben. Meine Liebste, wenn die Uhr ihren Geist aufgegeben hätte, ich hätte es nicht durchgehalten. Die Uhr war meine Hoffnung, meine Liebe, mein Freund und mein einziger Halt. Vorhin, als ich vor unserem Haus stand, fühlte ich mich an den Moment erinnert, als ich dann endlich nach all den Qualen vor deinem damaligen Haus stand. Es fühlte sich genauso an, ich war genauso aufgeregt. Und als du öffnetest, habe ich mich ebenso gefreut. Marta, ich würde immer wieder zu dir zurückkommen.«

»Du bist so lieb, Hermann«, sagte Marta, stand auf, setzte sich auf seinen Schoß und schmiegte sich an ihn, ihre Wangen feucht von Tränen der Rührung. Sanft strich Hermann ihr über das Haar, genoss die Vertrautheit ihrer Umarmung.

»Ich räume dann schon mal ein paar Sachen ab«, sagte Inge diskret, wovon Marta und Hermann aber nichts mitbekamen. Sie war selbst zutiefst gerührt über die neuen Einblicke in das Leben ihres Bruders, den sie einst genauso tot geglaubt hatte, wie er sie. Erst Ende 1945 hatte Inge von einer Cousine, die sie und ihre Eltern in Berlin, wohin sie, kurz bevor die Russen kamen, noch hatten flüchten können, erfahren, dass Hermann in Dresden war. Hier hatte sie dann zu ihrer Freude auch ihre beste Freundin wiedergefunden, verheiratet mit ihrem Bruder. Nun wollte sie den beiden Hauptprotagonisten von *Drei Tage im Feuer und drei Monate im Regen* ein wenig Zweisamkeit gönnen und erledigte gedankenversunken den Abwasch in Martas Küche.

»Ich will auch, dass du immer wieder zu mir zurückkommst«, fuhr Marta fort und nahm Hermanns Gesicht zärtlich in ihre Hände. »Aber in die Kurklinik musst du trotzdem zurück.« Sie sah ihm tief in die Augen. »Hörst du, das ist wichtig für dich und deine Gesundheit, damit du nicht nur immer wiederkehrst, sondern auch noch lange bei mir bleibst.«

»Versprochen«, sagte Hermann und legte seine Hände über ihre. »Das war nie anders geplant. Morgen fahre ich mit dem Zug zurück. Aber die Nacht bleibe ich.«

Martas Geburtstag war wundervoll. Am Abend gingen sie wie verabredet mit ihrer Tochter und ihrer Enkelin in ein italienisches Restaurant. Zurück in ihrem Zuhause saßen sie noch eine Weile auf der Terrasse und gönnten sich ein letztes Glas Wein.

Sie genossen die Stille der Nacht und erinnerten sich an all die Jahre, die sie gemeinsam durchlebt hatten – mit all ihren Höhen und Tiefen. Marta wusste, dass sie Hermann für immer dankbar sein würde, dass er ihr endlich seine Geschichte anvertraut hatte. Es war Hermann, der als Erster bemerkte, dass Marta den ganzen Tag nicht geraucht hatte – etwas, das in den letzten zehn Jahren eigentlich undenkbar gewesen wäre. Gerade wollte Marta aufstehen, um sich ihre Lord Extra aus der Küche zu holen, da hielt Hermann sie sanft zurück.

»Du hast recht«, sagte sie mit einem leichten Lächeln. »Ich sollte aufhören. Ich bin schließlich die mit der unheilbaren Krankheit.«

»Das solltest du«, antwortete Hermann. »Damit ich dich noch länger habe.« Er zögerte kurz. »Aber ich weiß, das wirst du nicht.«

Marta zuckte mit den Schultern. »Vielleicht ist es mit siebenundsiebzig Jahren das richtige Alter. Ich werde eine Nacht darüber schlafen.«

»Aber jetzt erzähl mal, hat sich die kleine Bianca denn zum Geburtstag bei dir gemeldet?«

Marta musste unwillkürlich lächeln. »Bianca?«

»Ja.«

»Ach Quatsch, Hermann. Sie weiß doch gar nicht, wann ich Geburtstag habe. Außerdem hat sie jetzt wohl Wichtigeres zu tun. Muss sich ja schließlich einleben in ihrem neuen Gefängnis.«

Hermann seufzte. »Und du hast wieder nichts von mir erzählt?«

Marta senkte den Blick. »So leid es mir tut, und so gerne ich es getan hätte – und so sehr du auch immer in meinem Kopf bist. Das geht nicht, würde dem Ziel entgegenwirken.«

»Na dann.« Hermann streichelte sanft über Martas Knie. »Gehen wir ins Bett? Ich bin müde.«

Ein schelmisches Lächeln umspielte Martas Lippen. »Zu müde etwa?«

»Natürlich nicht«, erwiderte Hermann mit einem Augenzwinkern. Er erhob sich und half seiner überglücklichen Frau auf die Beine.

KAPITEL 17

Die Einweihung

Dresden, 12. Februar 2005

Bianca stand vor dem lebensgroßen Spiegel des Hotelzimmers, in dem sie vor zwei Stunden eingecheckt hatten. Fast viereinhalb Jahre war sie nicht in Dresden gewesen. Was hatte sich alles in dieser Zeit verändert? Sie hatte sich verändert. Für einen Moment sah sie vor ihrem inneren Auge ihre Erscheinung von 2000. Es war ihr, als würde sie von ihrer eigenen Vergangenheit angeschaut. Aus dem Spiegel heraus blickten sie von tiefschwarzer Schminke umrandete Augen an unter ihren grünen, wilden und ungezähmten Haaren. Noch einmal griff sie an das Piercing an ihrer Nase. Es war nicht mehr da, die Stelle längst zugewachsen und verheilt. Wie sehr hatte sich ihr Äußeres in den letzten Jahren gewandelt! Bianca sah jetzt klar. Aus dem Spiegel heraus blickte ihr eine attraktive, modebewusste junge Frau entgegen. Ihre natürlich dunkelblonden Haare fielen in sanften Wellen über ihre Schultern, das Make-up ließ ihre Gesichtszüge auf dezente, natürliche Weise zur Geltung kommen. Bianca trug ein elegantes cremefarbenes Kleid, das ihre schlanke Figur umschmeichelte. Dazu hatte sie hochhackige Pumps angezogen, die ihre Beine betonten. Alles an ihr strahlte Raffinesse und Stil aus – von Rebellion nicht mehr die geringste Spur.

Bianca lächelte leicht, als sie sich musterte. Ihre äußere Wandlung spiegelte ihre seelische Veränderung perfekt wider. Aus der trotzigen Außenseiterin war eine selbstbewusste Frau geworden. Mit einem tiefen Atemzug wandte sie sich vom Spiegel ab, zog ihre Schuhe aus und legte sich neben James, der auf seinem Handy herumtippte, aufs Bett. *»Are you nervous, honey?«*, fragte sie.

»Lass uns bitte ab jetzt nur noch Deutsch reden«, antwortete James, legte sein Handy weg, strich sich durch seine roten Locken und schaute sie an. »Erstens sind wir in Deutschland, und zweitens muss ich meine Ansprache morgen auf Deutsch halten.«

Bianca lachte. »Von mir aus. Wir können uns gerne ab jetzt auch zu Hause in England auf Deutsch unterhalten.«

»Das wäre für uns beide wohl etwas zu schwierig«, erwiderte James. »Aber wir sollten es die Woche über versuchen, in der wir hier sind.«

So ambitioniert es sich Bianca und James, die sich vor zwei Jahren in London kennengelernt hatten, zu Beginn ihrer Beziehung auch vorgestellt hatten, zweisprachig miteinander zu kommunizieren, so rasch hatte der Alltag, der eine schnelle und leichte Kommunikation verlangte, dies verhindert. Dabei waren schon die ersten Sätze, die sie ausgetauscht hatten, Deutsch gewesen. James hatte als Geschichtsstudent der *University of London* die German class besucht, die Bianca, die eigentlich Psychologie studierte, als Hiwi betreute. Doch abgesehen von dieser Tätigkeit war Bianca, die ihren Lebensmittelpunkt in England hatte, selten jemandem begegnet, mit dem sie Deutsch sprechen konnte. Sie sprach ihre Muttersprache ja selbst kaum mehr, da sie nur wenige Kontakte nach Deutschland pflegte, bis Marta ein zweites Mal in ihr Leben getreten war.

Marta hatte großen Anteil daran gehabt, dass Bianca nach ihrer Zeit im Gefängnis zunächst Dresden in Richtung Hamburg verlassen und dort ihr Abitur nachgeholt hatte. Und daran, dass sie später Deutschland ganz den Rücken gekehrt hatte, um in London zu studieren. Diesen Abstand zu ihrer Mutter, mit der sie nach wie vor in einem ziemlich schlechten Verhältnis stand, und zu ihren alten Bekannten, die sie nie wiedergetroffen hatte, hatte Bianca gebraucht, um sich ein ganz neues Leben aufbauen zu können. Als entscheidend für ihren Sinneswandel – das war ihr immer bewusst gewesen – begriff sie Martas Geschichte, die sie emotional so sehr berührt und über die sie im Gefängnis jeden Tag wieder nachgedacht hatte. Sie hatte sie in ihrem Sinn für Gerechtigkeit und Ungerechtigkeit gepackt. Der Verlust von Eva, der sie an ihre Situation mit Ronny erinnert hatte, aber ganz besonders die Tragödie um Martas verwehrte Liebe und den sinnlosen Tod von Hermann hatten ihr regelrecht das Herz erst gebrochen, dann erwärmt. Martas persönliches Schicksal hatte sie zum Überdenken ihrer eigenen Lebenseinstellungen und Vorurteile gebracht. Bianca hatte es allerdings nicht geschafft, sich noch einmal bei Marta zu melden. Obwohl sie ihr so gerne vom schönen England und den tollen Briten erzählt hätte. Heute war ihr bewusst, dass dieser Komplettabstand notwendig gewesen war, um eine Kehrtwende in ihrer persönlichen Entwicklung zu bewirken. Doch ein schlechtes Gewissen hatte sie immer gehabt. Erst in der Ferne hatte

Bianca begonnen, ihre Sicht auf die Heimat, ihre Landsleute und ihre gemeinsame Geschichte zu verändern. Vor allem seit sie James kennengelernt hatte, rückten diese Dinge in einem neuen Licht in ihr Bewusstsein. Möglich geworden war dieser Perspektivwechsel jedoch erst, nachdem sie Deutschland den Rücken gekehrt hatte.

James war es gewesen, der Bianca dazu gebracht hatte, ihre Heimatstadt Dresden wieder bewusst wahrzunehmen. Dabei war er selbst nie dort gewesen. Doch eine besondere Verbindung zog ihn an diesen Ort – die Geschichte seines Großvaters, der am 13. Februar 1945 über der Stadt abgestürzt war. Erst während seines Studiums hatte er dieser Familienchronik nachgespürt und konnte seitdem nicht mehr davon lassen.

Wie durch eine unsichtbare Fügung war James damals dem Verein *Bomber Harris Never Again* beigetreten, der den Wiederaufbau der Dresdner Frauenkirche mit Spendengeldern unterstützte. Dieses Engagement offenbarte er Bianca aber erst, als sie sich bereits schwer in ihn verliebt hatte. Vielleicht wäre es sonst gar nicht dazu gekommen, denn noch zwei Jahre zuvor hatte Bianca nicht die geringste Absicht gehabt, jemals wieder nach Dresden zurückzukehren.

Nun, da James diese Reise in die Vergangenheit angestoßen hatte, fragte sich Bianca, ob nicht das Schicksal selbst sie auf diesen Weg geführt hatte. Ob all dies wirklich nur Zufall war oder ob unsichtbare Fäden ihr Leben lenkten, das vermochte sie nicht zu ergründen. Aber sie spürte, dass diese Begegnung mit ihrer Heimat etwas Entscheidendes in ihr zu bewirken begann.

Lange hatten sie überlegt, wann der richtige Zeitpunkt

sein könnte, an dem sie gemeinsam Dresden besuchen könnten. Die Entscheidung hatte schließlich der Verein getroffen, dessen Londoner Vorsitzender James gefragt hatte, ob er die Geschichte seines Großvaters bei der Eröffnungsfeier der Frauenkirche vortragen wolle. Das hatte er unbedingt gewollt. Die feierliche Einweihung sollte am 30. Oktober 2005 stattfinden, doch die Kirche würde schon zum sechzigsten Jahrestag ein halbes Jahr zuvor ihre Tore für drei Stunden zu einem stillen Gedenken öffnen. Dieser Tag sollte der morgige sein. Mehrere von Förderern organisierte Veranstaltungen, an denen auch *Bomber Harris Never Again* teilnahm, waren geplant. Darunter eine kleine geschlossene Feierstunde unter dem Namen *Stunde der Versöhnung* für und von Zeitzeugen, die nach dem Schließen der Tore noch bleiben durften, um sich auszutauschen. Einige wollten kurze Ansprachen halten. Und hier sollte James das erste Mal vor deutschem Publikum die Geschichte von James Fernsby erzählen – als Probelauf für die große Einweihung, die enorme internationale Aufmerksamkeit auf sich ziehen würde.

Als die Planungen festgestanden hatten, war Bianca sofort klar geworden, dass der richtige Zeitpunkt gekommen war, um mit Marta Kontakt aufzunehmen. Zu ihrem Erstaunen hatte sie gleich geantwortet, nachdem Bianca ihr einen langen Brief geschrieben, ihr alles erklärt und sich aufrichtig entschuldigt hatte, dass sie einfach so abgetaucht war. »Mir war klar, dass du dich eines Tages melden wirst«, hatte Marta zurückgeschrieben und ihr offenbart, dass ihr ehemaliger Bewährungshelfer Stephan sie über Biancas Fortschritte im Gefängnis informiert hatte und sie auch erfahren habe, dass Bianca nach England gezogen sei. Sie sei aber keineswegs sauer oder enttäuscht gewesen, dass sie nicht in Kontakt geblieben wären, sondern könne Biancas Entscheidung absolut nachvollziehen.

Schließlich hatte Bianca ihre betagte Freundin in ihr Vorhaben, Dresden zu besuchen, eingeweiht und sie nicht nur gefragt, ob sie sich treffen wollen würden, sondern auch, ob sie sie auf die Veranstaltung in der Frauenkirche begleiten würde. Martas Antwort war prompt und direkt gekommen: »Eigentlich wollte ich da nicht hingehen, aber da du mir seit Wochen von James vorschwärmst, möchte ich ihn jetzt auch reden hören und meinen ersten Engländer endlich kennenlernen. Aber komm bloß nicht auf die Idee, dass ich da auch sprechen könnte. Meine Geschichte erzähle ich nur ganz ausgewählten Menschen und behalte sie ansonsten lieber für mich. Außerdem werden zu den Einweihungsveranstaltungen im Oktober Tausende Zeugen kommen, die das Gleiche oder Schlimmeres durchgemacht haben, und viele von ihnen werden sprechen.«

Bianca, die nach der ersten Kontaktaufnahme in engem brieflichem und ab und an auch telefonischem Kontakt zu Marta stand, akzeptierte ihre Entscheidung.

»Bist du denn jetzt aufgeregt?«, fragte sie James erneut.

»Ein bisschen«, antwortete er. »Aber nicht wegen der Rede, sondern weil wir gleich zu deiner Mutter fahren.«

Unwillkürlich überkam Bianca eine beklemmende Vorahnung, als sie an das bevorstehende Treffen mit Marta dachte. Erneut hatte sie diesen Moment zu verdrängen versucht.

Bevor sie jedoch ihrer alten Freundin gegenüberstehen würde, stand für Bianca eine unangenehme Aufgabe an. Sie musste ihre Mutter besuchen, die sie seit ihrer Auswanderung nach England nicht mehr gesehen hatte und die sie eigentlich längst für sich abgeschrieben hatte.

James hatte Bianca allerdings klargemacht, dass er ihr keinen Heiratsantrag machen würde, wenn er ihre Mutter nicht zumindest kennengelernt hätte. So blieb Bianca also keine Wahl, als den Kontakt zu dieser einzigen ihr bekannten Verwandten wiederherzustellen.

Zu Biancas Überraschung hatte ihre Mutter die Nachricht von diesem Besuch freudig aufgenommen und sogar angekündigt, vorher einen Entzug zu machen. Doch Bianca hegte keinerlei hohe Erwartungen an diese Beteuerungen, denn solche Versprechen hatte sie von ihrer Mutter schon oft gehört.

»Vielleicht mag ich sie ja, deine Mum«, sagte James. »Vielleicht finde ich sie nett.«

Bianca zuckte mit den Schultern. »Jedenfalls, wenn sie sich volllaufen lässt, gehen wir sofort.«

»Das haben wir so vereinbart«, sagte James. »Aber ich glaube nicht, dass sie das tun wird.« Er gab ihr einen Kuss, stand auf und ging zu seinem Koffer, den er geöffnet auf dem Boden abgestellt hatte, ohne ihn – abgesehen von seinem Anzug, den er in den Schrank gehängt hatte – auszuräumen. »Dann gehe ich mal duschen«, sagte er und zog neue Socken und eine frische Boxershorts aus dem Koffer. »Du wolltest mir ja noch zeigen, wo du aufgewachsen bist, bevor wir zum Kaffeetrinken gehen.«

»Das werde ich«, sagte Bianca. »Und ich werde dann kurz Marta anrufen.«

»Sag ihr, ich freue mich sehr darauf, sie morgen kennenzulernen«, sagte James, schnappte sich die weißen Handtücher, die auf dem Hotelbett lagen, und verschwand damit im Badezimmer.

Zu ihrem Erstaunen riss sich Biancas Mutter nicht nur zusammen, sondern gab sich tatsächlich Mühe. Sie hatte gebacken, Tee statt Schnaps getrunken und sah besser aus, als Bianca erwartet hatte. Fast drei Stunden hatten sich James und sie über Deutschland, Dresden und Biancas schöne Kindheit unterhalten. Dass ihre Mutter die Zeit nach Ronnys Tod und den Beginn ihrer Probleme ausgespart hatte, konnte ihre Tochter ihr nicht verübeln. Da James sie für das kommende Frühjahr nach England eingeladen hatte, beschloss Bianca, ihrer Mutter noch eine Chance zu geben und ihre Entwicklung genau zu beobachten. Eine zweite Gelegenheit würde sich schon in den nächsten Tagen ergeben, denn James hatte sich auch zu einem Spaziergang mit ihr durch die Stadt verabredet. Doch diese Gedanken wollte Bianca erst einmal beiseiteschieben, denn nun hatte sie allen Grund, aufgeregt zu sein.

Bei leichtem Nieselregen hielt ihr Taxi am späten Nachmittag direkt am Altmarkt, auf dem sich Tausende Menschen versammelt hatten. Viele von ihnen trugen oder verteilten weiße Rosen. Auf dem Boden flackerten die Lichter unzähliger Kerzen. Manche Besucher hielten die Flammen schützend in ihren Händen, andere ließen sie frei in den Abendhimmel tanzen. Doch schon von Weitem erkannte Bianca, dass die Kulisse zwiespältig war. Der Eingang zur Kirche, den sie nehmen mussten, war mit Gittern und Flatterband abgesperrt. Hinter jeweils zwei Pufferzonen, in denen sich Polizisten aufgereiht hatten, grölten sich zwei voneinander getrennte Personengruppen an.

Bianca und Marta hatten das erwartet und sich deshalb entschieden, ihr Wiedersehen in aller Ruhe in ihrem Haus in Loschwitz zu feiern. Weder an Demonstrationen noch am ökumenischen Gottesdienst in der Kreuzkirche oder an der Kranzniederlegung auf dem Heidefriedhof, wo Bundeskanzler Gerhard Schröder und andere Politiker gesprochen hatten, wollten sie teilnehmen. Es war Martas Wunsch gewesen, sich an diesem besonderen Tag nicht mit Politik beschäftigen zu müssen. Sie hatten ausgemacht, in den nächsten Tagen alleine durch Dresden zu laufen und alles auf sich wirken zu lassen. Während James sich über seinen Verein noch für weitere Treffen angemeldet hatte, wollten Marta und Bianca nur zur *Stunde der Versöhnung* gehen.

Bianca versuchte, sich die andächtige Stimmung nicht vermiesen zu lassen. Während James Marta behutsam aus dem Wagen half, wandte sie ihren Blick von dem Pulk ab und ließ ihn stattdessen über die darüberliegende imposante Fassade der Kirche schweifen. Ihre mächtigen Steinquader ragten majestätisch in den Himmel, das neu angebrachte goldene Kreuz über der Kuppel schimmerte im Licht der untergehenden Sonne. Bianca spürte, wie die Symbolkraft dieses Ortes sie ergriff. Hier, wo einst Zerstörung und Leid geherrscht hatten, erhoben sich nun Hoffnung und Versöhnung.

Noch gefesselt von dem Anblick spürte sie, wie Marta neben sie trat und nach ihrer Hand griff. »Wie wunderschön sie ist«, sagte ihre betagte Freundin. »Wieder ist.«

»Ich kann nicht glauben, dass …«, begann Bianca, doch

sie wurde unterbrochen, als jemand sie von der Seite anrempelte. Mit solcher Wucht, dass sie ihre Handtasche verlor. Sie wollte sich gerade danach bücken, als der Mann, der sie angestoßen hatte, mit seinem Springerstiefel darauftrat. »Was soll denn das?«, rief Bianca wütend. »Du tickst doch nicht ganz sauber.«

Der Mann, der ein weißes T-Shirt mit der Aufschrift *No Tears for Krauts* trug, drehte sich um und musterte Bianca mit hasserfülltem Blick. Sein Gesicht war von einer tiefen Narbe entstellt, die Augen funkelten aggressiv unter buschigen Augenbrauen. »Mal locker bleiben, war ja keine Absicht«, knurrte er, der Bianca offenbar nicht erkannte.

»Natürlich war das Absicht!«, rief sie.

Stinker, wie Bianca ihn beinahe angesprochen hatte, trat näher, die Fäuste geballt. »Was willst du, Bonzentussi? Ärger? Kannste haben.«

»*You wanna beat up a woman? Piss off, Kraut coward*«, rief James, stieß den Punk mit voller Wucht nach hinten weg und schirmte Bianca und Marta mit seiner athletischen Figur vor einem Angriff ab.

Offenbar war Stinker von der Kraft von Biancas Freund ebenso überrascht wie von seinem Englisch. Er taumelte zurück und meldete sich erst aus sicherer Entfernung wieder: »Geht mal alle schön rein zum Beten in eure Nazi-Kirche. Wir fackeln euch darin alle ab.« Dann spuckte er auf den Boden und tauchte in der Menge unter.

James räusperte sich. »Ärger dich nicht darüber, diese Spinner sterben nicht aus.«

»Ich weiß«, erwiderte Bianca. »Ich kenne diesen, ähm, diese Typen.«

»Lass uns reingehen«, fuhr James fort. »Ich möchte mir

die Kirche noch ansehen, bevor ich spreche. Lass uns Marta in unsere Mitte nehmen.«

James ließ Marta unter seinem Arm einhaken, und alle drei liefen durch ein Meer aus Kerzen auf den sakralen Bau zu. Je näher sie kamen, desto lauter wurden erst die Gespräche, dann die Bekundungen der Menschen, die hier zusammengekommen waren – bis Bianca schließlich nur noch Flüche hörte. Während sie an Sicherheitsleuten vorbei durch die Gasse zum Eingang gingen, wagte sie einen kurzen Blick in die Menschengruppen, die rechts und links von ihr standen. Die Gesichter, die sie erkannte, waren nicht andächtig, sondern voller Hass. Sie vermochte nicht zu entscheiden, welche Transparente und Sprechchöre sie widerlicher fand. Alle Seiten versuchten, diesen für Marta, James und natürlich sie selbst so wichtigen Gedenktag für sich zu vereinnahmen.

»Nie wieder Bomben-Holocaust«, riefen die Rechtsextremen. Schon am Vormittag, bevor sie zu Marta gefahren waren, hatte Bianca vom Hotel aus den schwarzbeflaggten Trauermarsch der Neonazis, der zur Semperoper gezogen war, mit tiefem Schrecken beobachtet. Doch sie empfand beim Anblick von Skinheads und Fahnen aus der Kaiserzeit nicht mehr wie früher Wut und Zorn, sondern nur noch Mitleid und Fremdscham.

»Wie dumm diese Menschen sind«, hörte sie Marta murmeln, die ihre Hand fester griff.

»Keine Macht den Faschisten!«, antworteten die Sprechchöre der Linksextremen auf der anderen Seite. »Bomben auf die Kirche.« Bianca wurde übel, als sie diese Worte hörte. Sie bemerkte, wie Martas Hand zu zittern begann.

Geschützt von Polizei und Sicherheitspersonal betraten

sie eng beieinander den heiligen, von Kerzenlicht erhellten Raum durch die Eingangstür, die sich hinter ihnen schloss. Damit verstummten die abscheulichen Sprechchöre von draußen. Einige der Besucher, die auf den Bänken saßen, sangen gemeinsam und friedlich. Bianca bemerkte ein Lächeln auf Martas Gesicht, während sie sich auf für sie reservierte Plätze im vorderen Teil setzten.

Eine halbe Stunde später hatten die Offiziellen das öffentliche Gedenken beendet, und in der Kirche blieben nur noch die geladenen Zeitzeugen und Fördermitglieder. Der evangelische Pfarrer, der heute in einer Zeremonie das Nagelkreuz der Stadt Coventry überreicht bekommen hatte, begrüßte die Teilnehmer, stellte die Redner vor und sprach ein paar versöhnliche Worte. Es war totenstill in der Kirche, als danach eine Auschwitz-Überlebende von ihrer Verfolgung in Dresden berichtete. Zwei weitere Dresdner Zeitzeugen erzählten anschließend von ihrer Flucht durch die brennende Stadt, vom Beschuss durch Tiefflieger und ihrem Wunsch nach einem friedlichen Gedenken an die Katastrophe. Während sie sprachen, nickte Marta immer wieder zustimmend. Sie wusste genau, wovon die anderen redeten.

Bevor James an der Reihe war, trat der Pfarrer noch einmal nach vorne, bedankte sich bei den Anwesenden vom Verein *Bomber Harris Never Again* und hob die Besonderheit hervor, dass heute Abend auch der Nachfahre eines britischen Bomberpiloten sprechen würde.

»*You are going to…*«, unterbrach sich Bianca selbst. »Entschuldige. Du wirst es richtig gut machen.« Sie drückte James und küsste ihn, bevor er sich an ihr vorbeischlängelte und die Stufen zum kleinen Rednerpult hochlief. Nachdem er kurz Ruhe eintreten ließ und die Anwesenden gemustert hatte, begann er seine Rede:

»Meine sehr geehrten Damen und Herren, liebe Dresdner, die Stunde der Versöhnung ist gekommen.

Mein Name ist James Fernsby, ich bin sechsundzwanzig Jahre alt und lebe, wenn ich nicht in London studiere, in einem kleinen ostenglischen Dorf in West Suffolk. Sie können sich nicht vorstellen, welche Ehre und große Verantwortung es mir zugleich ist, heute hier vor Ihnen stehen zu dürfen. An diesem bedeutungsvollen Tag, an dem wir die Wiedereröffnung dieser wunderbaren Kirche feiern, möchte ich Ihnen etwas erzählen, das mir meine Granny Marion vor gar nicht allzu langer Zeit anvertraut hat. Diese Geschichte, die mich seither nicht mehr loslässt, ist die meines Grandpas, der wie ich, mein Vater und sein Vater auch James Fernsby hieß. Ich selbst habe ihn leider nie kennenlernen dürfen. Seine Geschichte gehört hierher zu Ihnen, nach Dresden, auf alle Ewigkeit, und deswegen habe ich sie Ihnen auch im Namen meiner gesamten Familie mitgebracht …«

Bianca war stolz auf James, der, wie er es sich vorgenommen hatte, seine Rede frei vortrug und seinen Block, auf dem sie geschrieben stand, nicht einmal hervorholen musste. Während er sprach und die Geschichte des jungen Piloten James und seiner Liebe zu Marion erzählte, schaute sie sich in der Menge um und bemerkte, dass ihm alle gespannt und gebannt lauschten. Es wurde zum zweiten Mal an diesem Abend totenstill in der Kirche, als James den vorletzten Abend im Leben seines Opas beschrieb, so wie er alles einst seiner Frau Marion in ihrem Ehebett erzählt hatte.

»Mein Grandpa wusste also, was der wahre Grund dafür gewesen ist, diese schöne Stadt und so viele Leben zu zerstören. Meine Damen und Herren, ich möchte nicht politisch werden, und es steht mir auch nicht zu, die Einsätze der Royal Air Force zwischen dem 13. und 15. Februar 1945 zu bewerten. Ich möchte nur das wiedergeben, was Grandpa zu Granny gesagt hat. Für ihn stellte sein Einsatz ein schweres Kriegsverbrechen dar. Ich weiß nicht, ob er es damals anders bewertet hätte, hätte er schon von den schrecklichen Verbrechen der Nazis an den Juden gewusst, die später bekannt werden sollten. Aber ich glaube es nicht. James Fernsby war, soweit mir beschrieben worden ist, ein ehrlicher und aufrechter Mann. Er war ein gewissenhafter Pilot, der im Dienst nie Alkohol getrunken oder sonstige Drogen genommen hätte. Er verabscheute diese Dinge.

Was an jenem Abend über Dresden genau mit seiner Maschine geschehen ist, wissen wir nicht. Aus den Einsatzberichten, die ich lesen konnte, geht aber hervor, dass seine Lancaster die einzige gewesen ist, die in keiner Nacht abgeschossen worden ist. Aller Wahrscheinlichkeit nach ist sie entweder von einem unentdeckten deutschen Jäger abgeschossen worden, aber auch *Friendly Fire* durch einen höher fliegenden Bomber ist nicht ausgeschlossen. Was ich sicher weiß, ist, dass Grandpa diesen Einsatz nicht gewollt hat, und was auch immer geschehen ist, ich bin überzeugt, dass seine Maschine keine Bomben mehr abgeworfen hat. Für mich und meine Familie ist das von Bedeutung, aber es macht natürlich im Gesamtausmaß der Bombardierung keinen Unterschied. Ich bin fest davon überzeugt und habe dies selbst schon durch viele Gespräche mit ehemaligen Bomberpiloten bestätigen können, dass es niemandem leichtgefallen ist, diesem Mordbefehl nachzugehen. Und ich kann auch sagen, dass den allermeisten Piloten und Mannschaften, die in jener Nacht in der Luft waren, erst bewusst geworden ist, zu was sie auserkoren worden waren, als sie es mit eigenen Augen gesehen haben. Die Männer, mit denen ich gesprochen habe, leiden bis heute unter Albträumen, und viele machen sich Vorwürfe. Davon ist mein Grandpa verschont geblieben. Doch er kam in diesem Krieg ums Leben wie so viele andere Soldaten auf beiden Seiten.«

James machte eine Pause und blickte in Biancas Richtung, bevor er weitersprach:

»Meine Damen und Herren, die Stunde der Versöhnung ist gekommen. Ich möchte zum Schluss noch ein paar Worte an die zwei Menschen richten, die mich heute begleitet haben. Viele Jahre habe ich mich geweigert, mich mit diesem Kapitel unserer Geschichte auseinanderzusetzen. Für mich war es einfacher, die Vergangenheit zu verdrängen und mich von ihr abzuwenden. Doch dann traf ich meine Partnerin Bianca. Ihre Offenheit und ihr Mitgefühl haben mich dazu ermutigt, die Geschichte meines Grandpas weiter zu erforschen, und sie war ausschlaggebend für meine Entscheidung, Ihnen heute davon zu erzählen. Neben meiner Freundin sitzt eine weitere, ganz besondere Frau. Marta hat Biancas Leben geprägt wie kein anderer. Das geschah durch eine ebenfalls ganz außergewöhnlich bewegende Dresdner Geschichte. Ich respektiere Martas Wunsch, dass sie diese nicht öffentlich erzählen möchte. Sie war vor allem für Bianca bestimmt. Was ich sagen möchte, ist: Danke, Marta, danke, dass du Bianca das mitgegeben hast, was sie zu der tollen Frau gemacht hat, die heute fest an meiner Seite steht.«

Beiden, Marta und Bianca, liefen Tränen über die Wangen. Bianca hatte nicht damit gerechnet, dass James über seine einstudierte Rede hinaus etwas sagen wollte, was sie überraschte. Sie ignorierte die Blicke der Besucher, die sich nach ihr umgedreht hatten, holte eine Packung Taschentücher aus ihrer Handtasche, nahm zwei heraus und gab eines davon Marta. »Ich habe jetzt immer welche dabei«, flüsterte sie leise. Beide Frauen wischten sich die Tränen trocken, während sie James zuhörten, der nun seine Bianca vertrauten offiziellen Abschlussworte sprach:

»Meine Freunde, die Stunde der Versöhnung ist gekommen. Wir sind heute an einem Ort zusammengekommen, der wie kein anderer für die Zerstörung, aber auch für den Wiederaufbau und den Frieden steht. Die Dresdner Frauenkirche, einst in Schutt und Asche versunken, erhebt sich heute wieder majestätisch in den Himmel. Sie ist ein Symbol dafür, dass aus Leid und Trauer neues Leben erwachsen kann. Lassen Sie uns gemeinsam diesen Moment der Hoffnung und des Friedens feiern. Lassen Sie uns die Vergangenheit nicht vergessen, aber auch nicht in ihr verharren. Stattdessen lassen Sie uns gemeinsam nach vorne blicken, mit der Bereitschaft, einander die Hand zu reichen – über alle Grenzen hinweg. Denn nur so können wir sicherstellen, dass Gräueltaten wie damals nie wieder geschehen. Nur so können wir den Opfern auf allen Seiten die Würde zurückgeben, die ihnen einst genommen wurde. Meine Damen und Herren, lassen Sie uns gemeinsam diese Stunde, diesen Weg der Versöhnung beschreiten. Im Gedenken an all jene, die ihr Leben lassen mussten. Im Vertrauen darauf, dass aus Asche und Zerstörung neues Leben erblühen kann.

Ich bedanke mich aufrichtig bei Ihnen allen fürs Zuhören.«

Als um 21:45 Uhr traditionell alle Kirchenglocken der Stadt läuteten, war die *Stunde der Versöhnung* zu Ende, und die Besucher verließen die Kirche durch den Haupteingang. Zu Biancas Freude hatten die Demonstranten und Störer den Platz verlassen, und der Altmarkt erstrahlte in Tausenden von Lichtern.

»Ein würdiger Abschluss«, stellte sie fest, als sie draußen standen und die nun friedliche Atmosphäre aufsogen.

»Möchtest du noch etwas trinken gehen, Marta?«, fragte James.

»Nein, wirklich nicht«, antwortete Marta. »Ich bin eine alte Frau, das war wirklich alles sehr emotional für mich.«

»Das verstehe ich«, sagte Bianca. »Dann bringen wir dich jetzt nach Hause.« Sie schaute James an, er nickte, stellte sich an die Straße und hatte kurze Zeit später ein Taxi herangerufen. Als sie vor Martas Haus in Loschwitz ankamen, stiegen alle drei aus und umarmten sich.

»Sie waren heute Abend wirklich ganz toll, James«, sagte Marta. »Sie haben es mir zwar einfach gemacht, weil Sie so gut Deutsch sprechen. Aber ich bin wirklich froh, endlich einen Engländer zu kennen.«

»Sie haben sogar einen zum Freund«, antwortete James.

Marta drückte seine Hand fest, wandte sich dann an Bianca: »Und du kommst morgen zum Kaffee, Schätzchen?«

»Und du hast wirklich Mohnkuchen?«

»Da kannst du dich drauf verlassen.«

»Ich mag es, dass du immer noch Schätzchen zu mir sagst.«

»Und ich mag es, dass du nicht mehr *übelst* und *krass* sagst.«

Bianca musste lachen. »Bis morgen.«

Sie warteten noch, bis Marta sicher die Tür hinter sich geschlossen hatte, und fuhren dann mit dem Taxi zurück zum Hotel, wo Bianca und James an der Bar noch ein paar Bier tranken und den Abend und ihre Eindrücke Revue passieren ließen. Sie unterhielten sich auf Deutsch, ohne dass es ihnen bewusst wurde.

KAPITEL 18

Geheimnisse unter Freundinnen

Am nächsten Morgen lief Marta in ihrem warmen Wollmantel zum nahe gelegenen Supermarkt. Draußen wehte ein eisiger Februarwind, und sie beeilte sich, in das Geschäft zu kommen. Doch als sie über den heißen Luftstrom trat, der von der Belüftungsanlage hinter der Eingangstür ausging, zuckte sie zusammen. Plötzlich war es ihr, als befände sie sich mitten im Feuersturm. Ihr stockte der Atem, Angst stieg in ihr auf. Schnell entfernte sie sich von den Gittern des Schachtes und versuchte sich zu sammeln.

Sie blickte in den Verkaufsraum. Alles war normal – keine Trümmer, keine Leichen, keine Kunden, die sich um wenige Nahrungsmittel stritten, wie es in der unmittelbaren Nachkriegszeit geschehen war. Durch die Gänge schlenderten mit ihren Einkaufswagen vor allem ältere Damen wie sie. Marta schüttelte den Kopf, nahm sich einen der Körbe vom Stapel und lief geradeaus. Aber was wollte sie denn noch gleich?

»Ahh!«, schrie Marta plötzlich, als sie das grelle Schellen einer Klingel hörte. Wie angewurzelt blieb sie stehen und realisierte erst Sekunden später, dass es sich nur um das Kassentelefon handelte. »Frau Bathke bitte zur Kasse. Frau

Bathke bitte«, meldete sich nun auch eine Stimme über den Lautsprecher.

»Jetzt ist aber gut, alte Dame«, sagte sie zu sich selbst und zählte die Zutaten auf, die sie für den Mohn-Marzipan-Kuchen brauchte, den sie heute für Bianca backen wollte. Sie fand den Gang mit den Backutensilien und suchte gerade in den unteren Reihen nach den günstigeren Mohnstreuseln, als sie jemand von hinten ansprach.

»Na, wenn das mal nicht die gute alte Marta Kaminsky ist. Alleine Einkaufen klappt ja wieder ganz gut, wie?«

Das Lachen kam Marta bekannt vor. Sie drehte sich um. Vor ihr stand Stephan Stange aus der JVA. Sie wunderte sich, denn den hatte sie hier noch nie gesehen.

»Haha«, sagte Marta. »Da hatte ich noch nie Probleme mit. Ich bin erst einundachtzig Jahre alt.«

»Ich weiß«, antwortete Stephan. »Und vor fünf Jahren, als du die letzte Sozialdienstlerin bei dir hattest, warst du erst einundsiebzig.«

»Worauf willst du hinaus?«

»War nur ein Spaß«, sagte Stephan und zögerte einen kurzen Moment. »Wie wäre es denn, wenn wir uns gleich kurz zusammen einen Kaffee in der Stehbäckerei gönnen?« Er wies auf den Eingang. »Da ist auch noch kein Rauchverbot. Sollten wir ausnutzen, bald geht das nirgendwo mehr. Diese blöden Nichtrauchergesetze.«

»Das trifft sich gut, denn ich rauche nicht mehr.«

»Oh, herzlichen Glückwunsch. Das hätte ich bei dir gar nicht erwartet. Aber auf einen Kaffee hast du doch Zeit. Dann kannst du mir ja gleich erzählen, wie es gestern …«

»Ich verstehe«, sagte Marta. »Daher weht der Wind. Du bist also gar nicht zufällig in der Gegend.«

»Ertappt. Ich war einfach zu neugierig.«

»Ich muss noch ein paar Dinge einkaufen.«

»Kein Problem. Wenn du mir im Anschluss die Tüten nach Hause bringst, trinken wir einen Kaffee.«

»Abgemacht.«

Marta und Stephan betraten gemeinsam die kleine Stehbäckerei, die nur wenige Schritte vom Supermarkt entfernt lag. Der Duft von frisch gebackenem Brot und Kaffee erfüllte den Raum und ließ Martas Magen leise knurren.

An einem der wenigen Tische stellten sie ihre Pappbecher ab. Marta nahm einen tiefen Schluck des dampfenden Getränks und spürte, wie die Wärme ihren Körper durchflutete. Inzwischen hatte sie sich voll und ganz von ihrem Flashback erholt. Sie musterte Stephan, den sie ebenfalls mehrere Jahre nicht gesehen hatte, und stellte fest, dass er in dieser Zeit ganz schön gealtert zu sein schien. Seine Haare waren an den Seiten ergraut und insgesamt licht geworden, doch sein forscher Blick und seine leichte Aufdringlichkeit waren geblieben.

»Also?«, sagte er, während er sich eine Schachtel aus seiner Jackentasche nahm, daran klopfte und eine Zigarette herauszog. »Ach«, gab er von sich. »Stört dich doch nicht?«

»Nicht im Geringsten, freue mich nur über mich selbst, dass ich so gar kein Bedürfnis mehr habe.«

»Wenn ich so alt bin wie du, höre ich auch auf.« Er steckte sich die Kippe an und zog genüsslich daran. »Wie geht es dir denn gesundheitlich?«

»Alles beim Alten. Ich sterbe nicht an meiner Lungenkrankheit. Sie ist nur chronisch. Meinen Notknopf musste ich noch immer nicht drücken. Und es geht tatsächlich besser ohne Kippen. Ich rieche meine Blumen viel intensiver.«

»Wann hast du aufgehört?«

»Komischerweise mit dem Tag, als mein Hermann gestorben ist. Ich hatte einfach kein Bedürfnis mehr.« Marta zögerte kurz.

»Ach, ich hatte bisher keine Gelegenheit, dir zu kondolieren«, wandte Stephan hastig ein. »Es tut mir wirklich leid. Hermann war ein …«

»Es ist nächsten Monat drei Jahre her.«

Stephan ließ den Rauch langsam aus seinen Lungen strömen. »So lange schon.« Er schaute Marta an. »Aber jetzt erzähl doch mal, wie war die Veranstaltung gestern? Ich wäre ja gekommen, wenn es keine geschlossene Gesellschaft gewesen wäre.«

»Es war ergreifend.«

»Und die Demonstranten? Ich habe schon Bilder im Internet gesehen.«

»Zum Kotzen.«

Stephan lachte. »Und wie war nun …?«

»Sie war kaum wiederzuerkennen. Bianca ist eine attraktive, intelligente und interessierte junge Frau, mit einem tollen Mann an ihrer Seite.«

»Sie hat sich nicht provozieren lassen? Von keinem?«

»Von keinem. Sie ist ein anderer Mensch geworden.«

»Dann hast du ganze Arbeit geleistet, die langfristig etwas bewirkt hat.« Stephan tätschelte Marta leicht auf die Schulter. »Ich habe ja alle Daten bis zum Ende ihrer Haft ausgewertet und ihren Weg danach verfolgt, hätte sie aber schon gerne auch mal wiedergesehen nach all der Zeit. Wir evaluieren nämlich gerade.«

Ihr macht was?

»Die Studie war ein voller Erfolg«, sagte Stefan. »Inzwischen promoviere ich darüber, bin also mittendrin, statt nur dabei.«

»Du meinst doch unser Experiment?«, fragte Marta.

»Ja, es lief ja noch lange ohne dich weiter. Wenn du es genau wissen willst, wir machen gerade eine interdisziplinäre Evaluation der Auswirkungen unserer Langzeitstudie über Korrelationen zwischen Resozialisierung im Strafvollzug und authentischer *Oral History*. Wir sind kurz vor der Publikation, werden aber Folgestudien anschließen. Das Interesse ist groß, die Erkenntnisse bahnbrechend, sogar international.«

Marta schüttelte den Kopf. »Dass ihr Soziologen immer so schwafeln müsst. Das versteht doch kein Mensch.« Sie lächelte leicht. »Aber es freut mich natürlich, dass diese Evolution erfolgreich ist.«

»Evaluation«, korrigierte Stephan.

»Wie viele sind es insgesamt gewesen?«

»Seit 1999 haben wir durch die Zeitzeugenarbeit vierundzwanzig Inhaftierte rehabilitiert. Nur sieben sind wieder abgerutscht oder haben sich nicht beeindrucken lassen. Deine sechs linksextremen Mädchen sind wahre Vorbilder in der Studie. Deine Geschichte ist deswegen nach unserer Auswertung die effektivste.«

Marta schaute ihn skeptisch an.

»Keine Sorge. Alles bleibt anonym, wie verabredet.«

»Dabei kennst du sie ja selbst in allen Details gar nicht.«

»Die Eckdaten, die ich von dir habe, die Evaluationsbögen, die du ausgefüllt hast, sind genug. Wichtig ist die Einordnung der Luftangriffe auf Dresden.«

»Mit Eckdaten und Fragebögen hätte ich sicherlich niemanden beeindrucken können.«

»Das ist es ja gerade«, sagte Stephan. »Das genau macht den Unterschied aus, die Authentizität der Schilderung durch Zeitzeugen wie dich.« Er beugte sich etwas näher zu Marta. »Ehrlich gesagt, wir könnten dich und deine Geschichten wieder gebrauchen. Es sind zwar so gut wie keine Neonazis und Linksextreme mehr in Haft, aber wir haben selbst ernannte, sogenannte Gotteskrieger, islamistische Gefährder, ganz junge Leute. Die würdest du sicherlich auch ...«

»Ich glaube, das hattest du schon gefragt«, antwortete Marta. »Ich bin damit durch. Bianca war die Letzte.«

»Das ist immer noch dein letztes Wort?«

»Ist es.«

»Na gut.« Stephan öffnete den Reißverschluss seiner Jacke und zog einen Umschlag darunter hervor. »Würdest du dann noch diesen letzten Fragebogen ausfüllen und an mich zurücksenden? Es ist wichtig für meine Dissertation.«

»Wenn es sein muss.«

»Danke, Marta.« Er drückte seine Zigarette aus. »Weißt du, es gibt eine Sache, die ich persönlich schade finde, wo ich mich jetzt noch mal mit den Daten auseinandergesetzt habe.«

»Und die wäre?«

»Irgendwie wäre es doch interessant gewesen zu ergründen, wie die Mädchen reagiert hätten, wenn sie erfahren hätten, dass Hermann überlebt hat.«

»Dann hätte es nicht funktioniert«, antwortete Marta. »Sie mussten die Trauer spüren und mitnehmen, um aufzuwachen.«

»Du hast ja recht. Ich meinte natürlich auch nicht in der direkten Therapie, sondern so, nach vielen Jahren als ...«

»Langzeit-Evolution meinst du?«

»Genau.«

»Vergiss es. Du brauchst gar nicht fragen. Diese Information wird nicht Teil deiner Studie sein. Das habe ich schriftlich. Denn nur dafür wäre es interessant. Ich bin zwar sicher, Bianca würde nicht wieder anfangen, Deutschland zu hassen und mit Sprengstoff zu hantieren, aber sie würde mir das alles wahrscheinlich nicht verzeihen. Und da gehe ich, auch wenn alles anonym ist, lieber auf Nummer sicher.«

Stephan nickte, während er Marta weitersprechen ließ.

»Ich habe sie wirklich gerne, verstehst du? Sie war ganz besonders. Die anderen Mädchen haben sich bedankt, Blumen geschickt, hier und da mal von sich hören lassen. Aber das ist lange her. Bianca habe ich nie vergessen und sie mich nicht, obwohl oder vielleicht gerade, weil sie sich zunächst überhaupt nicht gemeldet hat. Auch wenn es gedauert hat, ich glaube, wir beide werden noch gute Freundinnen.«

»Schon in Ordnung«, sagte Stephan. »Wichtig sind nur die Authentizität und der Erfolg.« Er schielte in Martas Kaffeebecher, der bereits leer war. »Also. Gehen wir? Ich bringe dir die Tüten gerne zu deinem Haus rüber.«

Stephan war längst in die JVA zurückgekehrt und saß beim Mittagessen, als Bianca rund zwölf Kilometer entfernt von Martas Haus aus dem Taxi stieg, das vor dem Heidefriedhof angehalten hatte. In der Hoffnung, einen Tag nach der Kranzniederlegung für die rund siebzehntausend hier beerdigten Bombenopfer der drei Tage vom Februar 1945 keine Radikalen vorzufinden, war sie hierhergefahren. Zeitlich passte es gut in ihren Plan, denn James war auf einem Treffen von *Bomber Harris Never Again,* und bei Marta hatte sie sich erst für den Nachmittag angemeldet.

Als Bianca mit ihrer weißen Rose in der Hand durch das Tor ging, atmete sie erleichtert auf. Zu ihrem Erstaunen waren nur wenige Besucher auf den naturbelassenen Wegen des 1936 angelegten riesigen Areals, das von hohen Bäumen und dichtem Unterholz gesäumt war. Die letzten städtischen Arbeiter, die hier vermutlich in den frühen Morgenstunden angefangen hatten, die Spuren des vergangenen Tages zu beseitigen, schoben an einem anderen Ende des Friedhofs Tonnen und andere Gerätschaften vom Gelände. Die Stille und Abgeschiedenheit dieses besonderen Ortes in der Dresdner Jungheide konnten auf diese Weise fast eine meditative Wirkung auf Bianca entfalten. An manchen Stellen brachen die Sonnenstrahlen durch das Blätterdach und tauchten die Szenerie in ein warmes goldenes Licht. Zielstrebig lief sie an Gräbern und Gedenkstätten vorbei zum Rondell im Ehrenhain, in dem kreisförmig vierzehn Sandstein-Stelen aufgereiht standen. Jede sollte an eines der schrecklichsten Verbrechen des Zweiten Weltkrieges erinnern. Bianca kannte die Stelle natürlich, doch nun fiel ihr auf, dass sie, obwohl sie über viele Jahre gegen Nazis gekämpft hatte, an dieser Stelle nie stehen geblieben war.

Die Mitte der Stelen war mit Blumen, Kränzen und Kerzen vom gestrigen Tag besetzt, sodass Bianca nicht näher an die Säulen herantreten konnte. Doch sie schaute sich jede einzelne an. Hier, umgeben von dieser friedlichen, fast schon sakralen Atmosphäre, spürte sie die ganze Schwere der Vergangenheit. All die Qualen und Gräueltaten, die in diesen Stelen symbolisiert wurden, erfüllten sie mit tiefer Trauer und Betroffenheit. Im Geiste sprach sie die Namen der Orte, die in den Monumenten verewigt waren: Auschwitz, Bergen-Belsen, Buchenwald, Dachau, Ravensbrück, Sachsenhausen, Theresienstadt, Coventry, Leningrad, Rotterdam, Warschau, Lidice, Oradour – und schließlich auch Dresden.

Dresden. Was war Bianca heute froh, dass dieser Schreckensort des Zweiten Weltkrieges Teil der Gedenkstätte war. Innerlich schämte sie sich einen kurzen Moment, dass sie, wenn sie früher hier stehen geblieben wäre, dies verteufelt hätte. Für einen Moment zuckte die Hand, in der sie ihre Rose hielt, weil sie drauf und dran gewesen war, sie vor der Stele für Dresden abzulegen oder in der Mitte des Ehrenhains für alle Schreckensorte. Doch die Blume war für etwas anderes bestimmt.

Bianca ging weiter, schlenderte langsam zwischen den Grabstätten hindurch, bis sie einen etwas abgelegenen Teil des Friedhofs erreichte, der von ein paar großen Eichen überragt wurde. Hier in der Nähe ruhten die Überreste der Toten von Dresden, und hier befand sich auch das Grab, das sie besuchen wollte. Die Stelle kannte sie von früher nicht, doch sie wusste genau, wo sie langgehen musste, denn sie hatte den Weg zum Grab über das Onlineportal des Friedhofs genau ausgemacht.

Bianca spürte, wie ihre Schritte zögerlicher wurden, je näher sie ihrem Ziel kam. Eine seltsame Spannung lag in der Luft, fast als würde sie einen alten Freund wiedersehen. Sie fand das Grab, genau an der ausgewiesenen Stelle. Als sie näher herantrat, fiel ihr sofort auf, wie liebevoll und gepflegt die Stätte wirkte. Der Grabstein war aus dunklem Granit gefertigt und trug eine kunstvoll gemeißelte Inschrift. Behutsam strich Bianca über die glatte Oberfläche des Steins. Sie konnte spüren, dass hier jemand mit großer Sorgfalt und Zuneigung für das Grab gesorgt haben musste. Und natürlich war das niemand anders als Marta, die diesen Ort der Erinnerung so liebevoll gestaltete. Auch wenn sie ihr nie etwas davon erzählt hatte und es auch nicht tun würde, dessen war Bianca sich sicher.

Sie ging ein paar Schritte zurück, kniete nieder und legte ihre weiße Rose zwischen die vielen anderen Blumen, die hier eingepflanzt waren und die sie allesamt an Martas Terrasse erinnerten. Hier ruhte nicht nur ein Mensch, sondern auch die Erinnerung an eine Beziehung, die selbst der Tod nicht hatte zerstören können.

Sie blickte auf die Inschrift und schmunzelte, als sie jetzt erst die kleine Gravur bemerkte – ein Herz, umschlossen von einer Armbanduhr. Darunter stand der Name: »Hermann Kaminsky«. Plötzlich spürte Bianca den unbändigen Wunsch, mit Hermann zu sprechen. Und obwohl sie nicht daran glaubte, dass er sie hören könnte, war die Vorstellung, dass das vielleicht doch irgendwie zwischen Himmel und Erde möglich war, wunderschön. Als würde sie ganz sichergehen wollen, sprach sie die Worte laut aus, flüsternd, langsam und mit Bedacht:

»Guten Tag, Hermann. Ich bin es, Bianca Ackerhans. Wie du siehst, konnte ich es nicht sein lassen, dich zu besuchen. Ich wollte mich wenigstens einmal persönlich bei dir bedanken, dass du mir deine Geschichte geschickt und anvertraut hast. »Drei Tage im Feuer und drei Monate im Regen«. Ich habe sie wieder und wieder gelesen – mit Tränen, mit Freude, aber nie mit Wut.

Du sollst wissen, ich bin in keiner Weise sauer auf Marta, dass sie mir dich verheimlicht hat. Ich habe mich aber an deinen Wunsch gehalten und werde das auch weiterhin tun, dass

Marta nichts von deiner Sendung erfährt. Du hattest alles genau vorbereitet, den richtigen Moment abgepasst. Selbst wenn ich dir entgegen deinem Wunsch hätte antworten wollen, hätte dich ein Brief nicht mehr erreicht. Als ich wenige Tage später die Traueranzeige im Internet fand, wusste ich, du bist an dem Tag gestorben, an dem mich deine Geschichte erreicht hat.

Ich bin, ehrlich gesagt, nur etwas traurig, dass ich dich nie kennenlernen konnte. Aber dass du ein schönes Leben gehabt hast, auch noch in deinen letzten Tagen, mit dieser tapferen Frau an deiner Seite, da bin ich mir nach meinem Besuch in Dresden nun ganz sicher.

Ich habe Marta jetzt nach fast fünf Jahren wiedergesehen. Ich bin ein ganz anderer Mensch geworden, durch ihre Geschichte und durch deine. Doch Marta ist genauso geblieben, wie ich sie kennengelernt habe, und so wie du sie geliebt hast.

Ich weiß, dass es Teil einer Strategie gewesen ist, dass sie mich hat glauben lassen, du seist im Feuersturm umgekommen. Es hat seine Wirkung nicht verfehlt, das kannst du mir glauben. Und da ich weiß, dass ich vor allem über die verlorene, unerfüllte Liebe zwischen dir und Marta nachgedacht und getrauert habe, glaube ich tatsächlich, dass ich meine Wandlung nicht geschafft hätte, hätte wenigstens eure Geschichte in der ganzen Katastrophe ein Happy End gehabt.

Allerdings glaube ich nicht, dass Marta dich mir heute weiter verheimlicht, weil sie Sorge hat, ich könnte böse auf sie sein, oder weil es ihr leidtäte. Ich merke, nein, ich fühle, dass da etwas anderes ist und war. Ich glaube, dass Marta selbst diese kleine Notlüge gebraucht hat, um sich darüber bewusst zu werden, wie es ohne dich hätte sein können. Um ganz deutlich für sich zu spüren, wie glücklich sie sich schätzen konnte, dass ihr euch wiedergefunden habt.

Marta und du, ihr seid ein kleines Wunder von Dresden. Ihr habt mich geheilt. Ich bedanke mich aus tiefstem Herzen.«

Nun tat Bianca etwas, das sie noch nie zuvor in ihrem Leben getan hatte. Sie hatte es sich nicht vorgenommen und es sich vor diesem Tag auch nicht vorstellen können. Nach ihrer Zwiesprache faltete sie die Hände und sprach ein Gebet, das einzige, das ihr einfiel – ein Gebet, das ihre Mutter mit ihr gesprochen hatte, als sie abends neben ihrem Bett gesessen hatte, als sie noch sehr klein gewesen war. Diese kleinen Rituale hatte Bianca längst vergessen.

In diesem Moment spürte sie jedoch, dass es richtig war, dass sie sich mit ihrer Mutter versöhnen sollte – ja, dass sie es tun würde. Das galt für die Vergangenheit, für die Zeit vor ihrer Inhaftierung sowie für Churchills Tod, während sie eingesessen hatte. Dafür hatte sie ihre Mutter verantwortlich gemacht, und das war der Grund dafür gewesen, warum sie ihr danach nie wieder eine Chance hätte geben wollen. Jetzt freute sich Bianca auf die nächsten Tage in Dresden, auf alles, was da kommen würde. Mit James, mit Marta, mit Mama.

Nachdem sie das Gebet zu Ende gesprochen hatte, blieb Bianca noch einen Moment in aller Stille vor Hermanns Grab stehen. Und da hörte sie es. Ja, wahrhaftig. Sie hörte das leise Ticken der Armbanduhr. Ganz deutlich.

Drei Tage später verließ Bianca die Wohnung ihrer Mutter mit einem guten Gefühl im Bauch. Sie hatte sich alle Mühe gegeben und keinen Alkohol konsumiert. Sie hatte erstmals lang und ausführlich von ihrem Leben in England erzählen können, und ihre Mutter war an allem interessiert. Sie sprachen auch noch einmal offen und ehrlich über Ronny und wie sein Tod beide Frauen verändert hatte. Das alles waren Ansätze, die Bianca Hoffnung vermittelten. Sie fand schon jetzt, dass ihre Entscheidung, Dresden zu besuchen, ein voller Erfolg in jeder Hinsicht war.

In ihrem eleganten Mantel und ihren hohen Stiefeln lief Bianca nach dem Besuch bei ihrer Mutter durch ihre alte Wohngegend, die sich im Gegensatz zu ihr kaum verändert hatte. Auf der steinernen Tischtennisplatte eines Spielplatzes, auf dem sie selbst als Kind noch gespielt hatte, erkannte sie zwei Gestalten, die einen Joint rauchten. Die beiden trugen breite Hosen und Daunenjacken mit auffälligen Hip-Hop-Logos, dazu Caps und Sneakers mit breiten Schnürsenkeln. Genau wie in England, dachte Bianca, als sie näher kam. An lüsterne Blicke von Männern war sie zwar gewöhnt, doch die beiden schauten sie in einer Art und Weise an, die sie irritierte. Sie konnte nicht anders, als den Blick zu erwidern, und erkannte danach sofort das breite Grinsen und die Zahnlücke wieder.

»Bianca? Bist du das?«, fragte Müsli, während er seinen Joint zur Seite legte und sie ungläubig anstarrte.

Bianca blieb stehen und lächelte unsicher. »Ja, ich bin's. Hallo, Müsli.«

»Ey, komm mal rüber, yo!« Müsli deutete auf die Bank neben sich, einladend und neugierig.

Bianca ging zur Tischtennisplatte, wo die beiden weiter sitzen blieben. Sie reichte Müsli die Hand und streckte sie dann dem anderen Mann entgegen. »Hi, ich bin… oh, Moment. Stinker. Meine Güte, dich hätte ich ohne Müsli nicht wiedererkannt.«

Stinker zog noch einmal an seinem Joint, hustete und sagte: »Krass, du … du siehst ja völlig anders aus.«

Bianca lachte leise, stellte sich zögernd dazu und hoffte, dass das Gespräch nicht allzu lange andauern würde.

»Ja, das ist wohl so«, sagte sie und hoffte, dass die Unterhaltung beim Small Talk bleiben würde. Sie hatte wenig Lust, über alte Zeiten zu reden.

»Und ihr beide habt euch auch verändert, sehe ich.«

Müsli klopfte auf die Tischtennisplatte, während er sich mit einem breiten Grinsen streckte. »Erzähl mal, was aus dir geworden ist. Du wohnst in England, habe ich gehört. Bist du jetzt wieder zurückgezogen?«

Der Geruch von Marihuana war unangenehm intensiv, aber Bianca ignorierte ihn.

»Nein, ich bin nur zu Besuch hier. England ist toll. Ich brauchte den Abstand. Ich habe dort studiert und lebe jetzt in London.«

Müsli nickte beeindruckt und lehnte sich zurück.

»Wow, das klingt echt voll krass. Und, bist wahrscheinlich verheiratet, was?«

»Nein, aber ich habe einen festen Freund, mit dem ich sehr glücklich bin«, antwortete Bianca, um Müsli gleich zu verdeutlichen, dass er sich keine falschen Hoffnungen zu machen brauchte.

»Schade«, raunzte Stinker und zwinkerte ihr zu. »Du siehst echt Bombe aus.«

»Damals hätte dir das nicht gefallen«, sagte Bianca, ihre Stirn runzelnd.

»Ja, klar nicht. Aber guck uns doch an. Im Knast gibt es keine Punks, da passt man sich an.« Müsli zuckte mit den Schultern.

Bianca warf einen flüchtigen Blick auf den Spielplatz, bevor sie etwas fragte, das sie wirklich interessierte: »Wie lange seid ihr denn schon draußen?«

»Och, ich schon seit zwei Jahren. Stinker erst im Januar, aber der kommt sicher wieder rein.« Müsli lachte und klopfte seinem Kumpel auf die Schulter, der grinsend nickte.

»Wir machen jetzt Hip-Hop und so Dinge«, ergänzte Stinker, während er sich lässig zurücklehnte.

»So Gangsterkram halt. Aber, ey, nur Show natürlich. Ich will auch nicht wieder einsitzen.«

»Aha«, sagte Bianca skeptisch.

»Wir haben uns neu orientiert«, sagte Müsli ernst, während er ein imaginäres Mikrofon in die Hand nahm. »Aber Musik ist immer noch mein Ding. Willste mal was hören?«

»Von mir aus«, antwortete Bianca, obwohl sie eigentlich keine Lust hatte.

»Also, pass auf«, sagte Müsli, nachdem er aufgestanden war und sich breitbeinig vor Bianca positioniert hatte. »Ist noch nicht ausgereift, kommt aber auf unser nächstes Tape.« Er stieß Stinker an, der den Joint wegschnipste und mit seinen Händen eine Beatbox formte und begann: Boom, tsst, boom boom, tsst.

Müsli nickte mit dem Kopf zum Beat und legte los:

»Yo, Bianca, hör zu, was ich jetzt erzähl,
Von Partys, Frauen, Leben – ein endloser Rebell.
Mit Stinker an der Beatbox, der Sound so fresh,
Wir rocken jede Nacht, das Leben ist ein Fest.

Wir rollen durch die Stadt, die Lichter so hell,
Im Club, nehm' 'nen Drink, lass die Sorgen schnell.
Seh die Ladys tanzen, die Stimmung so heiß,
Wir leben für den Moment, egal um welchen Preis.«

»Wow, nicht schlecht«, log Bianca, und ihre Stimme klang wohl auch nicht ganz überzeugend. »Und so völlig unpolitisch. Muss man sich dran gewöhnen, wenn man eure Vorgeschichte kennt.«

»Ne, um Politik geht's natürlich auch noch. Auf jeden! Warte, geht weiter.«

Er stieß Stinker erneut an, der wieder den Beat vorgab.

»Sie woll'n uns kontrollieren, uns sagen, was zu tun,
Doch wir brechen aus den Ketten, lassen uns nicht ruh'n.
Wir scheißen auf Amerika, die Juden und ihr Geld,
Und auf die verschissenen Bilderberger dieser Welt.«

Bianca sprang auf, ihre Augen blitzten vor Empörung. »Das ist nicht dein Ernst jetzt?«

Müsli sah sie verwirrt an. »Häh? Was denn jetzt?«

»Wegen Juden, meint sie«, warf Stinker erklärend ein.

»Ach so, Bianca, ey. Das ist nicht gegen Juden an sich oder so. Da geht's nur um den Apartheidsstaat Israel, um das System und seine Speichellecker. Wie früher.«

»Das ist nicht wie früher. Das ist antisemitisch, und damit will ich nichts zu tun haben. Meine Überzeugung hat sich dahingehend nicht geändert. Ihr habt doch echt einen an der Waffel.« Bianca schüttelte den Kopf und trat einen Schritt zurück.

»Ich habe gesagt, nimm es lieber raus mit den Juden, ich

habe es gesagt«, murmelte Stinker, während er sich einen neuen Joint baute.

Bianca war fassungslos. »Habt ihr zu viel Zeit mit Nazis im Knast verbracht, dass ihr jetzt solche Ansichten vertretet, oder was? Ihr wisst schon noch, was damals passiert ist mit Ronny, oder?«

»Nazis?« Stinker lachte. »Die gibt's da nicht. Die Deutschen kannst du auch an einer Hand abzählen.«

»Ich weiß, es gibt viele Formen von Antisemitismus«, sagte Bianca. »Der ist grenzenlos und kennt nicht nur eine Nationalität. Ändert aber nichts daran, dass es falsch ist, in diesen Klischees zu denken.«

»Mann, wir hassen doch nicht alle Juden«, sagte Müsli und hob die Hände zur Verteidigung. »Du weißt, wer die sind. Bilderberger, Rothschilds und die ganzen Bänker-Bonzen.«

»Sorry, aber ich habe da jetzt keine Lust auf eine solche Diskussion.« Sie schaute auf ihre Uhr. »Außerdem habe ich jetzt gleich eine Verabredung mit einer alten Freundin.«

»Aha, schade«, sagte Müsli und zuckte mit den Schultern. »Aber du bist jetzt nicht wirklich sauer, oder? Das hat ja gar nichts mit Ronny zu tun.«

»War nett, euch mal wieder zu sehen. Macht's gut.« Bianca drehte sich um, lief schneller und hoffte, dass ihr Müsli nicht noch hinterherlief. Aber ihre beiden alten Freunde blieben an Ort und Stelle.

»Du hast sie vergrault«, sagte Stinker, nachdem Bianca außer Hörweite war. Er lachte laut. »Hast deine Chance gehabt. Aber geil sieht sie schon aus, das muss man sagen.«

»Junge, wie gerne hätte ich die noch mal flachgelegt, ein einziges Mal nur noch.«

»Ich hab gesagt, lass das mit Juden raus. Das kommt bei Frauen nicht an. Ich hab es gesagt, oder etwa nicht?«

»Du weißt, wie es gemeint ist.«

»Ja, ich.«

Müsli blieb eine Weile still, bevor er in die Richtung schaute, in der Bianca verschwunden war und sagte: »Sie kommt immer noch nicht auf Ronnys Tod klar.«

»Tja«, meinte Stinker und zog fest an seinem Joint. Während er den Rauch wieder ausstieß, sagte er halb hustend, halb näselnd. »Hätten wir ihr damals die Wahrheit gesagt, dann würde sie vielleicht nicht diesen ultra Hass auf Nazis haben. Sie wird ja wohl immer noch davon ausgehen, dass diese dummen Skins damals Ronny vor die Bahn gehetzt haben.«

»Das war nicht korrekt von uns damals.«

»Nein, aber was hätten wir tun sollen?« Stinker schaute seinen Kumpel jetzt direkt an. »Zugeben, dass wir mit ihm Koks bei Fitten kaufen wollten? Dass wir einfach abgehauen sind, als Ronny noch versucht hat, über die Gleise zu kommen, so kurz bevor die Bahn einrollt? Die hätten uns wegen unterlassener Hilfeleistung drangekriegt.«

»Ich habe halt gedacht, dass er ganz sicher tot ist, Mann. Außerdem haben wir vorsichtshalber doch extra noch den Krankenwagen gerufen.«

»Yo, war er ja auch quasi. Das hätte er nicht mehr geschafft. Nie im Leben, du hast doch die Blutlache gesehen und die zerfetzten Beine.« Er klopfte Müsli auf die Schulter: »Aber was reitest du darauf rum, Alter? Das ist doch ewig her. Sieh es mal so: Wenn Bianca nicht so sehr davon überzeugt gewesen wäre, dass die Skins ihren Bruder auf dem Gewissen haben, dann wäre sie nicht so radikal geworden, hätte mit uns nicht abgehangen und hätte vor allem nicht mit dir gevögelt. Wir haben sie danach doch überhaupt erst richtig kennengelernt.«

»Ja, schon gut, Mann«, sagte Müsli. »Kein Wort mehr darüber. Lass mal noch zur Tanke rüber und dann von da aus zu Kay-Bo ins Studio.«

»'türlich.«

EPILOG

Dresden, 12. Februar 2025

Ein leises Dröhnen von Computerlüftern erfüllte die staubige Luft in der Handy-Reparaturwerkstatt von Moussa Idris, die im Schatten der Dresdner Frauenkirche lag.

Das gelegentliche Piepsen und Surren der eingeschalteten Geräte, die darauf warteten, von den geschickten Händen des Meisters wieder zum Leben erweckt zu werden, nahm der erfahrene arabische Geschäftsmann kaum noch wahr. Der vertraute Sound beruhigte ihn und ließ ihn seine Arbeit mit höchster Präzision verrichten.

Moussa Idris stand an seiner großen, holzverkleideten Werkbank, die übersät war mit Werkzeugen – Pinzetten, Schraubendrehern und Entlötpumpen. Die Regale an den Wänden waren vollgestopft mit Ersatzteilen – Displays, Akkus, Lautsprechermodule und andere Komponenten, die er für seine Reparaturen benötigte. Der Elektroniker hatte sich fest in seinen abgetragenen Wintermantel gehüllt und seine Wollmütze aufbehalten, war aber so in seine Arbeit vertieft, dass er die Kälte in seiner Werkstatt kaum wahrnahm. Seine ganze Aufmerksamkeit galt den zarten Bauteilen des Smartphones von Leonie Reiser, das er vorsichtig auseinander- und wieder zusammensetzte.

Als er plötzlich den ersten Schlag der zur Mittagsstunde einsetzenden Kirchturmuhr vernahm, erschrak Moussa Idris und ließ dabei fast den Lötkolben fallen, den er in der Hand hielt. *»Hadhih Hamaqa!«*, entfuhr es ihm unwillkürlich in seiner Muttersprache. Wie immer, wenn ihn die Glocke erschreckte und seine Fensterscheiben zum Erzittern brachte. Gerade wollte er sich wieder seiner Arbeit zuwenden, als er am Rande seines Sichtfelds einen menschlichen Schatten über der mit halb geöffneten Gehäusen und Stapeln mit winzigen Leiterplatten übersäten Werkbank erkannte. Er schaute auf und sah vor sich die junge, braun gelockte Kundin, deren Handy er gerade reparierte. »Oh, ich habe Sie gar nicht kommen hören«, sagte er mit einem entschuldigenden Lächeln. »Ich bin gleich so weit, musste eine Platine ersetzen und habe Ihr Display ausgetauscht.«

»Das ging ja superschnell«, erwidert Leonie, die den Techniker schon eine Weile fasziniert beobachtete. »Und ich wollte Sie übrigens nicht erschrecken, aber Sie waren so vertieft in mein Telefon.« Sie schüttelt sich leicht. »Aber sagen Sie, ist es nicht furchtbar kalt hier drinnen bei Ihnen?«

»Da haben Sie recht«, sagte Moussa Idris. »Die Stadtwerke haben mir vorgestern die Heizung abgedreht. Ich bin ja immerhin froh, dass der Strom ankommt, sonst ginge hier gar nichts.«

Leonie blickt den älteren, bärtigen Mann mitfühlend an. »Einfach so abgedreht? Das tut mir leid für Sie.«

Moussa Idris nickte schwer, während er die Schrauben des Handygehäuses festzog. »Ja, ich selbst bin wohl schuld daran, weil ich die Rechnung nicht pünktlich bezahlt habe. In all den dreißig Jahren, in denen ich den Laden führe, ist mir so etwas noch nie passiert.«

»Nicht gerade rosig die Zeiten«, stellte Leonie fest.

»Die Zeiten sind beschissen«, seufzte der Elektroniker. »Die Leute schicken ihre Handys lieber ein. Ich kann bei den Dumpingpreisen im Internet nicht mithalten, und die Handyhersteller wollen am liebsten gar keine fremden Hände an den Geräten. Und meine Stammkunden – na ja, während Corona ist hier schon alles eingebrochen, dann der Krieg in der Ukraine, die ganzen Mehrkosten. Wer kann sich das noch leisten?«

Leonie nickte verständnisvoll. »Ich kann mir vorstellen, wie schwer das für Sie sein muss.«

»Sie sind nicht aus Dresden?«, fragte Moussa Idris, um das Thema zu wechseln.

»Nur zu Besuch«, erklärte Leonie. »Ich hatte eigentlich vorgehabt, mir die Stadt anzuschauen und schöne Fotos zu machen. Blöd nur, dass ich ausgerechnet hier über einen Bordstein gestolpert bin und mir dabei das Handy aus der Hand gefallen ist.« Sie schüttelte den Kopf. »Das ist mir auch etwas peinlich, weil mir so was noch nie passiert ist.«

»Sie haben mir doch erzählt, dass das direkt hier vor meinem Laden passiert ist«, sagte Moussa Idris. »Als Sie zur Frauenkirche wollten, oder?«

»Ja, das nennt sich dann wohl Glück im Unglück.«

»Das würde ich nicht unbedingt sagen.« Der Elektroniker nahm das Telefon in die Hand und begann damit, Display und Gehäuse mit einem Tuch zu reinigen.

»Wie meinen Sie das?«, fragte Leonie.

»Ach, wissen Sie, ich vermisse meinen Vater«, seufzte Moussa Idris. »Er stammte aus Syrien und hat hier zwei Jahre nach der Wende unseren Laden aufgebaut. Es kam die große Handyzeit, und die Kunden standen Schlange. Viele

Jahre lang. Doch er hatte mich vor seinem Tod gewarnt, dass eines Tages andere Zeiten kommen würden, und mir nahegelegt, noch etwas anderes zu machen. Das habe ich nicht beherzigt. Und nun stehe ich hier in der Kälte und freue mich, dass ich überhaupt Strom habe.«

»Ach, die Zeiten werden sicherlich wieder besser«, sagte Leonie aufmunternd. »Auch für Sie!«

»Vielleicht«, antwortete Moussa Idris und schaute Leonie mit seinen tiefbraunen Augen direkt an. »Aber mit Abstand betrachtet hatte mein Vater immer recht. Er wusste für alles einen Rat. Wissen Sie, *Idris* bedeutet auf Arabisch *der Gelehrte* und *Moussa Sohn*. Das passt also. Die Meinung meines Vaters war immer, dass es keine Zufälle gibt auf dieser Welt, sondern dass alles einen Sinn ergibt und miteinander verbunden ist. Vielleicht also auch Ihr Handyunfall direkt vor meinem Laden.«

»Klingt logisch, aber wenn das so ist, verstehe ich den Sinn nicht.« Leonie schaute verwirrt.

»Nicht immer werden den Menschen diese Zusammenhänge bewusst. Was nicht bedeutet, dass sie nicht da sind.« Er beugte sich etwas vor und sprach leiser. »Stellen Sie sich vor, Ihre kleine Geschichte über das Handy, das Ihnen auf die Straße gefallen ist, stünde in einem Buch, und viele Leute würden es lesen. Wenn Sie also nur eine Figur in einer Geschichte wären, würden Sie nicht erfahren, welche Rolle Sie in einem größeren Zusammenhang spielen würden. Die Leser des Buches aber schon, und die würden dann aus Ihrer Geschichte Lehren ziehen.« Er machte eine Pause und strich sich seinen weißen Bart glatt. »Was könnten Sie also den Lesern noch verraten?«

»Ich weiß nicht«, sagte Leonie zögernd und strich sich

verlegen eine Haarsträhne hinters Ohr. »Irgendwie ist das eine merkwürdige Vorstellung.«

»Überlegen Sie«, drängte Moussa Idris. »Was hat Sie wirklich nach Dresden geführt, auf welchen Spuren wandeln Sie?«

»Na ja, es gibt da schon eine Bindung«, antwortete Leonie nachdenklich. »Darüber weiß ich zwar nicht viel, aber ich denke darüber nach, seit ich hier bin. Meine Großmutter, Oma Ursel, die war hier während dieser schlimmen Luftangriffe im Zweiten Weltkrieg. Sie hat darüber kaum etwas erzählt, aber Albträume gehabt, das weiß ich vor allem von meiner Mutter. Es ging wohl immer um Feuer. Irgendwie ist Oma Ursel nur knapp dem Inferno entkommen.« Ein leichtes Lächeln legte sich über Leonies Lippen. »Oma Ursel war eine tolle Frau. Ich erinnere mich so gerne an die Gutenachtgeschichten, die sie mir erzählt hat. Darin spielten immer ein Zauberbaum mit dem Namen Arbor und eine Art Zwerg mit dem Namen Brandomir Glutbart eine Rolle. Sie hatte sehr viel Fantasie, meine liebe Oma.«

»Glutbart, das ist interessant«, sagte Moussa Idris. »Das könnte auf ein Erlebnis hindeuten, das Ihre Großmutter während der Feuersbrunst hier hatte.«

»Und Sie«, fragte Leonie. »Was machen Sie dann in dieser Geschichte, wenn wir ein Buch sind? Sie kommen doch aus Syrien. Haben Sie eine Verbindung zu Feuer?«

»Das habe ich mich oft gefragt«, antwortete Moussa Idris. »Und natürlich auch danach gesucht. Vor allem, als der fürchterliche Krieg im Heimatland meiner Eltern ausgebrochen ist. Doch da habe ich nichts gefunden. Manchmal muss man um die Ecke denken. Eines Tages, vor ein paar Jahren, kam dann eine Kundin in meinen Laden, etwa in Ihrem Alter. Eine Waliserin aus Großbritannien. Sie hat mir erzählt, dass ihr Großvater während des Krieges in einem Dresdner Gefangenenlager gewesen ist und während der Luftangriffe, die ja eigentlich den Deutschen galten, umgekommen ist. *Friendly Fire* vielleicht. Ein merkwürdiger Euphemismus. Jedenfalls hat sie mir erzählt, dass mein Nachname, also Idris, auf Walisisch *der Feurige* bedeutet.«

»Was für ein Zufall«, sagte Leonie erstaunt.

»Vielleicht eben kein Zufall«, erwiderte Moussa Idris lächelnd. Er pustete einmal über das Display und überreichte Leonie das Smartphone. »Hier, ist wieder wie neu.«

»Danke«, sagte Leonie, betrachtete das eingeschaltete Telefon und steckte es in ihre Manteltasche, aus der sie dann ihr Portemonnaie nahm. Sie zog einen Hunderteuroschein heraus und gab ihn dem Elektriker. »Tolle und superschnelle Arbeit.«

»Ach, das war keine große Sache«, sagte Moussa Idris. »Wir liegen bei achtundfünfzig Euro. Ich gehe eben nach hinten und hole das Wechselgeld.«

»Das ist nicht nötig«, winkte Leonie ab. »Stimmt so. Es ist nämlich wirklich kalt hier drinnen bei Ihnen.«

»Oh, ganz herzlichen Dank«, sagte Moussa Idris und reichte Leonie über den Handwerkstisch seine Hand. Als sie sie nahm und dabei in seine wie entflammt dreinblickenden Augen schaute, durchzuckte sie ein seltsames Gefühl. Ihr wurde von einem Moment auf den anderen unglaublich heiß, und es war ihr, als wüsste sie für einen Augenblick nicht, wo sie sich befand, als hätte sie das Gespür für Raum und Zeit verloren. Es gelang ihr nicht, seinem glühenden Blick auszuweichen. Gleichzeitig hörte Leonie ganz plötzlich ein lautes Ticken, das den ganzen Raum zu erfüllen schien. Es klang wie die Zeiger von Hunderten von Uhren, die gemeinsam im selben Takt schlugen. Ihr Herzschlag passte sich dem inneren Aufruhr an. Sie wollte die Hand aus Moussa Idris' Griff lösen, schaffte es aber nicht. Als sie nun von ferne einen schrecklichen Schrei hörte, bekam sie Panik. Doch Moussa Idris ließ ihre Hand plötzlich los, und im selben Moment verstummte das herzzerreißende Schreien aus dem Nichts.

»Passen Sie gut auf sich und die Zeit auf, Leonie«, sagte der Elektroniker. »Feuer kann sich leicht neu entzünden.«

Das Ticken der nicht sichtbaren Uhren hatte ebenfalls ausgesetzt, und Leonie spürte nun auch wieder die Kälte zurück in ihren Körper kriechen. Ihr Blick blieb auf Moussa Idris haften, der abermals freundlich lächelte und sich über den Bart strich. Er drehte sich um, trat ohne ein weiteres Wort von seiner Werkbank und verschwand durch einen aschgrauen Vorhang in das Hinterzimmer.

NACHWORT UND HISTORISCHE EINORDUNG

Dresdens besondere Rolle in der deutschen Erinnerungskultur des Zweiten Weltkrieges

Vor 80 Jahren lag Deutschland in Trümmern: 161 Städte und 850 Dörfer und Vororte waren durch die Bombardierungen der britischen Royal Air Force und seit Januar 1943 auch der United States Army Air Force zerstört worden. In 1,4 Millionen Einsätzen gingen mehr als zwei Millionen Tonnen Spreng- und Brandbomben über europäischen Städten nieder, davon anderthalb Millionen auf deutsches Reichsgebiet. Insgesamt wurden 3,6 Millionen Häuser in Deutschland zerstört und 7,5 Millionen Deutsche obdachlos. Die absolute Mehrheit der bis zu 600 000 Todesopfer waren Kinder, Frauen und ältere Menschen.

Die Bewertung, ob die Bombenangriffe auf deutsche Städte Kriegsverbrechen waren, ist bereits im historischen Kontext nicht leicht zu beantworten, denn die geltenden Bestimmungen der Haager Landkriegsordnung waren dafür nicht eindeutig formuliert. Schon während des Zweiten Weltkriegs war Winston Churchills Strategie, den Sieg durch das Töten von Zivilisten zu erringen, sowohl strategisch unter Militärs als auch moralisch in Teilen der britischen Gesellschaft umstritten. Dies galt trotz der vorausgegangenen, von Hitler initiierten verbrecherischen Luftangriffe auf britische Städte, die als »The Blitz« in die Geschichte eingingen und bei denen zwischen September 1940 und Mai 1941 etwa 43 000 britische Zivilisten getötet wurden.

Nach heutigen Maßstäben bemessen ist die Frage leichter zu beantworten, denn rückwirkend definiert das 1977 angenommene erste Zusatzprotokoll der Genfer Konvention von 1949 die Ermordung von schutzlosen Zivilisten, sei es aus der Luft oder am Boden, eindeutig als Kriegsverbrechen.

Im Zentrum der historischen Debatte steht daher eine andere Kontroverse: Waren die Bombardements unerlässlich, um die NS-Diktatur zu stürzen? Und wenn ja, darf man dann über Kriegsverbrechen hinwegsehen, die dafür nötig sind?

Premierminister Churchill beauftragte den Oberbefehlshaber des Bomber Command, Arthur Harris (Bomber Harris), mit der Ausführung der am 14. Februar 1942 festgelegten *Area Bombing Directive*. Die neue Strategie des sogenannten *Moral Bombings* zielte nicht auf militärische Einrichtungen ab, sondern auf zivile Wohngebiete, um durch schwerwiegende Brände und Feuerstürme möglichst viele Menschen zu töten und Lebensraum zu zerstören. Nur etwa 12 Prozent aller alliierten Luftangriffe richteten sich seitdem gegen militärische Ziele. Die Idee dahinter spekulierte darauf, dass die Deutschen durch die Zermürbung selbst ihrem Führer die Treue versagen und einen Aufstand planen würden. Dieses Kalkül schlug jedoch fehl, da es die deutsche Bevölkerung nicht demoralisierte, sondern enger zusammenschweißte. Teil der Auseinandersetzung ist deshalb auch die Frage, warum im letzten Kriegsjahr die meisten und erbittertsten Bombardements gegen deutsche Städte geflogen wurden, obwohl das Land militärisch bereits am Boden lag.

Eines dieser Ziele war Dresden, und es scheint, als ob sich gerade hier die Frage um die militärische Notwendigkeit der britischen Flächenbombardements immer wieder überspitzt, denn in keiner anderen Stadt sind die Streitigkeiten über die Opferzahlen so gravierend.

In einer ersten Angriffswelle am 13. Februar 1945 warfen 244 Lancaster-Bomber zwischen 22:13 und 22:28 Uhr 529 Luftminen und 1800 Spreng- und Brandbomben über der Elbmetropole ab. Drei Viertel aller Häuser in der Altstadt gingen dabei in Flammen auf. Während der zweiten Offensive zwischen 1:23 und 1:54 Uhr am 14. Februar warfen 529 Lancaster-Bomber 458 Minenbomben, 977 Sprengbomben und 650 000 Stabbrandbomben auf die Stadt. Wie in Hamburg entstand auch in Dresden der gefürchtete Feuersturm, der alles ansaugte, was er zu fassen bekam, und Glas und Metall zum Schmelzen brachte. Die Menschen starben sofort durch Hitzeschlag oder erstickten qualvoll in ihren Kellern. Der Horror war nicht zu Ende. Von 2:17 bis 12:31 Uhr warfen US-Bomber in einer dritten Welle 1800 Spreng- und Minenbomben sowie 136 800 Stabbrandbomben auf Dresden. Am 15. Februar folgten noch einmal 3700 Sprengbomben durch amerikanische Flugzeuge.

Die genaue Zahl der Todesopfer dieses verheerenden und militärisch nutzlosen Angriffs auf Dresden lässt sich deshalb so schwer berechnen, da nicht klar ist, wie viele

Flüchtlinge aus den deutschen Ostgebieten sich während der Angriffe in der Stadt aufhielten. Bis Anfang dieses Jahrtausends schätzten die meisten Historiker die Zahl der getöteten Zivilisten auf 30 000 bis 40 000. Jedoch wurden von Beginn an viel höhere Zahlen kolportiert.

Jörg Friedrich hält in seinem 2002 erschienenen Buch »Der Brand« 40 000 Todesopfer in Dresden für wahrscheinlich, zudem thematisierte er gezielte Tieffliegerangriffe amerikanischer und britischer Flugzeuge auf Zivilisten.[1] Dies führte umgehend zu neuen Kontroversen zwischen rechtsextremen und linksextremen Gruppen, unter denen am meisten diejenigen leiden, die aufrichtig und ohne politische Einflussnahme gedenken möchten. Um die Zahl der Opfer in Dresden so genau wie möglich zu bestimmen und die gesellschaftlichen Streitigkeiten einzudämmen, beauftragte die Stadt 2004 eine Historikerkommission. 2010 präsentierte diese ihren Bericht, laut dem maximal 25 000 Menschen in Dresden umgekommen sein sollen. Außerdem stützte die Kommission die These, dass es in Dresden keine Tieffliegerangriffe gegeben habe. Ihre Begründung: In den erhaltenen Einsatzberichten der infrage kommenden Fighter Groups seien keine Tieffliegereinsätze vermerkt, was Wasser auf die Mühlen Hunderter irritierter Zeitzeugen goss, die vor der Kommission ihre Augenzeugenberichte preisgegeben hatten. Indessen ist der Beschuss von Zivilisten in nahezu allen Teilen Deutschlands durch britische, amerikanische und sowjetische Tiefflieger, besonders ab Herbst 1944 bis Kriegsende, ein gut dokumentiertes, wenngleich öffentlich ungern diskutiertes Kapitel, das jedoch ebenso in die angstbeladene Debatte über Flächenbombardements als Kriegsverbrechen eingewoben werden muss.

Innerhalb der vergangenen zehn Jahre habe ich vor allem im Zuge der Recherchen zu meiner »Generationen-Sachbuchreihe«[2] über hundert der letzten lebenden Zeitzeugen des Zweiten Weltkrieges interviewt, fast alle berichteten von gezielten Tieffliegerangriffen auf Zivilisten, die sie am Ende des Krieges beobachten konnten, darunter auch die fünf Zeugen aus Dresden, die mir ihre Geschichte anvertraut haben. Ein Großteil der von mir befragten Zeitzeugen hat sich nicht ernst genommen gefühlt. Sie haben zeit ihres Lebens gespürt, dass die Verbrechen an ihnen möglichst nicht thematisiert werden sollten. Das gilt für die einfachen Frontsoldaten genauso wie für Frauen und Kinder, die die Bombardements in den Städten erleben mussten, ebenso für die 14 Millionen deutschen Flüchtlinge, von denen etwa 2,2 Millionen ermordet und 2 Millionen vergewaltigt worden sind.

Wollen wir eine multiperspektivische Erinnerungskultur anstreben, sollten wir in Zukunft nicht nur über deutsche Täter sprechen, sondern auch über die deutschen Opfer dieser Zeit. Leider werden sie sich nun an den Gesprächen nicht mehr beteiligen können, viele haben jedoch ihre Erlebnisse in unveröffentlichten Tagebüchern und Briefen hinterlassen.

Angesichts der Tatsache, dass die Nationalsozialisten den Krieg entfesselt und die furchtbarsten Verbrechen an den europäischen Juden verübt haben, sind es vor allem deutsche Historiker, die sich mit der differenzierten Aufarbeitung der eigenen Geschichte schwertun. Viel offenere Auseinandersetzungen werden von Autoren anderer am Krieg beteiligter Länder angeboten, die sich bereit zeigen, aller Opfer des Zweiten Weltkrieges zu gedenken und

Aussöhnung anzustreben. Vor allem britische Historiker kritisieren das *Aerial Bombing,* denn der Kampf der Wehrmacht an beiden Fronten wurde dadurch kaum beeinträchtigt und hat den Krieg nicht wesentlich verkürzt. Zumal bekannt ist, dass Hitler am Ende keinerlei Interesse daran hatte, Zivilisten zu schützen. In letzter Instanz konnte das Deutsche Reich nur durch alliierte Bodentruppen besiegt werden. Auch hatten die Flächenbombardements keinerlei Einfluss auf die Beendigung des Holocaust, denn dies war nie ein formuliertes Ziel der Bombardierungen und zeigte sich auch nicht in der Auswahl der Ziele.

Ich hoffe, dass diese kritischen Betrachtungen ausländischer Historiker auch eine Chance für die Stadt Dresden sind, die ich persönlich sehr schätze und immer wieder gerne besuche. Der 80. Jahrestag der Luftangriffe auf Dresden bietet eine Gelegenheit, die Erinnerungskultur der Stadt weiterzuentwickeln und die Bedeutung des Gedenkens im kollektiven Bewusstsein zu verankern. Trotz der Kontroversen und Herausforderungen wird das Gedenken an den 13. Februar immer ein wichtiger Bestandteil der Dresdner Identität bleiben. Durch eine Vielzahl von Veranstaltungen wird das Gedenken lebendig gehalten und gleichzeitig eine Brücke zur zukünftigen Generation geschlagen, die Mahnung und Hoffnung gleichermaßen verkörpert.

Eine solche Brücke schlagen könnte auch ein Zitat des hoch angesehenen britischen Philosophen Anthony Clifford Grayling. Er wandte sich mit der Frage an die britische Öffentlichkeit, ob das alliierte Flächenbombardement auf Deutschland notwendig gewesen sei. Seine eigene Antwort darauf formuliert er so:

»Nein.

War es verhältnismäßig?

Nein. […]

War das Flächenbombardement unrecht?

Ja.

Ein schweres Unrecht?

Ja.

[…] Es war ein gerechter Krieg gegen verbrecherische Feinde, in dem die späteren Sieger in einigen wichtigen Aspekten moralisch genauso tief sanken wie ihre Gegner, eine Tatsache, die inständig und offen bereut werden sollte. Die Dinge ins rechte Licht zu rücken, ist alles, was wir heute tun können. Aber das ist keineswegs wenig. Ich, der ich zu den Erben des Triumphs gehöre, den die moralisch überlegenen Streitkräfte über moralisch unterlegene in dem weitreichenden Konflikt 1939–1945 errungen haben, bin der Ansicht, dass dies unsere Verurteilung der Gräueltaten des Nazismus im Besonderen […] auf eine noch festere Grundlage stellen wird, weil wir selbst nicht so tun, als hätten wir eine saubere Weste.«[3]

Ich bedanke mich bei meiner Lektorin Ronja Keil, bei meiner Redakteurin Michelle Stöger und meiner Agentin Anna Mechler für die großartige Unterstützung bei der Realisierung von »Drei Tage im Feuer«.

Christian Hardinghaus im September 2024

Anmerkungen

[1] Vgl. Friedrich, Jörg: Der Brand. Deutschland im Bombenkrieg 1940–1945, München 2002

[2] Vgl. Hardinghaus, Christian: Die verdammte Generation. Gespräche mit den letzten Soldaten des Zweiten Weltkriegs, München/Berlin/Wien/Zürich 2020 u. TB München 2024. Vgl. ders.: Die verratene Generation. Gespräche mit den letzten Frauen des Zweiten Weltkriegs, München/Berlin/Wien/Zürich 2020. Vgl. ders: Die verlorene Generation. Gespräche mit den letzten Kindersoldaten des Zweiten Weltkriegs, München 2021

[3] Grayling, A. C.: Die toten Städte. Waren die alliierten Bombenangriffe Kriegsverbrechen, München 2009, S. 315 ff.

Gegen die Tuberkulose und für die Liebe

Lea Kampe
Beelitz Heilstätten
Roman

Piper Taschenbuch, 400 Seiten
ISBN 978-3-492-06369-2

1938: Antonia wird mit einer Tuberkulose-Diagnose in die Beelitzer Heilstätten geschickt. Schnell geht es ihr besser, doch der strenge Tagesablauf und die Liegekuren sorgen dafür, dass sie sich langweilt. Nur die Gespräche mit dem Assistenzarzt Henrik bieten Zerstreuung. Wenige Jahre später kehrt sie als angehende Ärztin nach Beelitz – und zu Henrik – zurück. Doch die Zeiten haben sich geändert, der Schatten des Nationalsozialismus liegt über allem. Finden Antonia und Henrik dennoch ihr Glück?

Leseproben, E-Books und mehr unter **www.piper.de**